Construyendo sobre una base sólida

Ilustración de la portada inspirada en Mateo 7, 24-25:

"Así pues, todo el que oiga estas palabras mías y las ponga en práctica, será como el hombre prudente que edificó su casa sobre roca: 25 cayó la lluvia, vinieron los torrentes, soplaron los vientos, y embistieron contra aquella casa; pero ella no cayó, porque estaba cimentada sobre roca."

Construyendo sobre una Base Sólida

*Analizando siete temas
de la Fe Católica*

Sr. Daniel J. Daou
Rev. Antoine Bakh
Sr. Joseph Bakhos

2007

A la madre de nuestro Señor;
Que el Hijo que llevó en su vientre
Sea hallado en estas páginas.

Un agradecimiento especial a la Sra. Jacqueline Bakhos por la incontable cantidad de horas dedicadas a la corrección gramatical y al trabajo de edición de la versión original en Inglés de este libro.

Título original de la obra: Building on a Solid Foundation

Traducción al Español: Sergio Bermúdez Rosell

Imprimatur: Su Eminencia Robert Shaheen, Obispo de la Eparquía de Nuestra Señora del Líbano, Los Ángeles.

Nihil Obstat: Subdiácono Louis Peters, Censor Deputatus

El Imprimatur y el Nihil Obstat son declaraciones oficiales otorgadas a los libros que se consideran libres de errores doctrinales. El otorgamiento de estas no implica que los otorgantes estén de acuerdo con el contenido, las opiniones o las afirmaciones expresadas en dichos libros.

Impreso en los Estados Unidos de América

ISBN: 1–930314–12–4   978-1-930314-12-2

La Prensa de Basilica es parte de la Fundación de Joseph y Marie Daou.

Contenido

Introducción

Por más de dos mil años, la Iglesia Católica ha venido trayendo a Cristo al mundo, dando testimonio de su muerte y resurrección, y llevando su vida a los creyentes, a través de los sacramentos. A pesar de esta larguísima tradición, un artículo reciente de la New York Times Magazine describe a la fe Católica como la nueva contracultura de América, y en realidad, ¡realmente lo es![1] La antigua fe no ha sucumbido a los siglos de presión terrenal, y se mantiene como testimonio siempre nuevo y desafiante de la verdad. Para muchos Católicos, la tentación de ceder parece abrumadora. Sería muy fácil ceder en varios puntos sobre la fe y la moral, sin embargo, las consecuencias podrían ser devastadoras, como muchos ya han visto por experiencia.

Los autores de este libro han decidido concentrarse en los siete puntos sobre la fe más fuertemente atacados por la cultura de nuestros días, para construir así, sobre una base sólida como una roca. La idea es brindar al lector apoyo bíblico y racional sobre temas frecuentemente cuestionados. Este libro tiene como propósito fortalecer a los católicos para que renueven su compromiso con la fe, ya que, como advirtió San Pablo: "Nuestra lucha no es contra la carne y la sangre, sino contra los principados, contra las potestades, contra los dominadores de este mundo tenebroso..." (Ef 6,12)[2]

Antes que nada, necesitamos estar convencidos de que el dogma

---

[1] Jennifer Egan, "Why a Priest?" *New York Times Magazine* Abr. 4, 1999: p. 30.

[2] Extractos de la Escritura tomados de la *New American Bible with Revised New Testament* Copyright © 1986, 1970 Confraternidad de la Doctrina Cristiana, Washington D.C. Usado con autorización. Todos los derechos reservados. Ninguna parte de la *New American Bible* puede ser reproducida sin permiso. El permiso no implica la aprobación de la Confraternidad de la Doctrina Cristiana.

es importante.

Muchos adoptan la actitud de afirmar que la autoridad no es necesaria. Probablemente sienten que la verdad es por sí misma evidente. Probablemente piensan que uno puede simplemente usar el sentido común para hallar la verdad. Es cierto que a los seres humanos les ha sido dada la capacidad natural para distinguir entre el comportamiento bueno y el malo, e incluso San Pablo lo afirma en su carta a los Romanos, cuando resalta que los gentiles tienen demandas de la ley "escritas en sus corazones" (*Rom* 2,15).

Sin embargo, el problema es que los seres humanos se engañan a sí mismos. Muchos han hecho naufagar su fe. El dogma es importante siempre y cuando nos preocupe ser conscientes de lo que hacemos. A diferencia del mundo animal, de puro instinto, a los humanos se les da la oportunidad de madurar y alcanzar un estado de libertad, en el cual podemos aprender a distinguir entre lo que estamos inclinados a hacer y lo que debemos hacer. San Pablo expresa muy bien este punto en su carta a los Corintios.

> Cuando yo era niño, hablaba como niño, pensaba como niño, razonaba como niño. Al hacerme hombre, dejé todas las cosas de niño (1Cor 13,11).

En este pasaje San Pablo nos advierte a no quedarnos satisfechos con el nivel de conocimiento de la fe de un niño. No debemos detenernos en nuestro esfuerzo por aprender sobre Dios y sobre la revelación que nos impartió a través de la Iglesia. La esencia del dogma es la esencia de la aclaración. El dogma deja claro lo que la verdad es. Desgraciadamente, el dogma siempre se encuentra con la oposición del impulso emocional y de lo que "se siente bien." ¡Por esto encuentra tanta resistencia!

Cuando los amigos y la familia desean conversar sobre la Eucaristía, el Papa, o nuestras creencias sobre el purgatorio o María, es nuestro deber explicar la fe de tal manera que sea beneficiosa (*1Pe* 3,15). Con frecuencia, cuando es posible convencer a una persona de que lo predicado por la Iglesia Católica sobre Jesús es verdad, el convencimiento en las enseñanzas sobre la moral es lo que sigue. Es ese el significado que hay detrás de la parábola de Cristo sobre la casa construida sobre una roca. La roca de esta parábola es la roca de la fe verdadera, la que nos da estabilidad cuando nos enfrentamos a una fuerte tentación a pecar. En su Carta a los Efesios, Pablo expresa que es nuestro deber aprender a cabalidad la verdadera fe: "para que no seamos ya niños, llevados a la deriva y zarandeados por cualquier viento de doctrina..." (*Ef* 4,14).

Una manera de crecer en la fe es leer la Biblia y entenderla. Este libro debería ayudarnos a alcanzar ese objetivo, ya que nos muestra que la Biblia es parte integral del testimonio de la Iglesia sobre Dios. Mientras mucha gente se mantiene alejada de los escritos inspirados del Antiguo Testamento, porque son muy difíciles de entender, nosotros hemos tratado de mostrar como éstos revelan que Jesús es la realización de la revelación que Dios hace de Sí mismo a la creación. Estos también nos ayudan a entender el significado completo de las palabras y los actos de Jesús, en el Nuevo Testamento.

Este libro no pretende cubrir todos los temas existentes vinculados a la fe. Más bien, sirve como brújula para indicar la dirección correcta a seguir, en siete temas que tienden a causar confusión. El primer capítulo trata sobre la Deidad de la Trinidad. La Trinidad, en cierto sentido, es el inicio y el final de la historia, porque es el regalo que Jesús nos vino a dar. El segundo capítulo, sobre la Eucaristía, nos relata como Cristo, el Mesías, entra en su creación y le da vida a un mundo moribundo, en forma de Camino, Verdad y Vida. El capítulo siguiente, sobre la Salvación, nos explica lo que debemos hacer para ser salvados. El cuarto capítulo, sobre la Iglesia, si bien analiza la supremacía de Pedro, explica principalmente como estamos personalmente ligados a Cristo en su Iglesia. Cristo ha decidido no aparecérsele a todos en persona, pero en cambio, ha dispuesto a la Iglesia de tal forma que esta imite a María en el acto de brindar al Señor al mundo, para las generaciones venideras. Los capítulos siguientes, sobre la Confesión y el purgatorio, explican como se pueden quitar las manchas del pecado, para que la vida de Dios vuelva a nuestras almas. Finalmente, el capítulo sobre María nos muestra como ella sintetiza la historia de la salvación y nuestra visión del futuro, un futuro en el que la Nueva Jerusalén (la ciudad de todos los hijos de Dios) se vea totalmente inmersa en la vida de la Santa Trinidad. Cada capítulo concluye con un Apéndice sobre los primeros Padres de la Iglesia (70-450 d.C.), de tal manera que el lector pueda por sí mismo hacer el seguimiento de la continuidad de la fe extendida por dos mil años. Esperamos que estos escritos de la etapa inicial ayuden a mirar con gratitud a las generaciones anteriores de cristianos, y que el libro, en forma integral, inspire y aliente a formar parte de la transmisión de nuestra fe católica a la siguiente generación.

La Santa Trinidad

La fe es absurda cuando se basa en la falsedad. Las piedras angulares de nuestra fe son, tanto la verdadera Deidad de Cristo, como su verdadera humanidad. Si Jesús no fuese Dios y hombre, entonces habríamos estado engañándonos durante 2000 años. Por ende, sino podemos llegar a una conclusión definitiva sobre esto, entonces no tiene sentido que nos llamemos cristianos. No seremos salvados simplemente por decir: "Creo en Jesús." Como cristianos, todos deseamos tener una relación personal con el Cristo viviente, en vez de un Cristo virtual que no existe, sin embargo, lo que creemos sobre Él es lo que importa. San Pablo fue tan insistente en este punto que puso una maldición sobre cualquiera que predicase un evangelio falso sobre Cristo:

> Pero aún cuando nosotros mismos o un ángel del cielo os anunciara un evangelio distinto del que os hemos anunciado, ¡sea maldito! (*Gal* 1,8)

Esto nos lleva a preguntarnos, ¿Cómo es el Cristo verdadero? ¿Quién es en realidad el Cristo que Pablo predicó al principio? Pablo y los otros apóstoles, mostraron con sus enseñanzas que Cristo es Dios y hombre. Dejando de lado su humanidad por un momento, hagámonos la pregunta que confunde a muchos conversos al principio: "¿Cómo pueden el Padre, el Hijo y el Espíritu Santo ser Dios, si hay un solo Dios?" Cristo le reveló esta verdad a los apóstoles, y los apóstoles la transmitieron, pero el Cristianismo llegó a desarrollar con el tiempo una mejor comprensión de este misterio. Eventualmente, los cristianos utilizaron la palabra "Trinidad" para describir la comunión de tres personas a las que llamamos Dios.

Exploraremos este tema, a medida que se fue desarrollando en la historia de la Iglesia. Por ejemplo, los primeros cristianos comenzaron a entender parcialmente el concepto de la Trinidad, al pensar en Jesucristo. Ellos se preguntaban: "¿Cómo puede ser distinto al Padre y sin embargo estar unido a Él?" A principios del siglo IV, hubo controversia sobre si Cristo era Dios o no. Los obispos del mundo se reunieron en un concilio en la ciudad de Nicea, en el año 325, y formularon un Credo sobre la identidad divina del Hijo.[1] En este concilio, los obispos afirmaron que el Hijo es "una sustancia única con el Padre" y este es "eternamente engendrado, no creado."[2] Ellos condenaron la creencia que afirmaba que el Hijo había sido creado, y más bien afirmaron que el Hijo no había sido creado y había sido Dios siempre, junto con el Padre. (La herejía arriana describía al Hijo como un super ángel, creado). Pero, así como un niño debe madurar para poder explicar las cosas mejor, así sucedió con la Iglesia. Antes de que la Iglesia pudiera explicar su creencia en la Trinidad, tenía que explicar primero, qué quería decir cuando se refería al " Hijo de Dios." De la misma manera, nuestra reflexión sobre la Trinidad en este capítulo, empieza con el análisis de la divinidad de Cristo. Con la ayuda de las Escrituras, mostraremos después, como los cristianos llegamos a entender la divinidad del Espíritu Santo.

El ver a Dios como una Trinidad requirió de un gran salto en la fe de los primeros creyentes, que eran judíos de nacimiento. Siglo tras siglo, las Escrituras hebreas habían impreso en las mentes del pueblo elegido la calidad de único que Dios tenía. Dios había declarado firmemente y enfáticamente ser el único Dios:

Escucha, Israel: YAHVÉ nuestro Dios es el único YAHVÉ (*Deut* 6,4).

Yo, YAHVÉ, soy tu Dios, que te he sacado del país de Egipto, de la casa de servidumbre. No habrá para ti otros dioses delante de mí (*Ex* 20,2-3; cf. *Deut* 5,7).

---

[1] La palabra "Credo" proviene del Latín *credo*, que significa, "Creo". El Credo reúne todo aquello que uno debe creer para poder ser llamado cristiano.

[2] Estas frases significan que el Hijo ha sido siempre Dios, en conjunto con (pero viniendo de) el Padre, y que Jesús no fue creado como una suerte de super ángel.

Yo soy YAHVÉ, no hay ningún otro;
fuera de mí ningún Dios existe (*Is* 45,5).

Volveos a mí y seréis salvados
confines todos de la tierra,
porque yo soy Dios, no existe ningún otro (*Is* 45,22).

¡Que difícil debe haber sido para los apóstoles entender que Cristo también pudiera ser Dios!

Los milagros, palabras y acciones de Jesús muestran su divinidad

Cualesquiera fuesen las dificultades que pudiese haber habido para entender, los discípulos creían que Jesús era divino porque Él se los reveló. Así como en las Escrituras, en las que se hace uso de diversos géneros literarios y relatos, el Señor Jesús reveló que era Dios de diversas formas: con sus milagros, con sus palabras y con sus actos. Cuando curaba ciegos, sordos y cojos, Cristo no solo estaba mostrando compasión por las personas en sí, además, estaba estableciendo que era Dios. Por esta razón, Cristo se remitió a sus actos milagrosos cuando Juan Bautista le envió mensajeros para averiguar si era el Mesías:

Jesús les respondió: "Id y contad a Juan lo que oís y veis: los ciegos ven y los cojos andan, los leprosos quedan limpios y los sordos oyen, los muertos resucitan y se anuncia a los pobres la Buena Nueva" (*Mt* 11,4-5).

Juan reconoció que estos milagros realizaban profecías del Antiguo Testamento:

Es la recompensa de Dios,
él vendrá y os salvará.
Entonces se despegarán los ojos de los ciegos,
y las orejas de los sordos se abrirán.
Entonces saltará el cojo como ciervo,
y la lengua del mudo lanzará gritos de júbilo (*Is* 35,4-6).

Juan probablemente fue el primero en darse cuenta de esta verdad medular del cristianismo: Jesús no sólo era el Mesías, ¡además, el Mesías también era Dios!

La curación del hombre que había nacido ciego también mostró la divinidad de Cristo. Cristo podría simplemente haber puesto sus manos sobre aquél hombre, sin embargo, mezcló arcilla y se la aplicó en los ojos. Esto hace recordar el génesis de Adán:

> Entonces Yahvé Dios formó al hombre con polvo del suelo, e insufló en sus narices aliento de vida, y resultó el hombre un ser viviente (*Gen* 2,7).

> "Mientras estoy en el mundo, soy luz del mundo." Dicho esto, escupió en tierra, hizo barro con la saliva, y untó con el barro los ojos del ciego y le dijo: "Vete, lávate en la piscina de Siloé" (que quiere decir Enviado). Él fue, se lavó y volvió ya viendo (*Jn* 9,5-7).

Así como Dios creó vida a partir de polvo, de la misma forma, en su milagro, Cristo mostró tener el poder para restaurar la plenitud de la vida (lo que incluye la vista) simplemente con saliva y barro. Los Fariseos se enfurecieron porque Cristo había quebrantado las leyes del Sábado judío al amasar arcilla, pero esto sucedió solo porque ellos en sí estaban ciegos. Con este evento, también mostró Jesús su capacidad para llevar a cabo la primera gran declaración de Dios: "Haya luz" (*Gen* 1,3).

Cristo también mostró su poder Divino y creativo, resucitando a Lázaro de entre los muertos. Ese acto fue el inicio del cumplimiento de lo declarado por Dios a Ezequiel. Vendría el día en el que Dios haría que los muertos resucitasen:

> Sabréis que yo soy YAHVÉ cuando abra vuestras tumbas y os haga salir de vuestras tumbas, pueblo mío (*Ez* 37,13).

Al resucitar a Lázaro de entre los muertos, Cristo demostró que podía dar vida. Esto demostró a su vez, que al igual que Dios Padre en el Génesis, capítulo 9, Jesús es la fuente de toda vida.

Los numerosos actos físicos de curación llevados a cabo por

Cristo, también tenían como propósito dejar claro que Él tenía el poder para curar nuestros espíritus. Si bien, no muchos de nosotros somos literalmente ciegos, todos necesitamos que nuestros ojos sean abiertos espiritualmente, de tal manera que podamos vernos los unos a los otros como Dios nos ve. De la misma manera, pocos de nosotros tenemos problemas para oír, pero todos nosotros necesitamos de la gracia de Dios para poder oír su voz cuando habla en nuestros corazones. Los milagros de curación de Cristo fueron llevados a cabo para que nos sea más fácil creer en su divinidad y en su capacidad para curar nuestros espíritus y llevarnos a la vida verdadera.

Otros milagros maravillosos llevados a cabo por Cristo, nos ofrecen, en las Escrituras, más pruebas de su divinidad. Cuando Jesús caminó sobre el agua, por ejemplo, mostró que merecía recibir las mismas alabanzas y honores que los profetas del Antiguo Testamento habían reservado para Dios únicamente:

El solo desplegó los Cielos,
y holló la espalda de la Mar (*Job* 9,8).

Además, cuando Cristo calmó la tormenta, los discípulos se encontraban en evidente asombro, a medida que observaban a Cristo realizar lo que solo podía ser entendido como un acto de Dios:

¿Quién es éste, que hasta los vientos y el mar le obedecen? (*Mt* 8,27)

En cada uno de los Evangelios, el apaciguamiento de la tormenta se incluye como prueba de que Cristo era realmente divino, y que cumplía las profecías de los Salmos:

Y hacia YAHVÉ gritaron en su apuro,
y él los sacó de sus angustias;
a silencio redujo la borrasca,
y las olas callaron (*Sal* 107,28-29).

Y acallas el estruendo de los mares,
el estruendo de sus olas. Están los pueblos en bullicio
(*Sal* 65,8).

Tú dominas el orgullo del mar,
cuando sus olas se encrespan las reprimes (*Sal* 89,10).

En muchas ocasiones, Jesús pudo saber los pensamientos secretos de otros:

> Estaban allí sentados algunos escribas que pensaban en sus corazones: "¿Por qué este habla así? Está blasfemando. ¿Quién puede perdonar pecados, sino Dios?" Pero, al instante, conociendo Jesús en su espíritu lo que ellos pensaban en su interior, les dice: "¿Por qué pensáis así en vuestros corazones?" (*Mc* 2,6-8).

Tomando en cuenta el contexto de la milagrosa cura del paralítico (al igual que el hecho que Jesús asegurase haber perdonado todos los pecados de ese hombre), los escribas deberían haber entendido que Jesús estaba dándoles aún más pruebas para creer que no era un simple humano. Al poder percibir los pensamientos secretos de los que lo rodeaban, Cristo cumplió con las descripciones del Antiguo Testamento, sobre la omnisciencia de Dios:

> Si hubiésemos olvidado el nombre de nuestro Dios
> o alzado nuestras manos hacia un dios extranjero,
> ¿No se habría dado cuenta Dios,
> que del corazón conoce los secretos? (*Sal* 44,21-22).

> YAHVÉ, tú me escrutas y conoces;
> sabes cuando me siento y cuando me levanto,
> mi pensamiento calas desde lejos;

> Que no está aún en mi lengua la palabra,
> y ya tú, YAHVÉ, la conoces entera (*Sal* 139,1-2, 4).

En este, y en otros casos, Jesús demostró que podía leer los pensamientos de los hombres. ¿Pero cual era el límite de su sabiduría como hombre? Por un lado, como Jesús era una persona, y esta persona era Dios, uno podría verse tentado a decir que Él lo sabía todo. Por otro lado, los hombres tienen limitaciones. Si Jesús realmente era humano (y no fingía serlo), entonces debe haber tenido limitaciones humanas. Tomemos en cuenta los siguientes pasajes:

> Yo te aseguro: Ésta misma noche, antes que el gallo cante, me habrás negado tres veces (*Mt* 26,34).

> Y viendo una higuera junto al camino, se acercó a ella, pero no encontró en ella más que hojas. Entonces le dice: "¡Que nunca jamás brote fruto de ti!" (*Mt* 21,19).

El primer pasaje muestra que Jesús podía ver el futuro cuando lo deseaba, ya que predijo la traición de Pedro. El segundo pasaje implica que Jesús pudiese algunas veces no tener conciencia de ciertos hechos naturales, como por ejemplo, saber si un árbol tenía frutos o no. Para tratar de entender estas aparentes contradicciones, debemos seguir las pautas dadas por los primeros concilios cristianos, en los que se afirma que Cristo fue totalmente Dios y totalmente hombre. Si bien su humanidad tenía las limitaciones experimentadas por todo ser humano, Jesús tenía la capacidad de decidir que su naturaleza humana fuese conciente de algunos aspectos que solo su naturaleza divina podía ver (como las acciones futuras de Pedro). Su decisión no fue arbitraria; Jesús obtuvo toda la información necesaria para cumplir su misión, todo lo que era necesario para nuestra salvación.

Hubieron otras ocasiones en la que Jesús negó saber ciertas cosas para poder dejar algún punto en claro. Por ejemplo, le dijo a los apóstoles que no sabía cuando sería el fin del mundo, porque quería que estos se concentrasen en Dios, en vez de concentrarse en temas terrenales (*Mt* 24,36). En otras ocasiones decidió no conocer ciertas cosas, para poder mejor relacionarse con nosotros, como compañeros humanos. Creció, en la infancia y en la juventud, aprendiendo de sus padres, como lo hicieron los otros niños; Él no necesitaba aprender de esta manera, pero decidió hacerlo así (*Lc* 2,51,52). En otras palabras, esperó el momento apropiado para revelar su divinidad, y fue en Caná que empezó a hacerlo.

Tanto en Caná, como en la alimentación de los cinco mil, Cristo demostró su bondad divina, suministrando más de lo necesario (*Jn*

2,1-11; *Jn* 6,1-14). En Caná, Jesús transformó una sorprendente cantidad de agua en vino: ¡Entre cien y doscientos galones! Eran muchos más de los que necesitaban; sobretodo tomando en cuenta que todo el vino especialmente reservado para la boda ya había sido servido (*Jn* 2,3). Al llevar a cabo este milagro, Cristo cumplió las profecías de Amós y Joel, que predijeron esta superabundancia de los tiempos mesiánicos:

> He aquí que vienen días
> oráculo de YAHVÉ
> Destilarán vino los montes
> y todas las colinas se derretirán. (*Am* 9-13).

> Sucederá aquel día
> que los montes destilarán vino... (*Jl* 4,18).

El milagro del vino simbolizó el regalo del Espíritu, la nueva vida en Dios. La superabundancia y calidad del vino reflejaron la plenitud de la gracia y la bondad de la bendición de Dios. El vino también sirvió como símbolo de la sangre de Cristo, la que obtendría la redención para el mundo, además de ser símbolo de la Santa Comunión.

Jesús también alimentó a la multitud de cinco mil con cinco panes y dos peces (*Jn* 6ss; *Mt* 14ss). Este milagro pretendía recordarle a los judíos el momento en que Dios les envió maná en el desierto. Fue este milagro el que atrajo las mayores multitudes y el que convenció a mucha gente de que Jesús era realmente el Mesías:

> Al ver la gente la señal que había realizado, decía: "Este es verdaderamente el profeta que iba a venir al mundo." Dándose cuenta Jesús de que intentaban venir a tomarle por la fuerza para hacerle rey, huyó de nuevo al monte él solo (*Jn* 6,14-15).

Cristo escogió esta situación precisamente para revelarle a todos que además, era Dios. Como explicaremos más detalladamente en el siguiente capítulo, Jesús se revela como Dios, al prometerle vida eterna a todos los que comiesen de su carne y bebiesen de su sangre (*Jn* 6,48-58).

En la antigüedad, la creencia de que la sangre de toda criatura viviente era donde se alojaba su espíritu, era común. Ya que la muerte era inevitable, una vez perdida una cierta cantidad de sangre, se consideraba sagrada. Basándose en esta creencia, muchos pueblos paganos bebían sangre de algunos animales (y en algunos casos de otras personas) para recibir fuerza extraordinaria, o poder espiritual. Los judíos, sin embargo, tenían prohibido consumir cualquier carne que aún conservase restos de sangre. Desde los días de Noé, el pueblo de Dios se mantuvo fiel a este mandamiento:

> Todo lo que se mueve y tiene vida os servirá de alimento, todo os lo doy, lo mismo que os di la hierba verde. Sólo dejaréis de comer la carne con su alma, es decir, con su sangre (*Gen* 9, 4)

Dios prohibió estrictamente a los judíos tomar sangre de animal alguno, porque deseaba que estos busquen fuerza y vida sólo en Él. Por ende, cuando Cristo empezó a declarar públicamente, en el momento de mayor popularidad, que todos debían tomar de su sangre, demostró, con esta única declaración, que creía en su propia divinidad. Si Cristo hubiese sido un simple humano, entonces la idea de que los discípulos tengan que beber su sangre, hubiese sido repulsiva, además de ser un acto de decidida desobediencia a las sagradas leyes de Dios. Pero ya que Jesús realmente era Dios, entonces tenía todo el derecho de ofrecer su sangre a los judíos y a los paganos. De hecho, al ofrecer su carne y su sangre, estaba cumpliendo con el verdadero significado que había detrás de dichas leyes, es decir, que la vida eterna viene únicamente de Dios:

> En verdad, en verdad os digo: si no coméis la carne del Hijo del Hombre, y no bebéis su sangre, no tenéis vida en vosotros. El que come mi carne y bebe mi sangre, tiene vida eterna, y yo le resucitaré el último día. Porque mi carne es verdadera comida y mi sangre verdadera bebida (*Jn* 6,53ss).

Además de esta crucial evidencia de que Cristo era consciente de su divinidad, muchos de sus comentarios y sus lecciones afirmaban igualmente esta verdad. Primero que nada, reveló ser más grande que todos los profetas y soberanos del Antiguo Testamento:

Los ninivitas se levantarán en el Juicio con esta generación y la condenarán; porque ellos se convirtieron por la predicación de Jonás, y aquí hay algo más que Jonás. (*Mt* 12,41).

La reina del Mediodía se levantará en el Juicio con esta generación y la condenará; porque ella vino de los confines de la tierra a oír la sabiduría de Salomón, y aquí hay algo más que Salomón (*Mt* 12,42).

Jesús también se refirió a Sí mismo como poseedor de un rango superior al de los ángeles. Estos lo auxiliaron durante su ayuno de cuarenta días, y en el huerto de Getsemaní, Jesús reveló a los discípulos que doce legiones de ángeles vendrían a servirle si Él solicitase su ayuda (*Mt* 4,11; 26,53). Finalmente, cuando Jesús describió el juicio final, predijo que los ángeles lo acompañarían cuando viniese a juzgar al mundo:

Cuando el Hijo del hombre venga en su gloria acompañado de todos sus ángeles, entonces se sentará en su trono de gloria (*Mt* 25,31).

Este tipo de afirmaciones solo podrían ser realizadas por Dios.

En otras ocasiones, Cristo reveló directamente su identidad de Hijo de Dios, pero *que es Dios*. En su parábola de los viñadores homicidas, por ejemplo, Cristo les recordó a los escribanos y Fariseos el desagradable historial de rechazo a los Profetas del Señor que Israel tenía, y les predijo su propio rechazo a Él, Hijo único de Dios:

Dijo, pues, el dueño de la viña: "¿Qué haré? Voy a enviar a mi hijo querido; tal vez le respeten." Pero los labradores, al verle, se dijeron entre sí: "Este es el heredero; matémosle, para que la herencia sea nuestra." Y, echándole fuera de la viña, le mataron. "¿Qué hará, pues, con ellos el dueño de la viña?" (*Lc* 20,13-15).

Después de ser capturado por los sacerdotes gobernantes, y llevado a Sanedrín, el sumo sacerdote le ordenó a Jesús declarar bajo juramento si era o no el Mesías y el Hijo de Dios. Cristo habló sin rodeos y dijo: "Si, Yo soy" (*Mc* 14,62). Entonces, como quién subraya la verdad en cuanto a ser la realización de todas las profecías del Antiguo Testamento, Jesús irritó aún más al sumo sacerdote, al referirse a la profecía de Daniel:

> y "veréis al Hijo del Hombre
> sentado a la diestra del Poder
> y venir entre las nubes del cielo" (*Mc* 14,62).

Al llamarse a sí mismo el "Hijo del Hombre" Cristo estaba declarando implícitamente ser la realización de la visión profética del Mesías de Daniel:

> Y he aquí que en las nubes del cielo
> venía como un Hijo de hombre.
> Se dirigió hacia el Anciano
> y fue llevado a su presencia.
> A él se le dio imperio, honor y reino,
> y todos los pueblos, naciones y lenguas le sirvieron.
> Su imperio es un imperio eterno,
> que nunca pasará,
> y su reino no será destruido jamás (*Dan* 7,13-14).

El sumo sacerdote se vio ofendido cuando Jesús se remitió a Daniel, porque Jesús estaba haciendo uso de la Escrituras para declarar su igualdad con Dios. No fue esta la primera vez que lo hacía. Jesús ya había discutido con ellos sobre el significado del Salmo 110, en el que Dios dice al Mesías: "Siéntate a mi diestra/ hasta que haga de tus enemigos estrado de tus pies." En ese entonces, había silenciado a todos, demostrando que el Mesías del Salmo 110 no podía ser un simple humano o "hijo de David":

> Estando reunidos los fariseos, les propuso Jesús esta cuestión: "¿Qué pensáis acerca del Cristo? ¿De quién es hijo?" Dícenle: "De David." Díceles: "Pues ¿Cómo David, movido por el Espíritu, le llama Señor, cuando dice:
>
> > Dijo el Señor a mi Señor:
> > "Siéntate a mi diestra
> > hasta que ponga a tus enemigos debajo de tus pies?"
>
> Si, pues, David le llama Señor, ¿Cómo puede ser hijo suyo?" Nadie

era capaz de contestarle nada; y desde ese día ninguno se atrevió ya a hacerle más preguntas (*Mt* 22,41-46).

Entonces, en esta discusión, Jesús probó a los escribas que el Mesías tendría que ser de origen divino. En su último encuentro con el Sanedrín, Cristo les recordó que Él era el Mesías que se sentaría a la derecha de Dios – y que ellos eran sus enemigos, los que le servirían de estrado de sus pies.

Sobre este punto, Jesús ya había advertido a los escribas y a los Fariseos, cuando explicó lo que le sucedería a los que le rechazasen. Los Evangelios de Mateo, Marcos y Lucas, mencionan este anterior encuentro, en el que Jesús explicó el significado de la profecía Mesiánica del Salmo 118:

> Pero él clavando en ellos la mirada, dijo: "Pues, ¿qué es lo que está escrito:
>
> > La piedra que los constructores desecharon
> > en piedra angular se ha convertido?
>
> Todo el que caiga sobre esta piedra, se destrozará, y a aquel sobre quien ella caiga, le aplastará" (*Lc* 20,17-20; cf. *Sal* 118,22; *Mt* 21,42; *Mc* 12,10).

Cuando ofreció esta amenazante interpretación del Salmo 118, Cristo estaba citando el libro de Daniel, en el que al Rey Nabucodonosor le es dada una visión del Mesías, que es presentado como una roca que tiene el poder de destruir todos los reinos terrenales. En este caso, es Daniel el que ofrece la interpretación:

> Tú, oh rey, has tenido esta visión: una estatua, una enorme estatua, de extraordinario brillo... Tú estabas mirando, cuando de pronto una piedra se desprendió, sin intervención de mano alguna, vino a dar a la estatua en sus pies de hierro y arcilla, y los pulverizó... Y la piedra que había golpeado la estatua se convirtió en un gran monte que llenó toda la tierra.
>
> > Tal fue el sueño, ahora diremos ante el rey su interpretación... En tiempo de estos reyes, el Dios del cielo hará surgir un reino que jamás será destruido, y este reino no pasará a otro pueblo. Pulverizará y aniquilará a todos estos reinos, y él subsistirá eternamente

(*Dan* 2,31-36. 44).

Por lo tanto, si bien el sumo sacerdote rasga sus túnicas cuando Jesús afirma ser el Hijo de Dios, el clamor de Jesús sobre la divinidad del Mesías estaba basado en las Escrituras. La referencia a la piedra que "se desprendió, sin intervención de mano alguna" en Daniel, profetizaba que el Mesías vendría literalmente de Dios. Hay además, otras referencias. El segundo Salmo por ejemplo, promete un rey Mesiánico que será para Dios un hijo como ninguno:

> El que se sienta en los cielos se sonríe,
>> YAHVÉ se burla de ellos.
> Luego en su cólera les habla,
>> en su furor los aterra:
> "Ya tengo yo consagrado a mi rey
> en Sión mi monte santo."

> Voy a anunciar el decreto de YAHVÉ,
>> Él me ha dicho: "Tú eres mi hijo;
>> yo te he engendrado hoy" (*Sal* 2,4-7).

En el Salmo 110, también se menciona que el hijo de Dios estaba en el Padre desde antes del principio de los tiempos:

> Para ti el principado
>> el día de tu nacimiento,
>> en esplendor sagrado
> desde el seno, desde la aurora
>> de tu juventud (*Sal* 110,3).

Isaías fue otro de los profetas que predijo que el Mesías estaría dotado de divinidad:

> Porque una criatura nos ha nacido, un hijo se nos ha dado.
>> Estará el señorío sobre su hombro,
> y se llamará su nombre Maravilla de Consejero, Dios Fuerte,
>> Siempre Padre, Príncipe de Paz (*Is* 9,5).

Los nombres divinos que Isaías atribuye al Mesías ("Dios Fuerte" y "Siempre Padre") no podrían estarse refiriendo al Dios Padre, porque la profecía empieza con la descripción de un niño, y el resto de la profecía hace referencia a este niño (*Is* 9,5). Otra profecía Mesiánica de Isaías (*Is* 7,14; *Mt* 1,23). También le atribuye el nombre divino de "Emmanuel", que se traduce literalmente como "Dios con nosotros" (*Is* 7,14; *Mt* 1,23).

> Pues bien, el Señor mismo va a daros una señal, He aquí que una doncella está encinta y va a dar a luz un hijo, y le pondrá por nombre Emmanuel (*Is* 7,14).

Ya que el Hijo realmente existió con el Dios Padre antes del principio de los tiempos, tiene sentido que afirme ser el único que conoce al Padre:

> Todo me ha sido entregado por mi Padre, y nadie conoce quién es el Hijo sino el Padre; y quién es el Padre sino el Hijo, y aquel a quien el Hijo se lo quiera revelar (*Lc* 10,22).

Cuando Jesús afirma que nadie conoce al Hijo, excepto el Padre, está declarando implícitamente que Él es infinito como el Padre, ya que solo el Padre, que es infinito en sabiduría, puede conocer al Hijo en su infinidad.

El Evangelio de Juan presenta la mayor insistencia en cuanto a la naturaleza divina de la filiación de Cristo. Este empieza con una enfática declaración de la identidad divina de Cristo y su preexistencia con Dios en los cielos:

> En el principio existía la Palabra
> y la Palabra estaba con Dios,
> y la Palabra era Dios. (*Jn* 1,1).

Al decir que la Palabra estaba con Dios, Juan estaba explicando que el Hijo existió, lado a lado con el Padre, no como una simple parte o un simple atributo de Dios. Más bien, el Hijo era distinto al Padre, si bien compartía la misma esencia divina. Una vez más, en una de sus epístolas, Juan se refiere al Hijo con otro título divino:

> A Dios nadie le ha visto jamás, el Hijo único, que está en el seno del Padre, Él lo ha contado (*Jn* 1,18).

Nuevamente, volvemos a notar una distinción con el Padre. Cada vez que Jesús habla de haber sido "enviado" del cielo, o de tener una voluntad separada de la del Padre, también notamos esa distinción:

> Todo lo que me dé el Padre vendrá a mí, y al que venga a mí no lo echaré fuera; porque he bajado del cielo, no para hacer mi voluntad, sino la voluntad del que me ha enviado (*Jn* 6,37-38).

> Salí del Padre y he venido al mundo. Ahora dejo otra vez el mundo y voy al Padre (*Jn* 16,28).

> Ahora, Padre, glorifícame tú, junto a ti, con la gloria que tenía a tu lado antes que el mundo fuese (*Jn* 17,5).

En la época de sus inicios, la Iglesia no tuvo un trabajo fácil tratando de explicar como Cristo podía ser distinto al Padre y ser uno con Él, a la vez. El concepto actual que tenemos de lo que una "persona" es, ni siquiera existía, no hasta el siglo quinto, en el que la Iglesia buscaba una mejor manera de hablar sobre la Trinidad. Sin embargo, queda claro en el Evangelio de Juan, que Cristo reveló ser distinto, pero uno mismo con el Padre, a la vez. Cuando Jesús fue confrontado en su último Festival de las Luces (llamado *Hanukkah* en hebreo), no dejó duda alguna, sobre este punto, entre los presentes:

> Le rodearon los judíos, y le decían: "¿Hasta cuándo vas a tenernos en vilo? Si tú eres el Cristo, dínoslo abiertamente." Jesús les respondió: "Ya os lo he dicho, pero no me creéis. Las obras que hago en nombre de mi Padre son las que dan testimonio de mí; Yo y el Padre somos uno." (*Jn* 10,24-25, 30).[3]

Jesús pidió a los escribas que acepten el testimonio de sus obras como prueba de que Él era divino:

> Si no hago las obras de mi Padre, no me creáis; pero si las hago, aunque a mí no me creáis, creed por las obras, y así sabréis y

---

[3] En cuanto al uso de la palabra "judíos" se debería tener en cuenta que Jesús, María y todos los apóstoles fueron judíos. Los escritores del Nuevo Testamento generalmente usaban este término para referirse a aquéllos de su raza que no creían.

conoceréis que el Padre está en mí y yo en el Padre (*Jn* 10,37-38).

Cuando los escribas le reclamaron por haber llevado a cabo buenas obras durante el Sábado judío, Jesús se defendió explicando que Dios cuida y sostiene al mundo incluso en Sábado, por lo que el Hijo de Dios también debería hacerlo:

Mi Padre trabaja hasta ahora, y yo también trabajo (*Jn* 5,17).

La audiencia de Jesús obviamente no entendió el punto en cuestión, ya que su respuesta fue tratar de matarlo (lo que finalmente hicieron):

Por eso los judíos trataban con mayor empeño de matarle, porque no sólo quebrantaba el sábado, sino que llamaba a Dios su propio Padre, haciéndose a sí mismo igual a Dios (*Jn* 5,18).

Jesús también hizo referencia a su preexistencia y a su igualdad esencial con Dios de manera incluso más enfática, asignándose el nombre más sagrado de Dios, YO SOY (Yahvé en hebreo). Este nombre, que fue revelado a Moisés por Dios en el arbusto ardiente, era tan sagrado que los judíos nunca pronunciaban la palabra ni la escribían completa. Jesús, judío creyente, utilizó este título; aplicándoselo no una, sino varias veces:

Ya os he dicho que moriréis en vuestros pecados, porque sino creéis que YO SOY, moriréis en vuestros pecados (*Jn* 8,24).

Les dijo, pues, Jesús: Cuando hayáis levantado al Hijo del hombre, entonces sabréis que YO SOY, y que no hago nada por mi propia cuenta; sino que, lo que el Padre me ha enseñado, eso es lo que hablo (*Jn* 8,28).

Vuestro padre Abraham se regocijó pensando en ver mi Día; lo vio y se alegró. "Entonces los judíos le dijeron: "¿Aún no tienes cincuenta años y has visto a Abraham?" Jesús les respondió: "En verdad, en verdad os digo: antes de que Abraham existiera, YO SOY" (*Jn* 8,56-58).

Nuevamente, en el huerto de Getsemaní, Jesús se refiere a sí mismo de la misma manera:

Jesús, que sabía todo lo que le iba a suceder, se adelanta y les pregunta:

"¿A quién buscáis?" Le contestaron: "A Jesús el Nazareno." Díceles: "YO SOY." Judas, el que le entregaba, estaba también con ellos. Cuando les dijo: "YO SOY", retrocedieron y cayeron en tierra (*Jn* 18,4-6).

Finalmente, el evangelio de Juan termina de la misma forma en la que empieza, con una afirmación explícita sobre la divinidad de Jesús. Tomás quedó libre de toda duda cuando puso su dedo en las llagas de los clavos. Él fue el primer hombre en declarar claramente y sin ambigüedad: "Señor mío y Dios mío." (*Jn* 20,28).

Si bien Jesús dejó en manos de su Iglesia la tarea de llegar a un nivel más desarrollado de comprensión de la Trinidad, Él tradujo la plenitud de su deidad, a términos que nos ayudarían a entender su relación con nosotros. Cuando Cristo se llamó a sí mismo "el Buen Pastor", y "la Luz del Mundo", estaba tratando de hacernos entender su venida al mundo como regalo de Dios para nosotros. Como "Buen Pastor", prometió guiarnos hacia su Padre, y como "Luz del Mundo", reveló la verdad sobre Dios a un mundo caído y ensombrecido, tanto más por la vida pecaminosa como por la ignorancia voluntaria.

Además, cuando Cristo se llamó a sí mismo "el Camino, la Verdad y la Vida", estaba explicándonos como Él, en su persona, contenía la fuente y la cumbre de todo lo bueno. A aquellos que piensan que cierta forma de vivir, o método de vida, les brindará paz mental (como el uso de los libros modernos de "auto-ayuda," por ejemplo), Jesús les dice: "Yo soy el método, Yo soy el camino." A aquellos que piensan que la adquisición de conocimiento es lo más importante en la vida, Jesús les dice: "Yo soy la verdad más importante." Finalmente, a aquellos que obtengan salud y seguridad, o comodidad, Jesús les dice: "Yo soy la vida, lo que estéis buscando lo encontraréis en mí". ¿Cómo podría un simple hombre señalarse como la única solución a todos los problemas de la humanidad?

Las cartas del Nuevo Testamento también proclaman la buena nueva de la identidad de Emmanuel, el "Dios con nosotros", y de su sacrificio de amor para nuestro bien. Estas cartas tratan sobre los cuantiosos problemas con los que las primeras comunidades de cristianos se encontraron. Sorpresivamente, la Primera Carta de Juan trata un problema que su Evangelio agravó inadvertidamente. Juan había dado cuenta de la divinidad de Cristo de manera tan drástica, que los herejes gnósticos utilizaron su evangelio para mostrar que Jesús sólo *parecía* humano, ¡pero que de ninguna manera lo era![4] La primera epístola de Juan fue escrita para rechazar estos peligrosos argumentos, los cuales amenazaban con reducir el sufrimiento y la muerte de Cristo a una ilusión. Juan respondió a los gnósticos, mostrando que, así como el amor al prójimo y el evitar el pecado son signos de una verdadera vida cristiana, la humanidad de Cristo y la divinidad de Cristo son signos de verdadera enseñanza cristiana. Negar cualquiera de ellas, es predicar en el "espíritu del anticristo" (*1Jn* 4,3):

> Podréis conocer en esto el espíritu de Dios, todo espíritu que confiesa a Jesucristo, venido en carne, es de Dios; y todo espíritu que no confiesa a Jesús, no es de Dios; ese es el del Anticristo (*1Jn* 4,2-3).

> Quien confiese que Jesús es el Hijo de Dios, Dios permanece en él y él en Dios (*1Jn* 4,15).

Pablo también hizo referencias a este punto, cuando le escribió a los Colonenses sobre la divinidad de Cristo:

> Él es Imagen de Dios invisible,
> Primogénito de toda la creación,
> porque en él fueron creadas todas las cosas,
>   en los cielos y en la tierra,
>   las visibles y las invisibles,
>   todo fue creado por él
>   y para él,
> él existe con anterioridad a todo,
>   y todo tiene en él su consistencia...
> Él es el Principio, el Primogénito de

---

[4] Este conjunto de sectas apareció en el siglo primero y floreció durante un tiempo, pero desapareció alrededor del año 500 D.C. Estas sectas negaban la humanidad de Jesús. También compusieron sus propias escrituras, y afirmaban que la materia era malvada.

entre los muertos,
para que sea él
el primero en todo,
pues Dios tuvo a bien hacer residir
en él toda la Plenitud (*Col* 1,15-19).

Las expresiones "nuestro gran Dios y salvador Jesucristo" y "Cristo Dios" son comúnmente utilizadas en la Liturgia griega (Misa) y en otras antiguas Liturgias. Sin duda, estos notables pasajes de las cartas de Pablo, escritas en griego, han tenido alguna influencia en el uso de estos títulos para la adoración:

Y los patriarcas; de los cuales también procede Cristo según la carne, el cual está por encima de todas las cosas, Dios bendito por los siglos. Amén (*Rom* 9,5). [5]

Aguardando la feliz esperanza y la Manifestación de la gloria del gran Dios y Salvador nuestro Jesucristo (*Ti* 2,13).

La Carta a los Hebreos llevaba la misma idea. Esta carta tenía como propósito inspirar a los cristianos judíos, con una inminente comprensión del sacerdocio de Cristo, al mostrar como Cristo superó a los ángeles y a los profetas. Además se explicaba que Jesús estableció un sacerdocio nuevo y perfecto para reemplazar el imperfecto sacerdocio levítico de la Antigua Alianza. Desde los versos iniciales, es obvio que el escritor creía firmemente y absolutamente en la preexistencia y la divinidad de Cristo:

En estos últimos tiempos nos ha hablado por medio del Hijo a quien instituyó heredero de todo, por quien también hizo los mundos;

el cual, siendo resplandor de su gloria
e impronta de su sustancia,
y el que sostiene todo con su palabra poderosa,

---

[5] Estos dos pasajes pertenecen a la *Nueva Biblia de Jerusalén,* ed. Henry Wansbrough. (Garden City, N.Y.: Doubleday, 1985). Esta versión revela mejor la concepción tradicional de los textos griegos citados aquí. Ver la explicación en el apéndice B.

después de llevar a cabo la purificación de los pecados,
se sentó a la diestra de la Majestad en las alturas... (*Heb* 1,2-3).

En Hebreos 1,6-8, nuevamente se atribuye al Hijo, salmos de alabanza que hacen referencia a Dios:

"Tu trono, ¡oh Dios!, por los siglos de los siglos..."
(*Heb* 1,8, cf. *Sal* 45,7)

Desde antiguo, fundaste tú la tierra,
   y los cielos son la obra de tus manos;
ellos perecen, mas tú quedas,
   todos ellos como la ropa se desgastan,
como un vestido los mudas tú, y se mudan.
   Pero tú siempre el mismo, no tienen fin tus años.
    (*Sal* 102,26-28)

Por último, en la parte final del libro del Apocalipsis, Cristo se atribuye a sí mismo palabras utilizadas por Dios al principio del libro:

Yo soy el Alfa y la Omega, el Primero y el Ultimo, el Principio y el Fin (*Ap* 22,13)

"Yo soy el Alfa y la Omega", dice el Señor Dios (*Ap* 1,8)

Si bien se pueden utilizar muchas otras citas de la Biblia para demostrar la divinidad de Cristo, las que han sido presentadas son básicas para cualquier debate sobre el tema.

El Espíritu Santo es también Dios

Si bien Jesús se reveló a sí mismo como Dios, y sus apóstoles le creyeron, no hay evidencia alguna en el Nuevo Testamento, en la que la calidad de único de Dios se vea de manera alguna comprometida o cuestionada. Cuando un hombre joven le pregunta a Jesús cual de los mandamientos es más importante, Jesús lo remite a la gran oración del libro del Deuteronomio:

Jesús le contestó: "El primero es: 'Escucha, Israel: El Señor, nuestro Dios, es el único Señor, y amarás al Señor, tu Dios, con todo tu co-

razón, con toda tu alma, con toda tu mente y con todas tus fuerzas'"
(*Mc* 12,29; cf. *Deut* 6,4-5).

En ningún momento Jesús busca, de manera alguna, anular la creencia en la calidad de único de Dios. Más bien, revela que el Padre, el Hijo y el Espíritu Santo, se encuentran unidos en uno, y lo hace sin comprometer la verdad de la afirmación sobre la diferencia que a la vez hay, entre los "miembros" de la Trinidad. Él describe al Espíritu Santo, por ejemplo, como una persona diferente, con un propósito, y una misión diferente que cumplir. Jesús lo llama el "Paráclito" (cuyo significado es "auxiliador" o "consejero"), y promete a sus discípulos que el Espíritu hablará por ellos cuando sean llamados a testificar la verdad:

> Mas cuando os entreguen, no os preocupéis de cómo o qué vais a hablar... Porque no seréis vosotros los que hablaréis, sino el Espíritu de vuestro Padre el que hablará en vosotros (*Mt* 10,19-20).

El título de "Paráclito" del Espíritu Santo muestra que es una persona única de la Trinidad, con un papel propio de maestro, santificador y guía de la Iglesia en la tierra:

> Y yo pediré al Padre y os dará otro Paráclito, para que esté con vosotros para siempre, el Espíritu de la verdad, a quien el mundo no puede recibir... (*Jn* 14,16-17)

Jesús hace referencia al Espíritu Santo como "otro Paráclito" *porque es otra persona.* Jesús dice que este puede "oír" y "anunciar", por lo que el Espíritu debe ser otra persona, capaz de saber y querer:

> Cuando venga Él, el Espíritu de la verdad, os guiará hasta la verdad completa; pues no hablará por su cuenta, sino que hablará lo que oiga, y os anunciará lo que ha de venir (*Jn* 16,13-14).

Esta es una de las profecías más importantes hechas por Cristo. Primero, esta nos indica que el Espíritu Santo instruirá a la Iglesia y la ayudará a "alcanzar" una comprensión más plena de la verdad, con el pasar del tiempo. En segundo lugar, nos señala que el Espíritu Santo jamás se contradirá a Sí mismo. Él podrá inspirarnos y ayudarnos a todos a amarnos los unos a los otros, y a llevar a cabo buenas obras, pero nunca inspirará a alguien a creer en falsas enseñanzas.

En el mandamiento final que dio a los discípulos, Jesús dice una última frase, que demuestra que el Espíritu Santo es Dios:

> Me ha sido dado todo poder en el cielo y en la tierra. Id, pues, y haced discípulos a todas las gentes bautizándolas en el nombre del Padre y del Hijo y del Espíritu Santo, y enseñándoles a guardar todo lo que yo os he mandado (*Mt* 28,18-20).

Al declarar que las tres Personas comparten en el único "nombre", Cristo afirma que el Padre, el Hijo, y el Espíritu Santo son Dios, y que Dios es uno.

Esta fue la revelación que Cristo hizo a los apóstoles. A pesar de ser tan difícil de comprender, los discípulos la aceptaron como la verdad. Pablo, por ejemplo, creía claramente que Jesús era Dios, sin embargo continuaba declarando que solo hay un Dios, especialmente cuando predicaba a los Gentiles:

> "y no hay más que un único Dios"... para nosotros no hay
>
> más que un solo Dios, el Padre,
>> del cual proceden todas las cosas y para el cual somos;
> y un solo Señor, Jesucristo,
>> por quien son todas las cosas y por el cual somos
>> nosotros (*1Cor* 8,4-6).
>
> Porque hay un solo Dios,
>> y también un solo mediador entre Dios
> y los hombres,
>> Cristo Jesús, hombre también,
>> que se entregó a sí mismo como rescate por todos (*1Tim* 2,5).

> Os exhorto, pues, yo, preso por el Señor... a conservar la unidad del Espíritu con el vínculo de la paz. Un solo Cuerpo y un solo Espíritu,... Un solo Señor, una sola fe, un solo bautismo, un solo Dios y Padre de todos, que está sobre todos, por todos y en todos (Efesios 4,1-6).

En las Escrituras del Nuevo Testamento, existe una notable falta de discusión filosófica sobre la Trinidad. En ninguna de sus partes, por ejemplo, Pablo pregunta: "¿Cómo puede haber un Dios, si el

Padre y el Hijo son ambos divinos?" La palabra "Trinidad" no fue utilizada hasta mucho después.

En vez de filosofar sobre la Trinidad, los discípulos del primer siglo simplemente aceptaron ambas propuestas: que Dios es uno, y que el Padre, el Hijo y el Espíritu Santo son todos Dios. De esta manera, la Iglesia, en la época de sus inicios, también aceptó la revelación sobre el Espíritu Santo y la predicó como verdad solemne, a la vez que se le nombraba en las plegarias y en las bendiciones. Las cartas del Nuevo Testamento reflejan esta simplicidad:

> Y el Espíritu todo lo sondea, hasta las profundidades de Dios... nadie conoce lo íntimo de Dios, sino el Espíritu de Dios (*1Cor* 2,10-11).

> ¿O no sabéis que vuestro cuerpo es santuario del Espíritu Santo, que está en vosotros y habéis recibido de Dios, y que no os pertenecéis? (*1Cor* 6,19).

> Porque el Señor es el Espíritu, y donde está el Espíritu del Señor, allí está la libertad (*2Cor* 3,17).

> La gracia del Señor Jesucristo, el amor de Dios y la comunión del Espíritu Santo sean con todos vosotros (*2Cor* 13,13).

> ...según el previo conocimiento de Dios Padre, con la acción santificadora del Espíritu, para obedecer a Jesucristo y ser rociados con su sangre. A vosotros gracia y paz abundantes. (*1Pe* 1,2).

> Pero, ante todo, tened presente que ninguna profecía de la Escritura puede interpretarse por cuenta propia; porque nunca profecía alguna ha venido por voluntad humana, sino que hombres movidos por el Espíritu Santo, han hablado de parte de Dios (2 P 1,20-21).

Análisis sobre la Trinidad

A estas alturas de nuestra exposición, podemos volver a las enseñanzas que la Iglesia predica sobre el actual dogma de la Trinidad. Ante todo, debemos saber que nunca se entenderá este misterio totalmente. Muchos de los primeros Padres incluso se apartaron de la práctica de filosofar sobre la Trinidad, con el respeto que merece la calidad de sagrado que este misterio especial tiene. Como punto de partida, entonces, puede ser más fácil decir lo que la Trinidad no es, en vez de decir lo que es.

Para empezar, la Trinidad no es una persona que utiliza máscaras diferentes con propósitos diferentes. Tiempo atrás, algunos propusieron esta falsa idea (llamada "Modalismo"), arguyendo que el Padre, el Hijo y el Espíritu Santo son en realidad la misma persona, que opera en distintos "modos", según lo que considere ser de mayor ayuda para los seres humanos.

La primera objeción a esta idea, plantea la siguiente duda, ¿Porqué tendría Dios necesidad alguna de usar una "máscara" o andar "actuando" en principio? En segundo lugar, si la teoría Modalista sobre la Trinidad fuese verdadera, entonces Dios sería un mentiroso. Las plegarias que Jesús ofreció al Padre frente a los discípulos y en el huerto de Getsemaní hubiesen sido falsas, al igual que la promesa a los discípulos de enviar un Paráclito (*Jn* 16,7).

La otra teoría desaprobada sobre la Trinidad plantea que el Padre, el Hijo y el Espíritu Santo son tres Dioses diferentes. La Iglesia no acepta que cada persona de la Trinidad sea un Dios distinto. Más bien, creemos que el Padre, el Hijo y el Espíritu Santo son tres personas distintas, cada una Dios en su plenitud, y no parte de Dios. No son tres piezas que completan un todo. Más bien cada uno es totalmente Dios. Ahora bien, en su condición de personas, no obstante, están relacionadas entre sí, el Hijo viene del Padre, porque el Hijo es "engendrado." El Credo expresa que el Hijo es "engendrado, no creado, y de la misma naturaleza del Padre." De esta manera Jesús puede hacer referencia a su humanidad diciendo: "el Padre es más grande que yo" y por otro lado, sin embargo, decir: "Yo y el Padre somos uno" (*Jn* 14,28; 10,30). De la misma manera, el Espíritu Santo viene del Padre y del Hijo. El Espíritu Santo procede de ellos y es plenamente Dios.

Algunas metáforas ayudan a explicar como podría ser la Trinidad. Una de estas metáforas es la del manantial de agua natural. Imaginemos agua emanando de la tierra como una fuente. El manantial es como el Hijo que revela al Padre oculto. Cuando vemos el manantial, podemos decir que hay agua bajo tierra. Podemos saber como es. Esta imagen nos ayuda a entender como el Hijo es continuamente engendrado y no fue creado en un momento dado.

Hay una segunda metáfora, aún mejor. Imaginemos una llama de fuego. Sabemos que hay una llama por la luz que esta genera. Sin esta luz, la llama no puede ser vista. La luz es la expresión de la llama, así como el Hijo es la expresión (o Verbo) del Padre. El Espíritu Santo puede ser visto como la belleza de la llama de fuego o del manantial de agua. La belleza atrae: así como la belleza de la llama nos atrae a ella, la belleza del Espíritu Santo nos atrae a Dios.

La mejor manera de entender la Trinidad es entendiendo el Amor, porque: "Dios es amor" (*1Jn* 4,16). No estamos hablando del amor implicado en la expresión "yo amo el fútbol" (en este caso, el amor significa "gustar mucho.") El verdadero "amor" es como el amor de una madre. Es la entrega total e incondicional de uno mismo para otro, por su bien. Es dejar salir al propio yo, dejando ese mismo yo detrás, para hacer espacio en el corazón del propio ser, por el bien del otro.

En la Trinidad, la naturaleza misma del Padre es dar. En la acción del Padre de salir de Sí mismo, el Hijo es engendrado. El Hijo es la "expresión" viva o el "Verbo" del amor del Padre. Como Dios es perfecto, no necesita muchas palabras para expresar Su ser. Solo una. Además, como Dios es perfecto, la expresión perfecta de Su ser no puede ser simplemente como la imagen que vemos de nosotros mismos frente al espejo; esa imagen es inferior a nosotros porque no es viviente. Más bien, la perfecta imagen del Padre debe también ser viviente y compartir plenamente en la divina esencia de Su ser. Es por esta razón que decimos que el Hijo es el Verbo de Dios y el "Verbo es Dios." A medida que el Hijo es continuamente engendrado como esencia propia del amor del Padre, el Hijo corresponde. Existe una acción de amor que fluye entre ellos; se respira el Espíritu Santo. El Espíritu Santo proviene de la acción inicial del Padre, en conjunto con la acción recíproca del Hijo. Las tres personas se diferencian solo en cuanto a la forma de su comunión, de ninguna otra manera. Es posible decir entonces que el Padre ama, el Hijo es amado, y el Espíritu es Amor.

Es hermoso saber que Dios no es un ser solitario.[6] Él es más bien como una familia, una sociedad, y lo más sorprendente es, ¡que la Trinidad desea compartir la comunión con nosotros!

El Espíritu Santo nos une al amor familiar de la Trinidad. Aquí una reflexión:

"Sino que por haberos dicho esto vuestros corazones se han llenado de tristeza. Pero yo os digo la verdad: Os conviene que yo me vaya; porque sino me voy, no vendrá a vosotros el Paráclito; pero si me voy, os lo enviaré" (*Jn* 16,6,7).

Esta es una de las observaciones más misteriosas que Jesús hizo a sus apóstoles. ¿Cómo podría ser mejor para nosotros que Cristo "se vaya"? ¿Porqué sería mejor para nosotros tener al Paráclito?

Si Cristo hubiese permanecido en la tierra como un Rey visible, hubiese reinado sobre nosotros pero solo en forma externa. Nuestra obediencia hubiese venido de un temor reverente, en vez de partir del amor. Más bien, debemos aceptar a Cristo, haciendo uso de su gracia para amar a Dios, para amarnos los unos

---

[6] Al decir esto, no estamos tratando de afirmar que Dios se sintiese «solo,» (es decir, necesitando de alguien) incluso aunque estuviese solo. Más bien, estamos tratando de enfatizar la belleza de pensar en Dios como una comunión de amor.

a los otros, y para sobreponernos a la tentación. La presencia del Espíritu Santo *en* nosotros hace posible formar parte de esta lucha. De esta manera nos unimos a Cristo tanto interna como externamente. El Espíritu invisible nos permite ser miembros del cuerpo de Cristo.

Como el Espíritu Santo es invisible, y por ende difícil de ver, se le han atribuido muchas imágenes materiales en las Escrituras. Se le describe como el "aliento" de Dios, como viento, fuego, agua, aceite, etc. Cada una de estas formas ayuda a revelar algo sobre la misión y el poder del Espíritu Santo, pero el único aspecto revelado por todas, es el propósito de la santificación, como por ejemplo, hacer que algo se torne sagrado, de tal manera que pertenezca a Dios. El Espíritu Santo es el santificador, o consagrador, o animador de lo que sea que toque. El Espíritu Santo le asigna a cada cosa un propósito. (Después de todo, la palabra "sagrado" significa "separado para un uso especial.") Por ejemplo, en el libro del Génesis, se describe a Dios como un espíritu que "aletea" sobre las aguas (o en algunas traducciones, como un viento "poderoso" o "embestidor") (*Gen* 1,2). Dios es presentado de esta manera para enfatizar que toda la creación está dedicada a su servicio.

El Jardín del Edén representaba la simple comunión física del hombre con Dios, en la tierra. El espíritu de vida que Dios insufló en Adán y Eva les hizo dedicarse al propósito que Él tenía para ellos en el Jardín. La caída del hombre rompió la comunicación con Dios y nubló este propósito; las Escrituras manifiestan como Dios hizo uso de la historia humana para llamar nuevamente a la humanidad al propósito que Él tenía para ésta.

Dios escogió al pueblo Hebreo como instrumento para llevar a cabo esto. El Espíritu de Dios santificó las mentes y las conciencias de sus profetas para renovar la dedicación de la humanidad a Dios y su compromiso con la santidad. Así como el Espíritu de Dios aleteo sobre la creación, de la misma manera cubrió a los hebreos con una presencia visible y activa. Dios le entregó a Moisés los Diez Mandamientos en el Monte Sinaí. Después de darle a la gente tres días para prepararse, Dios ocasionó rayos y truenos, e hizo que una densa nube se posara sobre la montaña, de tal manera que todos se atemorizaron:

> Entonces Moisés hizo salir al pueblo del campamento para ir al encuentro de Dios, y se detuvieron al pie del monte. Todo el monte Sinaí humeaba, porque YAHVÉ había descendido sobre él en el fuego... Entonces pronunció Dios todas estas palabras (*Ex* 19,17-18; 20,1).

El primer gran "cubrimiento" se dio cuando el Espíritu Santo aleteó sobre las aguas en el Génesis. En un segundo "cubrimiento" el mismo espíritu del Génesis se posó sobre el Monte Sinaí y le dedicó nuevamente la creación a Dios, con la entrega de la ley. Si bien todos habían sido invitados por Dios para estar al pie de la montaña, sus pecados les hicieron temer acercársele:

> Todo el pueblo percibía los truenos y los relámpagos, el sonido de la trompeta y el monte humeante, y temblando de miedo se mantenía a distancia. Dijeron a Moisés: "Habla tú con nosotros, que podremos entenderte, pero que no hable Dios con nosotros, no sea que muramos. Respondió Moisés al pueblo: "No temáis, pues Dios ha venido para poneros a prueba, para que su temor esté ante vuestros ojos, y no pequéis." Y el pueblo se mantuvo a distancia, mientras Moisés se acercaba a la densa nube donde estaba Dios (*Ex* 20,18-21).

El hecho de que Moisés fuese el único en ascender a la montaña y recibir la ley, fue una muestra del desmerecimiento y la inhabilidad de los judíos para dedicarse totalmente a Dios. Esta es la razón por la cual Dios no habitó en la gente en sí, decidiendo, a cambio, habitar en el Arca de la Alianza (*Ex* 40,34-38). La densa nube que continuó cubriendo el arca fue también un signo de que esta era totalmente sagrada para Dios. Los diversos milagros que involucran al arca sirvieron como señales y recordatorios adicionales del poder y la gloria de Dios. Era la forma en la que Dios decía: "Esta parte de la creación me pertenece."

El tercer gran cubrimiento se dio durante la Anunciación, cuando el infinito poder del Espíritu Santo se hizo totalmente manifiesto:

El Espíritu Santo vendrá sobre ti y el poder del Altísimo te cubrirá con su sombra (*Lc* 1,35).

Según veremos en el capítulo dedicado a María, ella fue la primera criatura, después de Adán y Eva, en ser totalmente perfeccionada y consagrada a Dios, y su relación con el Espíritu Santo era de perfecta obediencia y amor. Los siguientes treinta años, el Espíritu Santo habitó en toda su plenitud en María y en Jesús. Durante este tiempo, el Espíritu Santo estuvo con Jesús, y en su bautizo, descendió del cielo en forma de paloma:

Bautizado Jesús, salió luego del agua; y en esto se abrieron los cielos (para Él) y vio al Espíritu de Dios que bajaba en forma de paloma y venía sobre él. Y una voz que salía de los cielos decía: "Este es mi Hijo amado, en quien me complazco" (*Mt* 3,16-17).

La presencia de la paloma y la voz del Padre están separadas, como evidencia de la distinción entre el Espíritu y la Trinidad. Él vino en forma de paloma, trayendo la promesa de la vida nueva, al igual que la paloma que regresó a Noé después del diluvio. En su bautizo, Jesús no tuvo necesidad de ser limpiado de pecado alguno, más bien, fue Jesús el que santificó y purificó las aguas bautismales. La presencia del Espíritu Santo que revolotea sobre Jesús, (y sobre el agua) mostró que Él había venido ungido por el Espíritu Santo, y que había hecho su primer gran trabajo.

El Espíritu Santo preparó a los apóstoles para su trabajo, ungiéndolos en Pentecostés. Si bien el Espíritu Santo había descendido de los cielos muchas veces antes, (como cuando inspiró a los profetas) solo lo hizo temporalmente. El cubrimiento de Pentecostés fue más bien único. En el Antiguo Testamento, el Espíritu Santo había cubierto un arca o caja consagrada, pero en Pentecostés el Espíritu Santo cubrió *gente* consagrada, es decir su Iglesia (representada en Pentecostés por María y los discípulos). La razón por la cual desde entonces el Espíritu Santo no ha dejado nunca a la Iglesia, es porque la cabeza de esta Iglesia es Jesús, y a medida que el Espíritu habita en Jesús, el Espíritu siempre habitará en la Iglesia y en todos los que le pertenecen a Cristo:

> Permaneced en mí, como yo en vosotros. Lo mismo que el sarmiento no puede dar fruto por sí mismo, sino permanece en la vid; así tampoco vosotros sino permanecéis en mí (*Jn* 15,4).

La Iglesia es el medio por el cual el Espíritu Santo es vertido a la humanidad. Ella predica en el nombre de Cristo y administra los sacramentos en su lugar. Algunos de estos sacramentos fueron anunciados en el Antiguo Testamento. Por ejemplo, Moisés recibió instrucciones especiales en cuanto al aceite a ser utilizado para ungir:

> Con él ungirás la tienda del encuentro y el arca del testimonio, la mesa ... el candelabro ... el altar del holocausto ... Así los consagrarás y serán cosa sacratísima. Todo cuanto los toque quedará santificado. Ungirás también a Aarón y a sus hijos y los consagrará s para que ejerzan mi sacerdocio. Hablarás a los israelitas, diciendo: Este será para vosotros el óleo de la unción sagrada de generación en generación (*Ex* 30,26-31).

Nuestros antepasados no tenían conocimiento alguno sobre la oxidación de los compuestos del carbono; solo sabían que la luz y el calor se encontraban de alguna manera "ocultos" en el aceite. De esta manera, el aceite sagrado servía apropiadamente como símbolo de la presencia oculta de Dios en la creación. Cuando Moisés ungió a los sacerdotes con aceite sagrado, estos fueron tanto purificados como preparados para una misión especial. El Espíritu Santo santificó el agua, el aceite y el fuego e hizo uso de ellos para santificar a los sacerdotes y llenar sus almas con la vida y el poder de Dios. Sucede lo mismo con los sacramentos del Nuevo Testamento. Externamente, una persona parece no haber cambiado cuando seacerca a la Confesión o a recibir la Comunión, pero en el interior, su alma es llenada con la vida de Dios. Cuando llegue el momento adecuado, la luz de Cristo brillará.

De esta forma, cada vez que participamos de uno de los siete sacramentos, invitamos al Espíritu Santo a cubrirnos, consagrarnos a Dios, y darnos poder para llevar a cabo su voluntad y amar como el ama.

El Espíritu Santo nos atrae a la vida de la Trinidad. El Padre, el

Hijo y el Espíritu Santo son distintos pero uno mismo; el poder del Espíritu Santo hace a cada persona distinta, pero una misma con las demás. Primero, cada hombre o mujer es ungido por el Espíritu para que ocupe un lugar especial en la creación que solo él o ella pueden ocupar, y luego, todos están unidos en uno por el Espíritu que guía a la Iglesia hacia toda la verdad.

Conclusión

Sabemos que Jesús se hizo hombre para hacernos uno con Dios, ¿pero que significa estar unidos como uno, en la Trinidad? ¿Significa que todos nos convertiremos en Dios? Con seguridad, no. Nunca lo sabremos todo ni seremos todopoderosos, y nunca se nos hará Dioses de nuestro propio universo. Sin embargo, por la venida de Cristo y del Espíritu Santo, podemos amarnos los unos a los otros con la misma calidad y la misma pureza del amor de Dios. En otras palabras, *podemos amar como Dios ama*. Esperamos que los siguientes capítulos del libro muestren al lector como.

Los primeros Padres de la Iglesia hablan sobre la Trinidad

San Ignacio de Antioquia (110 d.C.), *Carta a los Efesios* (v. 1, 42)

Porque nuestro Dios, Jesucristo, fue concebido por María de acuerdo al plan de Dios.

Eusebio (125 - 200 d.C.), *Carta a Diogneto* (v. 1, 98)

(El Padre) envió al mismísimo Diseñador y Creador del universo, personalmente, a través del cual creó los cielos... a través del cual todas las cosas fueron puestas en orden, unidas y sometidas, los cielos y las cosas que hay en los cielos, la tierra y las cosas que hay en la tierra, el mar y las cosas que hay en el mar... si, fue a Él al que envió a los hombres.

La llamada Segunda Carta de Clemente a los Corintios (150 d.C.): (v. 1, 101)

Hermanos, debemos ver a Jesucristo como Dios y como el Juez de vivos y muertos.

Arístides de Atenas en la *Apología*, 140 d.C. (v. 1, 112)

Sus discípulos son llamados cristianos. Estos son los que, por sobre todos los pueblos de la tierra, han hallado la verdad; porque ellos reconocen la presencia de Dios, Creador y Hacedor de todas las cosas, en el único Hijo engendrado y en el Espíritu Santo. No adoran a otro dios que no sea Él.

William Jurgens, *The Faith of the Early Fathers, Volúmenes I, II, y III.* (Collegeville, Minn.: The Liturgical Press, 1979.) El primer número del paréntesis se refiere al número de volumen de los libros de Jurgens. El segundo hace referencia al número de pasaje citado.

Taciano el Sirio en la *Contestación a los Griegos,* 165 – 175 d.C. (v. 1, 160)

No estamos haciendo el tonto, vosotros griegos, ni hablamos tonterías, cuando informamos que Dios nació en la forma de un hombre.

San Melitón de Sardes en el fragmento de *Anastasio de Sinaí, la guía* capítulo. 13, 171 – 190 d.C. (v. 1, 189)

No hay necesidad alguna, cuando se esta tratando con personas de inteligencia, de utilizar las acciones realizadas por Cristo después de su bautismo, como prueba de que Su alma, Su cuerpo y Su naturaleza humana, eran como la nuestra, real y no fantasmal. Las actividades de Cristo, posteriores a su bautizo, y en especial sus milagros, mostraron y aseguraron al mundo la deidad oculta en su carne. Como Dios y como hombre perfecto también, dio indicaciones positivas de sus dos naturalezas: de su deidad, por los milagros de los tres años siguientes a su bautismo; y de su humanidad, en los treinta años anteriores a su bautismo, durante los cuales, a razón de su condición, de acuerdo a la carne, concilió los signos de su deidad, aún cuando es el Dios verdadero, que existe desde antes de los tiempos.

San Atanasio en las *Cuatro Cartas a Serapión de Thmuis,* 359 d.C. (v. 1, 780)

Si el Espíritu Santo fuese una criatura no podría haber comunión entre Dios y nosotros, a través suyo. Por el contrario, estaríamos unidos a una criatura, y le seríamos extraños a la naturaleza divina, ya que no tendríamos nada en común con ella... Pero si por la participación en el Espíritu se nos hace partícipes en la naturaleza divina, es insano decir que el Espíritu tiene la naturaleza de un ser creado y no la naturaleza de Dios. Más bien, esta es la razón por la cual, aquellos en los que Él está, se hacen divinos; y si Él hace a los hombres divinos, no cabe duda que su naturaleza es la de Dios.

San Dámaso I, Papa, en el *Tomo de Dámaso,* 382 d.C. (v. 1, 910k-910r)

Si alguien no dice que el Espíritu Santo es verdaderamente y apropiadamente del Padre, y al igual que el Hijo, de sustancia divina y verdadero Dios, es un hereje.

Si alguien no dice que el Espíritu Santo puede hacerlo todo, lo sabe todo, y esta en todos lados, al igual que el Hijo y el Padre, es un hereje.

Si alguien dice que el Espíritu Santo es una criatura, o que fue hecho por el Hijo, es un hereje.

Si alguien no dice que el Padre hizo todas las cosas, es decir, lo visible y lo invisible, a través del Hijo y el Espíritu Santo, es un hereje.

Si alguien no dice que el Padre, el Hijo y el Espíritu Santo, son una sola deidad, fuerza, majestuosidad y poder, una gloria y un dominio, un reino, una determinación y una verdad, es un hereje.

Si alguien no dice que hay tres personas, la del Padre, la del Hijo y la del Espíritu Santo, iguales, siempre vivas, abarcando todo lo visible y lo invisible, gobernándolo todo, juzgándolo todo, dando vida a todo, haciéndolo todo, y salvándolo todo, es un hereje.

Si alguien no dice que el Espíritu Santo, al igual que el Hijo y el Padre, debe ser adorado por toda criatura, es un hereje.

Evagrio Póntico en la *Carta Dogmática sobre la Santísima Trinidad,* 399 d.C. (v. 2, 914)

Vosotros llamáis criatura al Espíritu Santo, y cada criatura sirve a su creador... Sin embargo, si Él fuese sirviente, su santidad sería adquirida; y todo lo adquirido por su santidad sería también capaz de ejercer el mal. De cualquier modo, al Espíritu Santo se le llama "fuente de santificación" porque es sagrado en sustancia. El Espíritu Santo, por ende, no es una criatura, y como no es una criatura, comparte esa sustancia con Dios.

San Basilio Magno en la *Carta a Anfiloquio, Obispo de Iconio,* 376 d.C. (v. 2, 926)

Esencia y persona se diferencian, como lo general de lo específico, como un ser viviente de un hombre en particular. En la deidad, por ende, reconocemos una esencia, para no dar una definición variada del ser; pero reconocemos una particulariza-ción de la persona, de tal manera que nuestra noción del Padre, el Hijo y el Espíritu Santo sea comprensible y clara. Porque sino tomamos en cuenta las calidades separadas de cada uno, es decir, paternidad, filiación y santificación, y reconocemos solo a Dios, a partir del concepto general de existencia, no tenemos posibilidad alguna de ofrecer una explicación sólida de nuestra fe. Es necesario, entonces, reconocer nuestra fe añadiendo lo particular a lo general. La deidad es general, mientras que la paternidad es específica. Uniendo ambas, debemos decir: "Creo en Dios Padre." Al reconocer al Hijo, una vez más, debemos hacer lo mismo, unir lo particular a lo general, para decir: "Creo en Dios Hijo." De la misma manera, en el caso del Espíritu Santo, debe-mos hacer que nuestra declaración concuerde con Su nombre: "También creo en el Espíritu Santo Divino." Esto lo hacemos para que la unidad (divina) se vea totalmente salvaguardada por el reconocimiento a una deidad, a la vez que reconocemos la parti-cularización de las Personas en la distinción de las características de cada una de ellas.

San Gregorio Nacianceno en *Alabanza a Hero el Filósofo,* 370 d.C. (v. 2, 983)

El Espíritu Santo es realmente santo. Ningún otro lo es, no de la misma manera; porque Él es santo no por la adquisición de santidad, sino porque Él en sí es santidad; no es más santo en un momento y menos santo en otro; porque no hay un principio en el tiempo de su santidad, y tampoco habrá un final.

San Ambrosio de Milán en *El Espíritu Santo,* 381 d.C. (v. 2, 1282)

Si hay gracia alguna en el agua, no es por la naturaleza del agua, sino por la presencia del Espíritu Santo... Hemos sido sellados, por ende, con el Espíritu de Dios. Porque, así como morimos en Cristo para volver a nacer, también se nos sella con el Espíritu para que podamos poseer su esplendor, imagen y gracia, que son verdaderamente nuestro sello espiritual. Porque, si bien es en nuestro cuerpo que estamos visiblemente sellados, es en nuestro corazón que estamos realmente sellados, de tal forma que el Espíritu Santo pueda imprimir en nosotros la igualdad de su celestial imagen.

San Cirilo de Alejandría en *La Décima Carta Festiva,* 422 d.C. (v. 3, 2063)

El pecado, por ende, esta condenado, fue muerto por Cristo primero, y ahora está a punto de morir en nosotros, cuando recibamos al Señor en nuestras propias almas, a través de la fe y de la comunión con el Espíritu, el cual nos hace estar en concordancia con Cristo, por medio, por supuesto, de la calidad de la santificación. Porque el Espíritu de Cristo es nuestro Salvador, como si Su forma fuese un sello divino que, de alguna manera, deja su impresión en nosotros.

San Cirilo de Alejandría en el *Tesoro de la Sagrada y Consustancial Trinidad,* 412 d.C. (v. 3, 2080)

Si al ser sellados por el Espíritu Santo somos reformados a la imagen de Dios, ¿cómo podría el Espíritu Santo ser criatura, cuando a través de Él la imagen de la divina esencia se imprime en nosotros, haciéndonos, y haciendo que los sellos de la naturaleza no creada habiten en nosotros? Porque no es, supongo, que el Espíritu Santo retrata en nosotros la esencia divina como si fuese un pintor, como si a Él mismo le fuese extraño; tampoco es de esta manera que Él nos lleva hacia la semejanza con Dios. No. Él, que es Dios y que procede de Dios, es impreso invisiblemente como un sello y como si fuese en cera, en los corazones de aquellos que Lo reciben por medio de la comunión y la semejanza con Él, pintando la naturaleza del hombre nuevamente en la belleza del Arquetipo, y mostrando al hombre nuevamente de acuerdo a la imagen de Dios.

Estudio Bíblico sobre la Trinidad – Escrituras citadas en el Capítulo

Gal 1,8 – Nadie puede implantar un Evangelio nuevo.

Ex 20,2-3; cf. *Deut* 5,7, *Is* 45,5 e *Is* 45,22 – Existe un solo Dios.

Is 35,4-6 y *Mt* 11,4-5 – Jesús cumple las profecías sobre el Mesías que sería un sanador.

Gen 2,7, *Gen* 1,3,y *Jn* 9,5-7 – Jesús utiliza barro para recordar la formación del hombre con barro, a manos de Dios. Además, se muestra que Jesús es la realización de la frase:"Haya luz."

Gen 9,5-6, *Ez* 37,13 – Dios es la fuente de vida. Dios da vida resucitando a los muertos.

Job 9,8, *Sal* 107,28-29, *Sal* 65,8, *Mc* 2,6-8, y *Mt* 8,27 – Jesús, al igual que Dios en el Antiguo Testamento, controla el clima y camina sobre el agua.

Mt 26,34 – Jesús predice el futuro y lee las mentes. En este caso predice la traición de Pedro.

Mt 21,19 – Al buscar la higuera Jesús parece no saber que no hay higos.

Mt 24,36 – Jesús indica que solo el Padre sabe cuando vendrá el final.

Lc 2,51, 52 – Jesús decidió crecer y aprender como lo hacen normalmente los humanos.

Jn 2,1-11; *Jn* 6,1-14 – En Caná y al alimentar a los cinco mil, Jesús provee generosamente.

Jn 2,3 – Los invitados en Caná ya habían bebido libremente.

Am 9,13 y *Jl* 4,18 – Profecías del Antiguo Testamento sobre la bondad de los tiempos Mesiánicos.

Jn 6,14-15 – La gente quería hacer Rey a Jesús, después de ver estas señales.

Jn 6,48-58 – Jesús promete vida a aquellos que coman de su carne y beban de su sangre.

Gen 9,3-4 – Dios prohíbe que se beba sangre.

Mt 12, 41-42 – Jesús afirma ser más grande que Jonás y Salomón.

Mt 4,11, 26,53 – Jesús afirma que vendrían ángeles a ayudarle si así lo quisiera.

Mt 25,31 – Jesús señala que juzgará a todos.

Lc 20,13-15 – Parábola del viñedo que fue rentado; el hijo es asesinado por los labradores.

Dan 7,13-14 y *Mc* 14,62 – Jesús le dice al Sumo Sacerdote que es el Mesías y el Hijo de Dios; al hacerlo, cumple la profecía de Daniel.

Sal 110 y *Mt* 22,41-46 – Jesús explica el significado del Salmo en el que se muestra que el Mesías es descendiente de David, sin embargo tiene más autoridad que él.

Lc 20,17-20, cf. *Sal* 118,22; *Mt* 21,42; *Mc* 12,10 – Jesús afirma ser la piedra que los constructores rechazaron.

Dan 2,31-36, 44 – Profecía sobre la piedra que destruirá los reinos terrenales y crecerá hasta ser una montaña que llene toda la tierra.

Sal 2,4-7, *Sal* 110,3 – Profecías que muestran al Mesías como el Hijo de Dios.

Is 9,5, *Is* 7,14 – Isaías predice que un niño nacido entre nosotros, de una virgen, será el Mesías y se llamará "Emmanuel."

Lc 10,22 – Jesús afirma que tiene la autoridad del Padre y que puede mostrarnos al Padre.

Jn 1,1 – El Evangelio de Juan se inicia mostrando que Jesús es Dios hecho Verbo.

Jn 1,18, *Jn* 6,37-38, *Jn* 16,28, y *Jn* 17,5 – Jesús afirma que Él estuvo siempre con el Padre y que regresará a Él.

Jn 10,24-25, 30, *Jn* 10,37-38, *Jn* 5,17, y *Jn* 5,18 – Jesús afirma que Él y el Padre son Uno.

Jn 8,24, *Jn* 8,28, *Jn* 8,56-58, y *Jn* 18,4-6 – Jesús se llama a sí mismo "Yahvé" o "YO SOY."

Jn 20,28 – Tomás, dudoso, dice "¡Mi Señor y mi Dios!"

1Jn 4,21, *Jn* 4,15, *Col* 1,15-20, *Rom* 9,5, *Ti* 2,13, *Heb* 1,2-3, *Heb* 1,8. cf. *Sal* 45,7, *Sal* 102,26-28, *Ap* 22,12, y *Ap* 1,8 – Todos estos pasajes contienen afirmaciones explícitas que muestran que Jesucristo es Dios.

Mc 12,29, 30; cf. *Deut* 6,4-5 – El amor de Dios y del prójimo recapitulan la Ley.

Mt 10,19, 20, *Jn* 14,16, 17, y *Jn* 16,13-14 – Jesús promete enviar otro Paráclito, el Espíritu Santo, para guiar a la Iglesia.

Mt 28,18-20 – Jesús ordena el bautismo en el nombre del Padre, del Hijo y del Espíritu Santo.

1Cor 2,10-11, *1Cor* 6,19, *2Cor* 13,13, *1Pe* 1,2, y 2 P 1,20-21 – Estos pasajes muestran que el Espíritu Santo es Dios; también muestran que el Espíritu Santo nos une a Dios y nos guía hacia Él.

Jn 14,28 y 10,30 – Jesús indica que el Padre es más grande, y luego afirma que Él y el Padre son uno.

1Jn 4,16 – Dios es amor.

Jn 16,6, 7 – Jesús señala que es mejor que Él se vaya, de tal forma que pueda enviar al Espíritu Santo.

Gen 1,2 – El Espíritu Santo es el "viento poderoso" presente sobre las aguas, en la creación.

Ex 19,17-18 y 20,1; *Ex* 20,18-21 – La gente asustada por la increíble presencia de Dios en el monte. Prefieren que Moisés le hable, porque temen acercársele.

Ex 40,34-38 y *Lc* 1,35 – Dios cubrió el Arca y cubrió a María.

Mt 3,16-17 – El Espíritu Santo se presenta en forma de paloma durante el bautizo de Jesús.

Jn 15,4 – Permanecer en Cristo como las ramas permanecen en la vid.

Ex 30,26-29 – El aceite para ungir, símbolo de la Unción del Espíritu Santo.

La Eucaristía

¿Porqué los Católicos entran a una iglesia vacía, simplemente para rezar? Después de todo ¿Porqué no rezar en casa? Lo que sucede, es que para los Católicos, la Iglesia no está vacía. Cuando la Eucaristía[1] se encuentra ahí, Dios se encuentra ahí. Esto no quiere decir que los Católicos estemos retornando al modo de adoración del Antiguo Testamento, en el Templo. Jesús descartó definitivamente esta posibilidad, cuando le dijo a la mujer Samaritana que vendría el día en el que la adoración adecuada a Dios no estaría restringida al Templo de Jerusalén. Mas bien, toda la gente, en todos lados, adoraría a Dios "en Espíritu y en verdad" (*Jn* 4,23). ¿Cuál es la diferencia entre la adoración en el Templo y la adoración a la Eucaristía en una Iglesia Católica?

Dios le dio a Moisés el modelo del Templo en los capítulos 25 y 26 del Éxodo.[2] El modelo combinaba dos realidades. La primera realidad era que nos habíamos separado de Dios, a causa del pecado. La segunda realidad era que Dios deseaba sobreponerse a esta separación y permitirnos regresar a la alegre e inocente unión, que existió con Él en el Edén.

Todo cristiano está familiarizado con la historia del Edén y de como se corrompió la naturaleza del hombre cuando este comió del fruto prohibido. Los cristianos se refieren a este evento como "la caída." Esto quiere decir que nuestra naturaleza fue desfigurada

---

[1] "Eucaristía" significa «acción de gracias» y se refiere a la bendición ritual que Cristo llevó a cabo con el pan y el vino en su última Pascua. Ver Lucas 22,14-20. Por su mandamiento, los apóstoles repitieron esta acción y la transmitieron como una práctica perpetua de la Iglesia.

[2] El Santuario que contenía al Arca era una tienda, hasta que Salomón construyó el Templo, basándose en el mismo diseño; en este libro hacemos uso de las palabras «santuario,» «tienda,» o «templo», intercambiándolas, para referirnos al mismo lugar.

por el mal y tenemos la tendencia a pecar. El resultado obvio, es que no podemos estar cerca de Dios. Es por esta razón que Adán y Eva fueron echados del jardín y no pudieron comer del "árbol de la vida." En el libro del Génesis, se menciona que el Árbol de la Vida del Edén aún existe, pero la senda que lleva a él está cerrada y protegida por "querubines y por la llama de la espada vibrante" (*Gen* 3,24).[3]

Las instrucciones que Dios dio a Moisés, muestran el camino de retorno a la unión con Él. La separación de Dios y del hombre estaba representada por la disposición del Templo, había una tienda exterior para reunirse que incluía una sección interna llamada la "Sancta Sanctorum." En la Sancta Sanctorum se guardaba el Arca de la Alianza, que estaba cubierta por Dios, cuya presencia tenía la forma de una densa nube. A la gente le estaba prohibido ingresar a la Sancta Sanctorum por su pecaminosidad. La única excepción era el sumo sacerdote, el cual podía entrar únicamente una vez al año, solo después de haber llevado a cabo ofrendas para la limpieza de sus pecados y para su purificación.

Una vez establecido el Santuario, Dios prometió habitar visiblemente entre su gente, tanto cuanto ellos optasen por la ley de la vida:

> Pongo hoy por testigos contra vosotros al cielo y a la tierra, te pongo delante vida o muerte, bendición o maldición. Escoge la vida, para que vivas, tú y tu descendencia, amando a YAHVE tu Dios, escuchando su voz, viviendo unido a Él (*Deut* 30,19-20).

> Yo os haré mi pueblo, y seré vuestro Dios (*Ex* 6,7).

Sin embargo, este modelo de unión con Dios no duró. Incluso cuando Dios habitó visiblemente entre los hebreos, estos no

---

[3] Los querubines son ángeles ante la presencia del Señor; fueron representados con estatuas de oro ubicadas sobre el Arca de la Alianza, y se los asocia siempre con el trono de Dios (*Ex* 25,18 y *Ap* 4,6–9.)

pudieron vivir en perfecta obediencia a su ley. Simplemente, estos no pudieron purificarse a sí mismos por sus propios esfuerzos. Más bien, necesitaban un *verdadero cambio interior*. Alrededor de quinientos años antes de Cristo, Jeremías profetizó el día en el que el Señor traería este cambio:

Van a llegar días, oráculo de YAHVE, en que yo pactaré con la casa de Israel (y con la casa de Judá) una nueva alianza; no como la alianza que pacté con sus padres, cuando los tomé de la mano para sacarlos de Egipto; que ellos rompieron mi alianza y yo hice estrago en ellos, oráculo de YAHVE. Sino que esta será la alianza que yo pacte con la casa de Israel, después de aquellos días, oráculo de YAHVE, pondré mi ley en su interior y sobre sus corazones la escribiré, y yo seré su Dios y ellos serán mi pueblo. Ya no tendrán que adoctrinar más el uno a su prójimo y el otro a su hermano diciendo: "Conoced a YAHVE", pues todos ellos me conocerán, del más chico al más grande, oráculo de YAHVE, cuando perdone su culpa y de su pecado no vuelva a acordarme (*Jer* 31,31-34).

La Iglesia Católica enseña y cree que la Eucaristía es la presencia física y espiritual real de Jesucristo. Cuando Adán y Eva comieron del fruto del árbol prohibido, fueron excluidos del paraíso y de la vida eterna. Cuando tomamos la Eucaristía, nos podemos salvar, porque esta es el fruto del Árbol de la Vida (*Ap* 2,7). Con este fruto, Dios nos transforma desde dentro. Se nos une a Cristo, por nuestra fe, expresada en nuestras buenas obras. Iniciamos esta vida en Cristo con nuestro bautismo, y Dios continúa cambiándonos y salvándonos desde dentro, nutriéndonos con la Eucaristía, de tal manera que podamos perseverar en nuestra fe y en nuestras buenas obras. A través de la Eucaristía, Dios ha venido para habitar ente nosotros, en vez de habitar en un Templo de piedra muerta.

En Apocalipsis 22,2 se nos narra que el Árbol de la Vida ha sido hallado nuevamente y que sus hojas son medicina para nosotros. El camino de retorno al Edén ha sido abierto para nosotros, Jesús en la cruz es el Árbol de la Vida, y la Eucaristía es la medicina mediante la cual Dios nos reintegra a la comunión con Él.

Cristo prometió antes de morir: "Y cuando yo sea elevado de la tierra, atraeré a todos hacia mí" (*Jn* 12,32). Ahora sabemos lo que quiso decir con esta profecía. Cristo planeaba ofrecerse a Dios como cordero para degüello (cf. *Ap* 5,6). Es en esta forma de "cordero para degüello" eucarístico que Él reintegra a todos a sí mismo y en sí mismo. Asumiendo una forma escondida, bajo la apariencia del pan y del vino, Dios finalmente ve cumplido su deseo de habitar entre su gente y en su gente.

Esta doctrina es un misterio, porque la transformación del pan y del vino en carne y sangre no puede ser comprendida por el razonamiento humano. Esto no quiere decir, sin embargo, que los esfuerzos que hagamos pensando en el tema, sean una pérdida de tiempo. El aceptar las enseñanzas de la Iglesia sobre la Eucaristía, requiere de un acto de fe. Sin embargo, ayuda saber exactamente, cual es la enseñanza y de donde proviene. Una vez entendidas todas estas enseñanzas, la naturaleza del misterio que envuelve la Sagrada Comunión puede presentarse como una verdad que tiene una abundancia inagotable de significado.

Ante todo, nosotros creemos que la Eucaristía es el manantial de gracia al cual se orientan los siete sacramentos.[4] Creemos esto porque la Eucaristía es Cristo mismo entregándose al Padre en la cruz. Como tal, esa es la mayor plegaria individual que puede hacerse. Cuando celebramos la Eucaristía, nos ofrecemos a nosotros mismos en unión con Cristo, como sacrificio de amor para el Padre celestial. Si bien es verdad que cualquiera puede decir una oración con el corazón y comulgar con Dios, creemos que el objetivo final de Dios es el de lograr la unidad total entre Él y la humanidad, y que la celebración de la Eucaristía tiene el mayor de los poderes para lograr este propósito. En este misterio, una ofrenda de pan y vino se convierte en el cuerpo y la sangre de Cristo, cuando el sacerdote representa a Cristo y habla en su nombre diciendo:

---

[4] *Catechism of the Catholic Church* (de aquí en adelante, CCC), traducción: U.S. Catholic Conference, Washington, D.C.: Libreria Editrice Vaticana, 1997.)

"Este es mi cuerpo, el cual será entregado por vosotros" (cf. *Mt* 26,26). Creemos que el pan y el vino se convierten en Jesucristo, aunque mantengan la apariencia de pan y vino. Por tanto, decimos que el pan y el vino ya no son pan y vino. Se han convertido en la "Presencia Real" de Cristo. La Eucaristía que recibimos es el Jesús viviente, resucitado.

Esta ha sido la creencia invariable de la Iglesia desde el inicio, de ahí las acusaciones de estar practicando canibalismo, que los primeros cristianos recibieron.[5] En respuesta a esta confusión, la Iglesia explica que Jesús no vuelve a morir en la Eucaristía, más bien le da vida a los que lo reciben con fe. Jesús está presente de manera sacramental. En la última cena, por ejemplo, Cristo se encontraba presente en forma natural (al igual que los doce apóstoles), pero se encontraba también presente en forma sacramental (forma en la que continúa presente en cada Misa). Mucha gente cuestiona como el cuerpo y la sangre de Cristo pueden estar presentes en tantas iglesias distintas a la misma vez. Para responder a esta inquietud, tenemos que ver la forma en la que Jesús mismo dejó de lado el espacio y el tiempo cuando al principio, declaró la doctrina. Cuando nuestro Señor dijo: "Este es mi cuerpo, el cual será entregado por vosotros", sus apóstoles probablemente se preguntaron a que se refería. ¿Cómo podría Él estar ofreciendo su cuerpo a los discípulos, antes de que haya sido ofrecido en la cruz?[6] La única forma de hallar sentido en este dilema, es aceptando que Jesús, de alguna manera, pretendió que este sacramento se extienda más allá de los límites comunes del espacio y el tiempo.

El entender que la Eucaristía puede existir a través del espacio y del tiempo también ayuda a explicar porque llamamos "el

---

[5] Karl Keating, *Catholicism and Fundamentalism* (San Francisco: Ignatius Press, 1988), 251. Los apologistas cristianos del siglo dos, Tertuliano y Félix, defendían a la fe, de este mal entendido pagano.

[6] La vida entera de Jesús fue una ofrenda de sacrificio para el Padre. En este sentido, la cruz fue el clímax de una ofrenda de por vida.

sacrificio de la Iglesia" a nuestro oficio de adoración.[7] Algunos se preguntarán: "Sí es que Cristo definitivamente murió, ¿porque se lo sigue sacrificando en cada oficio eclesiástico?" Respondemos a esto explicando que la muerte de Cristo en la cruz también puede extenderse a través del espacio y el tiempo. Cristo murió una sola vez, sin embargo, Él sigue ofreciendo continuamente este sacrificio único a Dios, a través de las oraciones del sacerdote, quien toma el lugar de Cristo y representa el único sacrificio eterno para los que se encuentran presentes en la Iglesia. La diferencia está en que este es un sacrificio sin derramamiento de sangre. Jesús no vuelve a morir. Más bien, se nos hace testigos de este sacrificio único y podemos unirnos a Él.

¿Cómo sabemos que estas enseñanzas son consecuentes con lo que Cristo enseñó a los apóstoles? ¿No es posible que Jesús hablara metafóricamente? ¿Acaso no utilizaba este método de enseñanza a menudo? Por ejemplo, cuando los discípulos se dirigieron a Jesús diciéndole: "Rabí, come" Él les dice: "Yo tengo para comer un alimento que vosotros no sabéis" (*Jn* 4, 31-32). Resulto ser, que se estaba refiriendo metafóricamente a realizar la voluntad de Dios (*Jn* 4,34). En otra ocasión, le advirtió a sus discípulos: "Guardaos de la levadura de los Fariseos y los Saduceos" (*Mt* 16,6-7). Cuando intentaron interpretar literalmente lo que había dicho ("Es que no hemos traído panes") él les hizo entender que se había referido a las falsas enseñanzas (*Mt* 16,12). En ambos casos, y todas las veces que Jesús utilizaba metáforas difíciles, no dejaba sin responder las preguntas de los discípulos.

Algo muy distinto, sin embargo, sucede en el evangelio de Juan, capítulo 6.[8] Jesús llevó a cabo la multiplicación de los panes y de los peces para las cinco mil personas que habían quedado temerosas

---

[7] La Misa, en realidad, se compone de dos partes; la Liturgia de la Palabra y la Liturgia de la Eucaristía. Es la Liturgia de la Eucaristía a la que se hace referencia como «sacrificio.»

[8] Muchos apologistas abordan este tema. Ver «*The Beginners Guide to Apologetics*» de Frank Chacon y Jim Burnham. (Farmington, N.M.: San Juan Catholic Seminars, 1994), 8. Ver también Keating, 234–37.

y desconcertadas (*Jn* 6,11-15). Los alimentó en forma milagrosa, como Dios alimentó a los hebreos en el desierto, con maná del cielo (*Ex* 16). Una vez que la gente empezó a proclamarlo su Mesías, Jesús les advirtió que el deseo de convertirlo en su rey obedecía a razones equívocas, diciéndoles: "Vosotros me buscáis no porque habéis visto signos, sino porque habéis comido de los panes y os habéis saciado" (*Jn* 6,26). Entonces intentó llevar a la multitud al diálogo sobre un nuevo tipo de pan, distinto al maná, el cual "baja del cielo y da vida al mundo" (*Jn* 6,32). En cuanto la gente parecía estar totalmente interesada en lo que estaba diciendo, ("Señor, danos siempre de ese pan"), Jesús sorprende a todos, declarándoles: "Yo soy el pan de vida; el que venga a mí, no tendrá hambre, y el que crea en mí no tendrá nunca sed" (*Jn* 6,34-35).

La gente comenzó a quejarse y a cuestionar todas las afirmaciones que hizo de ahí en adelante, y en vez de explicarles que su confusión podía ser aclarada, y que solo estaba hablando en metáfora, Jesús hizo lo contrario, afirmando sus enseñanzas incluso más enfáticamente:

> "En verdad, en verdad os digo: si no coméis de la carne del Hijo del hombre, y no bebéis de su sangre, no tenéis vida en vosotros. El que come de mi carne y bebe de mi sangre, tiene vida eterna, y yo le resucitaré el último día (*Jn* 6,53-54).

Con esta afirmación, Jesús no dejó lugar para términos medios. Algunas personas (tanto en ese entonces como ahora) han tratado de decir que Jesús estaba haciendo referencia a sus palabras. ¿Podría una persona metafóricamente "comer del pan" por escuchar el Evangelio? No. Esto queda descartado por el hecho de que Jesús utiliza una conjugación en tiempo futuro, al decir: "Y el pan que yo le *daré*, es mi carne por la vida del mundo" (*Jn* 6,51, enfatizado). Para ese entonces, había estado predicando a las multitudes por varios días; si sus palabras hubiesen hecho referencia al pan "metafórico" del que Él hablaba, obviamente no se hubiese referido a este como algo que iba a darles en el futuro.

Él oyó a la gente murmurar y les ignoró cuando estos se

quejaron: "Es duro este lenguaje. ¿Quién puede escucharlo?" (*Jn* 6,60). Habiendo alcanzado la cúspide de su popularidad sólo unos días antes, ¡le permitió a la multitud retirarse de un debate doctrinal! Podemos tener la seguridad de que Jesús se mantuvo firme en este aspecto, porque Juan nos relata que de ahí en adelante "Muchos de sus discípulos se volvieron atrás y ya no andaban con Él" (*Jn* 6,66). Evidentemente, las únicas personas que no optaron por retirarse fueron los doce apóstoles, pero incluso a ellos se les puso a prueba, cuando Jesús les preguntó: "¿También vosotros queréis marcharos?" (*Jn* 6,67). Pedro fue el único que habló. La única respuesta que pudo dar, era la única que había para dar:

Señor, ¿a quién vamos a ir? Tú tienes palabras de vida eterna, y nosotros creemos y sabemos que tú eres el Santo de Dios (*Jn* 6,67).

Pedro no afirma comprender todo lo que Jesús acaba de decir, pero le cree de todas formas. Cuando Pedro llevó a cabo ese acto de fe, no tuvo el lujo de poder tomar en cuenta casi dos mil años de enseñanza de la Iglesia, ni los heroicos ejemplos de los mártires y de otros testigos que creyeron. Lo que él sí sabía, era que Jesús decía solamente la verdad, y que rechazar sus nuevas enseñanzas hubiera sido rechazar a Cristo mismo.

Probablemente, en privado, Jesús apaciguó sus dudas en cuanto a convertirse en caníbales por comer carne humana, pero no fue hasta que se celebró la Cena de Pascua que los discípulos pudieron comprender en su totalidad lo que Jesús daba a entender cuando se llamaba a sí mismo "el pan de vida" (*Jn* 6,35).

Incluso ahora, no podemos entender completamente la doctrina de la Eucaristía, excepto dentro del contexto del ritual de la Pascua Hebrea. Fue durante esta comida que Jesús declaró la nueva alianza entre Dios y su gente. Para poder entender la Pascua, ¡tenemos que retroceder en el tiempo, hasta la época de Abraham, casi dos mil años antes de Cristo!

En la época de Abraham y de los patriarcas, los hebreos practicaban el sacrificio animal, como una forma de purgar sus pecados y mostrar adoración y alabanza. Un animal representaba algo valioso, a ser dado para mostrar verdadero arrepentimiento. El quitarle la vida a un animal mostraba tanto la seriedad del pecado, como la consecuencia del mismo. Muchas de las naciones circundantes practicaban el sacrificio infantil, como compensación por sus pecados, pero Dios le mostró su piedad a los hebreos cuando ordenó que se sustituya la vida de un animal por la de los niños.[9]

Sin embargo, la vida de un animal representaba la vida de una persona, y la transferencia del pecado únicamente se completaba cuando el sacerdote colocaba sus manos sobre la cabeza del animal. Luego, las iniquidades de la gente eran expiadas cuando el animal era sacrificado.

La Celebración de la Pascua es uno de los ejemplos más dramáticos del sacrificio de animales practicado por los Israelitas (*Ex* 11-12ss). La primera Pascua se dio cuando Dios liberó a los hebreos de los cuatrocientos años de cautiverio bajo el yugo de los egipcios. Este evento se celebraba, porque se consideraba que el Ángel de la Muerte pasaba solamente por los hogares en los que la sangre de un cordero había sido salpicada sobre el portal. En cambio, el Ángel no pasaba por los hogares egipcios (que no habían participado en el ritual) y más bien, tomaba la vida de cada animal y cada niño primogénito. Si bien las plagas anteriores mostraron el poder decisivo de Dios sobre los "dioses" de Egipto, el Faraón no admitió que el poder de Dios era real hasta que su hijo murió en la noche de Pascua.[10] Finalmente, Dios liberó a los esclavos hebreos de su cautiverio (*Ex* 12,31-37).

El ritual en torno a la primera Pascua difirió del sacrificio típico,

---

[9] Por ejemplo, cuando Dios dijo que la vida de los niños y animales primogénitos le pertenecía, esto significaba que se requería a las familias hebreas ir al Templo con su primogénito y sacrificar a un animal, el que tomaba simbólicamente el lugar del niño (cf. *Ex* 13,11-16.)

[10] La conversión del agua del Nilo en sangre demostró la muerte simbólica del dios de este río, Osiris. La oscuridad demostró la derrota simbólica del dios sol, Amon-Ra, y así sucesivamente.

no solo porque las familias habían sido instruidas para que salpiquen sangre de cordero sobre los dinteles y las jambas de sus puertas, sino también porque se les había indicado que coman el cordero sacrificado en una comida especial:

> Esa noche comeréis la carne. La comeréis asada al fuego, con asimos y con hierbas amargas (*Ex* 12,8).

Mientras que muchos animales eran destruidos o entregados a los sacerdotes en la proporción que les correspondía, el cordero de Pascua era el único que difería de muchos de los sacrificios, porque Dios le ordenó a los Hebreos que celebrasen esta comida cada año:

> Este día será memorable para vosotros; en él celebraréis fiesta a YAHVE; de generación en generación como ley perpetua, lo festejaréis (*Ex* 12,14).

La comida fue organizada de tal forma que, tanto el evento como su significado, pudiesen hacerse presentes y fuesen relevantes para las generaciones más jóvenes. En la segunda parte de la comida, denominada *Haggadah*, la persona más joven hacía preguntas a la persona de mayor edad del grupo, como si fuese la noche de la primera Pascua. Por ejemplo, la primera pregunta era: "¿Qué hace a esta noche distinta de las demás noches?" a lo que la persona mayor respondía: "Esta noche nuestro SEÑOR nos liberará de la esclavitud." El ritual no solo ayudaba a unir a las familias y fortalecer su identidad como gente sagrada de Dios, además, ayudaba a recordarles la promesa que Dios les hizo cuando aún se encontraban en la tierra de Egipto:

> Yo os haré mi pueblo, y seré vuestro Dios; y sabréis que yo soy YAHVE, vuestro Dios, que os sacaré de la esclavitud de Egipto. Yo os introduciré en la tierra que he jurado dar a Abraham, a Isaac y a Jacob, y os la daré en herencia. Yo, YAHVE (*Ex* 6,7-8).

Una pregunta que vale la pena hacerse, sin embargo, es: ¿Porqué Dios permitió que su pueblo elegido sufra esclavitud en principio, dejado a su suerte por un periodo de cuatrocientos años? Podría ser que Dios permitiese que esto suceda porque deseaba que los hebreos supiesen que no podían obtener la libertad por sus propios medios. Dios quería que ellos dependiesen de Él para lograr esto. Probablemente, el cautiverio también sirvió para, de alguna manera, formar la perspectiva de su gente, de tal forma que los temas de la rebelión, la esclavitud, la obediencia y la libertad se convirtiesen en los factores más importantes de sus vidas. Lo que si sabemos es que los hebreos llegaron a entender su esclavitud y su libertad de manera simbólica. Su vida en Egipto no solo significó un abrumador trabajo y una humillación, además simbolizó la vida pecaminosa y de adoración a ídolos, que los hebreos habían estado practicando bajo la influencia de los egipcios. De la misma manera, la celebración de la Pascua representaba una oportunidad para los hebreos de "pasar" de su antigua forma de vivir, a una nueva vida con Dios. Las aguas separadas del Mar Rojo, que se cerraron sobre las carrozas egipcias, fueron el símbolo del "agua y la sangre" de un nuevo nacimiento. Nació la nación israelita, no sin antes morir simbólicamente con el pecado y la esclavitud que habían dejado atrás, en Egipto.

Desgraciadamente, muchos hebreos continuaron viviendo bajo la influencia de los ídolos Egipcios mucho después de haber dejado Egipto. Por ello, en vez de llevarlos directamente a la Tierra Prometida, antes de ingresar a esta, Dios pasó cuarenta años con todos en el desierto, para que tuviesen la oportunidad de desligarse totalmente de su pasado.

Sin embargo, incluso habiéndoseles dado la tierra deseada a los hebreos y habiéndosela repartido ya entre ellos, no dejaron sus antiguas costumbres totalmente. Como parte de su castigo, los hebreos eventualmente perdieron toda la Tierra Prometida a manos de los extranjeros que les conquistaron. Los asirios acabaron con las diez tribus del Norte; los caldeos de Babilonia conquistaron posteriormente el Sur, y luego, después que se reconstruyó el templo bajo el dominio de Ciro, el Rey persa, los griegos y los romanos vinieron y conquistaron a los hebreos, una vez más.

Inspirados por los profetas, muchos hebreos guardaban la esperanza de la venida de un "Mesías"(cuyo significado era "El Ungido"), el cual les traería la salvación y la prosperidad política y material. Cristo dejó claro que la *verdadera salvación*, una vez prometida a los israelitas en Egipto, les sería otorgada cuando Él muriese en la cruz.

Esta no era la clase de salvación que la gente había estado esperando, pero sí era la que Dios pretendía darnos, y Cristo fue el enviado para obtenerla para nosotros.

Mas en el tiempo de Jesús, muchos eran como los esclavos hebreos en Egipto: cuando la Pascua estuvo al alcance de la mano, no estuvieron preparados de corazón, para dejar Egipto atrás. Incluso, si bien los israelitas habían estado tomando en cuenta y celebrando la Fiesta de la Pascua durante cientos de años, no comprendieron que la comida contenía un significado escondido que quedaría claro cuando Jesús diese su vida en la cruz. Ellos habían estudiado a los profetas, pero no tomaron conciencia de las innumerables señales brindadas, cuyo propósito era ayudarles a identificar al "Mesías" cuando este viniese.

Mientras algunas profecías apuntaban a la identidad del Mesías, otras apuntaban a como el Mesías colmaría el significado de la Pascua, es decir, como haría posible la redención de la humanidad. Un ejemplo de esto puede encontrarse en las visiones de Isaías sobre el siervo:

> Y con todo eran nuestras dolencias las que él llevaba,
>> y nuestros dolores los que soportaba!
> Nosotros le tuvimos por azotado,
>> herido de Dios y humillado.
> Él ha sido herido por nuestras rebeldías,
>> molido por nuestras culpas.
> Él soportó el castigo que nos trae la paz,
>> y con sus cardenales hemos sido curados.
> Todos nosotros como ovejas erramos,
>> cada uno marchó por su camino,

y YAHVE descargó sobre él
la culpa de todos nosotros (*Is* 53,4-6).

Este tipo de profecía muestra que el trabajo del Mesías debía ser el de colmar los rituales del sacrificio animal. A lo largo de su historia como nación, los hebreos han admitido que la consecuencia del pecado es la muerte, ya que el pecado es una negación de Dios, que es la fuente de vida. Esta profecía muestra que el sacrificio de animales no era suficiente para compensar por los pecados humanos. Después de todo, la sangre del animal no puede realmente quitar el pecado, sino que tiene que mantener su estado simbólico y esperar ser colmada. Había que sacrificar al Mesías para poder lograr esto. Y si antes de la venida del Mesías, los sacrificios animales fueron de alguna manera eficaces, esto debe haber sido porque dependían del sacrificio del Mesías, y por el hecho de que Dios resistió en el tiempo, además de poder ver la venida del sacrificio de Cristo en el futuro.

Otra profecía del Salmo 110 vaticinó que el Mesías sería un sacerdote según la orden de Melquíades: "Lo ha jurado YAHVE, y no va a retractarse, / 'Tú eres por siempre sacerdote, según la orden de Melquíades'" (*Sal* 110,4). En el libro del *Génesis*, Melquíades es descrito como "uno de los Sacerdotes del Dios Altísimo" que vino a Abraham, le ofreció un sacrificio de pan y vino, y recibió un décimo de todo lo que Abraham poseía (*Gen* 14,18-20). La carta a los Hebreos cita los elementos misteriosos del relato del Génesis sobre Melquisedec: "Sin padre, ni madre, ni genealogía, sin comienzos de días, ni fin de vida, asemejado al Hijo de Dios, permanece sacerdote para siempre" (*Heb* 7,3). El sacerdocio de Melquisedec fue más grande que el de los Levitas. El sacerdocio levítico fue específico para un tiempo y un lugar (y dependió de una estirpe). En cambio, el sacerdocio de Melquisedec vino antes que el de los Levitas y se encontraba fuera del tiempo. En las palabras del Salmista, duró "para siempre" (*Sal* 110,4). "Pues bien, si la perfección era alcanzada a través del sacerdocio levítico", el autor de hebreos se pregunta: "¿qué necesidad había ya de que surgiera otro sacerdote a la manera de Melquisedec...?"

(*Heb* 7,11). La profecía del Salmo 110 prueba que Cristo colmó y abolió, a la misma vez, la necesidad de un sacerdocio levítico basado en el sacrificio animal:

> Él no tiene necesidad de ofrecer sacrificios cada día como aquellos sumos sacerdotes, primero por sus propios pecados, luego por los del pueblo; y esto lo realizó de una vez para siempre, ofreciéndose a sí mismo (*Heb* 7,27).

El sacrificio de Cristo va más allá del momento histórico y es capaz de redimir a todos desde el tiempo de Adán, hasta el final de los tiempos. Para afirmar esto, Jesús glorificado se le aparece a Tomás con las heridas abiertas. Jesús le permite a Tomás examinar las heridas. Tomás se maravilla (*Jn* 20,27-28). El constante trabajo de redención de Cristo se menciona con mayor énfasis, en el libro del Apocalipsis (5,6). Las visiones celestiales mencionan al "cordero degollado" victorioso varias veces. De la misma forma, la celebración de la Eucaristía, como sacrificio sin derramamiento de sangre, refleja esta creencia en el lapso de tiempo universal de la redención de Cristo.

Existen otros tipos de profecías que identifican al verdadero Cristo, tanto como la presencia real de Cristo en la Eucaristía. La multiplicación de los panes y de los peces es un ejemplo. Al proveer con milagroso y superabundante pan a esa multitud de cinco mil personas, Jesús demostró que tenía la misma autoridad y poder que Dios, el cual había alimentado a los hebreos en el desierto, con pan del cielo, más del que ellos podían comer.

El relato sobre el maná en el desierto también sirve de símbolo o emblema de la Eucaristía. Al igual que el maná, la Eucaristía es más que suficiente para satisfacer el hambre: Viene del cielo, y es digno de confianza, por que el que coma de él nunca más tendrá hambre (cf. *Ex* 16,4, *Jn* 6,35).

Encontramos otra señal de la Eucaristía en las instrucciones que Dios dio en la Pascua, sobre al pan ácimo. ¿Porqué es, por ejemplo, que Dios simplemente no le permitió a los hebreos que su pan "hinchase" esa noche? Después de todo, estos habían sido esclavos por más de cuatrocientos años, ¿qué diferencia harían unas horas más? El punto era que Dios no aceptó ni cuestionamiento alguno, ni excusas. Más bien exigió una ruptura inmediata con Egipto, y una fe inmediata y total. Jesús también exigió este compromiso de corazón. Él también dijo: "Nadie que pone la mano en el arado y mira hacia atrás es apto para el Reino de Dios" (*Lc* 9,62). San Pablo explica la conexión entre el pan ácimo y la Eucaristía, instando a los primeros cristianos: "Celebremos la fiesta no con vieja levadura, ni con levadura de malicia e inmoralidad, sino con ácimos de sinceridad y verdad" (*1Cor* 5,8). Al referirse al "pan ácimo de sinceridad y verdad" Pablo les está advirtiendo de no acercarse a la Eucaristía con hipocresía, sino con un total compromiso con Dios, sin excusas. Él retoma esta idea, incluso con mayor énfasis, posteriormente en la carta, y les advierte de no condenarse a sí mismos participando de la Eucaristía cuando su alma se encuentre en estado pecaminoso:

> Por tanto, quien coma el pan y beba el cáliz del Señor indignamente, será reo del cuerpo y de la sangre del Señor (*1Cor* 11,27).

Una de las principales razones por las que la Iglesia le pide a los que no son Católicos abstenerse de tomar la comunión, se basa en la advertencia de Pablo: "Pues quien come y bebe sin discernir el Cuerpo, come y bebe su propia condena" (*1Cor* 11,29). El participar de la Eucaristía "sin discernir el cuerpo" se refiere a una situación en la que el alma no está preparada, como cuando uno no conoce la presencia real de Cristo en la Eucaristía o no cree en ella, o cuando una persona se encuentra en estado de pecado mortal. En todo caso, toda la exposición de Pablo sobre la Eucaristía da por descontada la enseñanza católica sobre este tema. Si la Eucaristía fuese solo un símbolo, entonces las advertencias de Pablo parecerían no tener sentido. ¿Cómo podría una persona "discernir el cuerpo" o "comer y beber su propia condena" si el cuerpo no estuviese presente? En un contexto más amplio, incluso el hecho de que el pan ácimo sirva de "señal" de la Eucaristía, confirma nuestra creencia en que la Eucaristía no es un simple símbolo. ¿Porqué un símbolo del Antiguo Testamento haría de señal de algo que no es otra cosa que otro simple símbolo? El propósito de las "señales" del Antiguo Testamento, era el de anunciar algo que se cumpliría y se haría realidad con la llegada del Mesías.

Lo mismo se puede decir sobre los mandamientos del Antiguo Testamento respecto al cordero de Pascua. Estos también sirven como señales proféticas para ayudar a identificar al Mesías. Jesús estaba libre de pecado y de toda culpa, justo como Dios dijo que debían ser los corderos de Pascua (*Ex* 12,5, 46). Dios también ordenó a los hebreos no partir las patas del cordero degollado, y esto fue visto como otra señal indicadora de Cristo. San Juan explica que, después que Jesús estuvo en la cruz por varias horas, le iban a romper las piernas para acelerar así su muerte (al partirle las piernas a los crucificados se les imposibilitaba la respiración). Sin embargo, cuando los centuriones se aproximaron a Jesús, vieron que ya había muerto, por lo que no le rompieron los huesos (*Ex* 12,46, *Jn* 19,31-33). Esta referencia también cumple una profecía de los Salmos: "Cuida de todos sus huesos; / ni uno solo se romperá" (*Sal* 34,21). Además, en la primera Pascua, Dios le había ordenado a los hebreos utilizar una rama de hisopo para marcar sus dinteles (las vigas transversales de las puertas) con la sangre del cordero (*Ex* 12,22). Durante la crucifixión, Juan resalta expresamente que alguien toma una rama de hisopo, la moja en vinagre y se la da a Jesús (*Jn* 19,29). Al traer a colación este detalle, se invita al lector a recordar las vigas transversales salpicadas con sangre, de la primera Pascua. El Mesías había colmado el sentido de la Pascua, al convertirse en el cordero de esta. En el libro del Apocalipsis, se hace referencia a Jesús como "el cordero" o "el cordero degollado", más de veinticinco veces.

Mientras que el Evangelio de Juan trata de convencernos de que Cristo era el verdadero cordero, llevando nuestra atención a la profecía del Antiguo Testamento, Mateo transmite la misma creencia, presentando la Última Cena y la crucifixión como partes del mismo evento. Para entender esto, se debe conocer un poco como era la Cena tradicional de la Pascua.[11] (Los judíos de nuestros días aún celebran variantes de este ritual). La ceremonia estaba dividida en cuatro series de oraciones. Cada una de estas series incluía una copa de vino, lo que hacía un total de cuatro copas. Este era el orden en el que las oraciones de Pascua se llevaban a cabo: La bendición inicial (o *Kiddush*) se hacía primero, y concluía con una copa de vino, la cual era pasada a todos los presentes para que bebieran de ella. La Liturgia (*Haggadah*, o "el relato") venia en segundo lugar. Esta incluía una canción que iba del Salmo 113 hasta el 115 (llamada "la pequeña *Hallel*.") El *Haggadah* también concluía con su respectiva copa de vino. La bendición posterior a la cena principal (llamada "el segundo *Kiddush*"), en tercer lugar, seguida de su copa de vino y finalmente, la canción de cierre, tomada de los Salmos 116 al 118 (llamada "la gran *Hallel*.") La cuarta y última copa de vino, llamada la "Copa de la Alabanza", siempre seguía a esta canción de cierre. La cuarta copa de vino señalaba el final de la comida pascual. En su relato sobre la Última Cena, Mateo muestra como Jesús transformó la celebración de la Pascua. En primer lugar, en la tercera parte de la cena, Jesús les dice que el pan es su cuerpo y que el vino es su sangre (*Mt* 26,26). y seguidamente, en segundo lugar, Jesús interrumpe la cena diciéndole a los discípulos que no tomará la cuarta copa, la cual marca el final de la cena:

> Y os digo que desde ahora no beberé de este producto de la vid hasta el día aquél en que lo beba con vosotros, nuevo, en el Reino de mi Padre (*Mt* 26, 29).

La comida terminó precipitadamente. Mateo resalta: "Y cantados los himnos ("la gran *Hallel*"), salieron hacia el Monte de los Olivos (*Mt* 26,30).

---

[11] "Passover," *The International Standard Bible Encyclopaedia*, ed. G. W. Bromily, vol. 3 (Grand Rapids, Mich: W. B. Eerdman's, 1990), 675–78.

A partir de allí, en adelante, la "cuarta copa" de la ceremonia de Pascua representa la pasión de Nuestro Señor. En el huerto de Getsemaní por ejemplo, Jesús suplicó tres veces con gran ansia:"Que pase de mí esta copa..." (*Mt* 26,39). Cuando se le ofrece un poco de vino en el Gólgota, Jesús se rehúsa a tomarlo (*Mt* 27,34). No es hasta el momento de su muerte que Jesús acepta la "cuarta copa" y cierra la cena de Pascua:

> Y alrededor de la hora nona clamó Jesús con fuerte voz: "¡Elí, Elí! ¿lemá sabactaní?" esto es: "¡Dios mío, Dios mío! ¿Porqué me has abandonado?" Al oírlo, algunos de los que estaban allí decían: "A Elías llama este."[12] Y enseguida uno de ellos fue corriendo a tomar una esponja, la empapó en vinagre y, sujetándola a una caña, le ofrecía de beber. Pero los otros dijeron: "Deja, vamos a ver si viene Elías a salvarle." Pero Jesús, dando de nuevo un fuerte grito, exhaló el espíritu (*Mt* 27,46-50).

Al tomar de la esponja remojada en vinagre, cuando se encontraba en la cruz, Jesús concluye la cena de Pascua, y luego muere, conectando definitivamente la Eucaristía y la Última Cena con su propio sacrificio, como el Cordero de Dios.[13] Con este acto de total entrega de amor en la cruz, Cristo cumple a la perfección con las promesas que Dios hizo en el pasado.

Al morir en la cruz, se convierte en el único, verdadero y eterno cordero de Pascua, el cual fue únicamente simbolizado por todos los miles de corderos anteriores a Él.

Los judíos ofrecieron corderos de Pascua durante siglos en sus celebraciones litúrgicas. Jesucristo, en la plenitud del tiempo, los consumó, estableciendo la verdadera Liturgia de la Pascua para toda la humanidad. Esta es la razón por la que Dios se hizo hombre y es la cumbre y el objeto de toda la Creación. La Biblia

---

[12] La celebración actual de la Pascua judía, incluye un espacio vacío y una copa de vino para Elías; se espera que este aparezca, (ver *Mal* 3,23) anunciando la venida del Mesías.

[13] El vinagre al que se hace referencia en Marcos 15 y en Juan 19 es el "vino agrio."

misma infiere este tema en el libro del Apocalipsis. En este libro, Juan hace uso de su imaginación simbólica para mostrar a la creación unida a la ofrenda Eucarística.[14]

Ante todo, Juan "cae en éxtasis" el día del Señor (*Ap* 1,10). Es posible que entrara en un éxtasis profético durante la celebración de la Eucaristía. Ciertamente Juan utiliza, tanto símbolos, como algunos procedimientos, para rememorar el ritual y la adoración Judía en el templo, así como la adoración Cristiana en Misa. Tomemos en cuenta algunos de los siguientes aspectos:

La Nueva Jerusalén, morada de Dios, es un cuadrado perfecto, igual al Lugar Santísimo del antiguo templo, que también era un cuadrado perfecto (*Ap* 21,16-17; *Ez* 41,4). Hay un altar frente al trono de Dios, que corresponde al altar de los holocaustos del templo.

Hay mártires debajo del altar, en remembranza a la práctica de los primeros cristianos de llevar a cabo la Misa sobre la tumba de un santo o mártir (*Ap* 6,9-11). Había siete lámparas en el templo, y Juan menciona siete lámparas que representan, por un lado, las siete iglesias de Asia, y por otro lado, a los siete espíritus de Dios (*Ex* 25,37; *Ap* 1,20, 4,5). Se ofrendan nubes de incienso, al igual que en la adoración del Templo (*Ex* 30,7-10; *Ap* 8,3-5). También se cantan himnos litúrgicos tradicionales (*Ap* 4,8). Se usan trompetas en los momentos principales, así como se hacía en el Templo (*Ap* 8,11). Se llevan a cabo lecturas de pergaminos, al igual que en la adoración litúrgica, tanto de cristianos como judíos. Jesucristo, en forma de Cordero degollado es el único considerado digno de leer el pergamino central en el Apocalipsis (*Ap* 5,1-9). Con su muerte y resurrección, el Cordero degollado transforma la celebración Eucarística en la celebración matrimonial que cierra el libro del Apocalipsis (*Ap* 21,2-3; 22,17).

---

[14] En su libro, Scott Hahn describe el Apocalipsis como una reconstrucción simbólica de la Misa Católica. *The Lamb's Supper* (New York, N.Y.: Doubleday, 1999.) Nuestro agradecimiento a Linh Le, estudiante del Dr. Hahn, por su ayuda con esta parte del capítulo.

Esta celebración matrimonial es la alianza nueva y eterna de Jesús. En esta alianza, Jesús hace lo que Dios podía hacer: transformar el simple pan en una nueva creación. Este "cielo nuevo y esta nueva tierra" existen fuera del espacio y el tiempo, y todos están invitados a formar parte de estos, cumpliendo con la profecía de Isaías, en la que Dios hace una promesa a su siervo (cf. *Is* 65,17; *Ap* 21,1):

> Poco es que seas mi siervo,
>> en orden a levantar las tribus de Jacob,
>> y de hacer volver los preservados de Israel.
> Te voy a poner por luz de las gentes,
>> para que mi salvación alcance hasta los confines de la tierra
>> (*Is* 49,6).

En esta alianza, la Tierra Prometida es el cuerpo de Cristo, primero entregado a Dios y luego entregado nuevamente a la humanidad, para que todos puedan participar del "pan único", unirse a Dios, y unirse entre sí mismos (*1Cor* 10,16-17).

Nuestro bautismo nos convierte en miembros de este "cielo nuevo y esta nueva tierra", y con nuestra comunión crecemos en estos (cf. *Is* 65,17, *Ap* 21,1). La Santa Comunión es el "pan de cada día" que nos da lo que necesitamos para librarnos de nuestros pecados y vivir una nueva vida con Dios y con todos. Podemos estudiar las Escrituras y escuchar a Cristo mismo hablarnos, pero como los discípulos en el camino a Emaús, no reconoceremos al Cristo verdadero, excepto en la partición del pan:

> Sentado a la mesa con ellos, tomó el pan, pronunció la bendición, lo partió y se lo iba dando. Entonces se les abrieron los ojos y le reconocieron, pero Él desapareció de su vista (*Lc* 24,30-31).

Puede ser difícil aceptar la presencia real de Cristo en la Eucaristía. Pero para muchos, sería mucho más difícil retirarse y dar la espalda si Jesús preguntase: "¿También vosotros queréis macharos?" (*Jn* 6,67).

Cuando Jesús primeramente habló del "pan del cielo", únicamente pidió a la multitud que creyera para que este pan fuese suyo (*Jn* 6,32ss). En nuestros días, cuando se nos ofrece al pan, todo lo que Cristo no pide hacer, es decir "Amén."

Los Primeros Padres de la Iglesia
sobre la Eucaristía

San Ignacio de Antioquia (110 d.C.), *Carta a los Efesios* (v. 1, 43)

Os enviaré más explicaciones doctrinales, especialmente si el Señor me revelase que todos vosotros, a través de la gracia derivada del Nombre, os unís a la reunión común en una sola fe, y en Jesucristo, que era de la familia de David según la carne, y que es Hijo del Hombre e Hijo de Dios, para que demos oído al obispo y al presbítero, con una mente única, partiendo un solo Pan, que es la medicina de la inmortalidad, el antídoto contra la muerte, que nos permite vivir para siempre en Jesucristo.

Carta a los Romanos (v. 1, 53a)

Le escribo a todas las Iglesias, e insisto a todas, que estoy muriendo voluntariamente por el amor de Dios, solo si vosotros no lo impedís. Les ruego no me hagáis un inoportuno favor. Permitidme ser comido por las bestias, que son mi camino para llegar a Dios. Yo soy el trigo de Dios, y he de ser molido por los dientes de las bestias salvajes, para poder así convertirme en pan puro de Cristo.

Carta a los Esmirnios (v. 1, 64)

Tomad nota de aquellos que guardan opiniones heterodoxas sobre la gracia de Dios venida a nosotros, y mirad cuan contrarias son sus opiniones al propósito del Señor. No cuidan del amor, ni de la viuda, ni del huérfano, ni de los afligidos, los presos o los que han sido liberados de prisión, los hambrientos o los sedientos. Ellos se abstienen de la Eucaristía y de la oración, porque no reconocen que la Eucaristía es la Carne de nuestro Salvador Jesucristo, Carne que sufrió por nuestros pecados y que el Padre, en Su bondad, resucitó. Ellos, los que niegan el regalo de Dios están muriendo en su rechazo. Sería mejor para ellos tener amor, para que puedan nacer nuevamente.

San Justino Mártir (100/110 - 165 A.D)., *Diálogo con Trifón el Judío* (v. 1,134b)

El misterio, por lo tanto, del cordero que Dios ordenó sacrificar a manera de Pascua, es, que esta era una forma de Cristo. Con su sangre, a razón de la fe en Él, ellos ungieron sus propias casas, es decir, aquellos que creían en Él... Los dos machos cabríos idénticos que se ordeno fueran ofrendados durante la celebración, siendo uno la víctima propiciatoria, y el otro para sacrificio, eran una proclamación de la venida de Cristo: de la primera venida, en la que fue enviado como víctima propiciatoria, cuando las personas mayores y los sacerdotes de vuestro pueblo le atraparon y le dieron muerte; y de su segunda venida, cuando, en ese mismo lugar en Jerusalén, reconozcáis a aquel que deshonrasteis, aquel que fue víctima de sacrificio para todos los pecadores que decidan arrepentirse.

Didajé o la Enseñanza de los Doce Apóstoles (140 d.C.), (v. 1, 6D7)

Con respecto a la Eucaristía, deberíais agradecer de la siguiente manera: Primero, por la copa: Te damos gracias, Padre nuestro, por la vida y por el saber que nos has brindado a través de Jesús, tu Hijo. Que la Gloria sea contigo para siempre. De la misma forma en que este pan partido fue esparcido en las montañas, pero que al ser reunido se hizo uno, de la misma manera reúne a tu Iglesia, desde todos los confines de la tierra, en tu reino. Porque tuya es la gloria y el poder a través de Jesús, para siempre. Que ninguno coma o beba de la Eucaristía con vosotros, excepto aquellos que han sido bautizados en el nombre del Señor; porque fue en referencia a esto, que dijo el Señor: "No le daréis a los perros aquello que es sagrado."

Después de haber comido lo suficiente, agradeced de la siguiente manera: Te agradecemos, Padre santo, por tu santo nombre, el que has hecho que habite en nuestros corazones, y por el saber, la fe y la inmortalidad que nos has hecho conocer a través de Jesús, tu Hijo. Que la Gloria sea contigo para siempre. Tú, Maestro todopoderoso, has creado todas las cosas por el amor de tu nombre, y les has dado alimento y bebida a los hombres para su deleite, de tal manera que te den gracias. A nosotros, empero, nos has concedido alimento y bebida espirituales, y vida eterna a través de tu Siervo.

San Ireneo (140 - 202 d.C.), *Contra los Herejes* (v. 1, 232)

Él enseñó lo que era el nuevo sacrificio de la nueva alianza, sobre lo cual, Malaquías, uno de los doce profetas, había manifestado de antemano: "Tú no haces mi voluntad", dice el Señor Todopoderoso: "Y no aceptaré sacrificio alguno de tus manos. Porque desde el nacimiento del sol hasta su ocaso, mi nombre es glorificado entre los gentiles, y en cada lugar se ofrece incienso en mi Nombre, y un sacrificio puro, porque grande es mi Nombre entre los gentiles, dice el Señor Todopoderoso." Con estas palabras Él deja claro que los pueblos antiguos dejarán de hacer ofrendas a Dios; pero que en cada lugar se le ofrecerá un sacrificio, y por cierto, puro; porque Su nombre es glorificado entre los gentiles.

San Cipriano de Cartago (200/210 - 258), *Carta de Cipriano a un tal Cecilio* (v. 1, 582-83)

Encontramos que la copa que el Señor ofreció era mixta; y aquello que era vino, Él lo llamó Sangre. Por esto queda claro que la Sangre de Cristo no es ofrecida sino hay vino en la copa; y tampoco se celebra el Sacrificio del Señor con una legítima consagración, a no ser que nuestra ofrenda y nuestro sacrificio correspondan a la pasión...

Me pregunto, por cierto, de donde proviene esa práctica, en la que, a diferencia de la Tradición evangélica y apostólica, en algunos lugares, el agua sola, la cual no puede representar la sangre de Cristo, es ofrecida en la copa del Señor. Ya que Cristo cargó con todos nosotros, y por ello cargó con nuestros pecados, vemos que la gente es representada en el agua, mientras que en el vino, con certeza, se muestra la Sangre de Cristo, y cuando el agua es mezclada con el vino en la copa, la gente se hace una con Cristo, y la multitud de creyentes es acoplada y unida a Él, en quien ellos creen.

San Efrén (306 - 373), *Homilías* (v. 1. 707)

No consideréis pan esto que os he dado; más bien tomad y comed este Pan, y no desparraméis las migas; porque lo que he llamado mi cuerpo, ciertamente lo es. Una partícula de sus migas es capaz de santificar a miles y miles, y es suficiente para dar vida a aquellos que coman de ella. Tomad, comed, sin abrigar duda alguna sobre la fe, porque este es mi Cuerpo, y quien come de Él creyendo, come de Él en Fuego y Espíritu.

San Cirilo de Jerusalén (315 - 386 d.C.), *Lecturas Catedráticas* (v. 1, 843, 845)

Esta enseñanza del bienaventurado Pablo es suficiente para daros total certeza sobre los Misterios Divinos. Por haber sido considerados mecedores de estos, habéis sido unificados en cuerpo y sangre con Cristo. Porque Pablo proclamó claramente: "La noche en la que fue traicionado, nuestro Señor Jesucristo, tomando pan y dando gracias, lo partió y lo dio a sus discípulos, diciendo: 'Tomad y comed, este es mi Cuerpo'. Luego, tomando la copa y dando gracias, dijo: 'Tomad y bebed, esta es mi Sangre'." Si Él mismo, por ende, ha declarado y ha dicho sobre el Pan: "Este es mi Cuerpo", ¿Quién se atrevería a seguir dudando? Y cuando Él mismo ha afirmado y ha dicho: "Esta es mi Sangre", ¿Quién podría titubear vez alguna y decir que no es Su Sangre?

Participemos, por ende, con total confianza, del Cuerpo y la Sangre de Cristo. Porque en forma de pan, Su Cuerpo les es dado a vosotros, y en forma de vino, Su Sangre les es dada a vosotros, de tal forma que participando del Cuerpo y la Sangre de Cristo, podáis uniros en cuerpo y sangre con Él. Porque de esta manera nos convertimos en portadores de Cristo, siendo su Cuerpo y su Sangre distribuidos entre nuestros miembros, y es de esta manera que nos convertimos, según el bienaventurado Pedro, en partícipes de la naturaleza divina.

San Ambrosio de Milán (333/339 - 397 d.C.), *Los Sacramentos*

(v. 2, 1339,1340)

Probablemente vosotros diréis: "Mi pan es común." Pero ese pan es pan ante las palabras de los Sacramentos; una vez dada la consagración, el pan se convierte en la Carne de Cristo. Y permitidnos añadir, ¿Cómo puede lo que es pan, ser el Cuerpo de Cristo? Por la consagración. La consagración se da por medio de ciertas palabras; ¿Pero, las palabras de quién? Las del Señor Jesús. Como todo lo que se dice previamente, estas son pronunciadas por el sacerdote; se dirigen alabanzas a Dios, se ofrecen oraciones de súplica por la gente, por los reyes y por otras personas; pero llegada la hora de la transformación del venerable Sacramento, entonces el sacerdote no utiliza sus propias palabras sino las palabras de Cristo. Por ende, es la palabra de Cristo la que confecciona este Sacramento... Antes de ser consagrado es pan; pero cuando las palabras de Cristo ingresan, es el Cuerpo de Cristo. Finalmente, se le oye decir: "Todos vosotros tomad y comed de esto, porque este es mi Cuerpo," y antes de las palabras de Cristo el cáliz está lleno de vino y agua; pero cuando se hacen efectivas las palabras de Cristo, se convierten en la Sangre de Cristo, la cual redime a la gente.

San Gregorio de Niza (335 - 394 d.C.), *El Gran Catecismo* (v. 2, 1035)

Ya que ha sido demostrado que no es posible que nuestro cuerpo sea inmortal, salvo se le haga partícipe de la incorrupción a través de la comunión con el Inmortal, es necesario tomar en cuenta, como es posible que ese Cuerpo Único, si bien siempre distribuido entre tantos millares de creyentes en todo el mundo, sea íntegro en su distribución a cada individuo, y a la vez se mantenga íntegro en sí. Este cuerpo, por ser habitado por Dios el Verbo, se ha convertido en divina dignidad. Por ende, con justa razón, es que creemos que el pan consagrado por la palabra de Dios ha sido convertido en el Cuerpo de Dios el Verbo... En el plan de su gracia, Él se reparte a sí mismo entre todos los creyentes, por medio de esa Carne, cuya sustancia se encuentra en el vino y el pan, mezclándose a sí mismo con los cuerpos de los creyentes, de tal manera que a través de esta unión, el hombre también pueda convertirse en partícipe de la incorrupción. Esto es concedido por Él, a través del poder de la bendición, que transforma la naturaleza de las cosas visibles en la naturaleza de lo inmortal.

**San Agustín de Hipona (354 - 430 d.C.), *Sermones*
(v. 3, 1524)**

¿Cómo así el pan es su Cuerpo? Y el cáliz, o lo que hay en el cáliz, ¿cómo así es su Sangre? Esos elementos, hermanos, se llaman Sacramentos, porque se ve en ellos una cosa, pero se entiende otra. Lo que se ve es la especie corpórea; pero lo que se entiende es el fruto espiritual.

Estudio Bíblico sobre la Eucaristía – Escrituras citadas en el capítulo

Jn 4,23 – La gente en todos los lugares adorará a Dios con sinceridad y verdad.

Ex, capítulos 25 y 26 – Dios le da a Moisés el diseño del Templo.

Gen 3,24 – Querubines cuidan la senda que lleva de regreso al Edén con la "llama de la espada vibrante."

Deut 30,19-20 y *Ex* 6,7 – Contrato de vida y muerte entre Dios y los Hebreos, y su promesa: "Yo os haré mi pueblo, y seré vuestro Dios."

Ex 25,18 y *Ap* 4,6-9 – Querubines y ángeles ofician ante Dios.

Jer 31,31-34 – El día en el que Dios escribirá la Ley en nuestros corazones.

Ap 22,2 – El Árbol de la Vida es hallado.

Jn 12,32 – Jesús en la cruz atraerá a todos hacia Él (extiende sus brazos).

Ap 5,6 – Jesús es el cordero degollado.

Mt 26,26 – "Este es mi cuerpo."

Jn 4,31-32 - "Yo tengo para comer un alimento que vosotros no sabéis"

Mt 16,6-7 y *Mt*, 16,12 "Guardaos de la levadura de los Fariseos y los Saduceos."

Ex 16 y *Jn* 6,11-15 – El milagro de los panes y los peces rememora el maná del Éxodo.

Jn 6,26, *Jn* 6,32, y *Jn* 6,34-35 – Jesús promete un nuevo tipo de pan.

Jn 6,53, 54 y *Jn* 6,51 – Jesús promete dar su propia carne y sangre en el futuro.

Jn 6,60 y *Jn* 6,66 – La multitud dice:"Es duro este lenguaje. ¿Quién puede escucharlo?" y muchos se apartan de Jesús, y no lo siguen más.

Jn 6,67 – Jesús pregunta a los apóstoles si también desean marcharse. Pedro le responde que no existe otro lugar adonde ir.

Ex 11-12ss. – Sacrificio animal del Antiguo Testamento.

Ex 12,31-37 – La noche en que Dios liberó a los hebreos de la esclavitud en Egipto.

Éxodo 12,8 – Mandamiento de mantener la celebración de la Pascua.

Éxodo 12,14 – La Pascua debe ser celebrada por siempre.

Ex 6,7-8 – Dios le promete la tierra a los hebreos.

Is 53,4-7 – Isaías profetiza sobre el siervo sin entrañas.

Sal 110,4 – Profecía que señala que el Mesías será un sacerdote según la orden de Melquisedec.

Gen 14,20 – Melquisedec ofrece pan y vino en nombre de Abraham.

Heb 7,3 – Pablo indica que Melquisedec podría haber sido Cristo.

Heb 7,11 y *Sal* 110 – La orden de Melquisedec es superior al sacerdocio levítico.

Heb 7,27 – Cristo anula el sacrificio animal.

Ap 5,6 y *Jn* 20,27 – Cristo permanece en el cielo como el Cordero degollado.

Ex 16,4 y *Jn* 6,35 − Aquellos que coman de este nuevo pan no tendrán más hambre.

Lc 9,62 - El que mira hacia atrás no es apto para el Reino de Dios.

1Cor 11,27 y *1Cor* 11,29 − Comer o beber indignamente lo hacen a uno reo del cuerpo y la sangre de Cristo.

Ex 12,5, 46 − El Cordero de Pascua debe ser inmaculado.

Ex 12,46, *Sal* 34,21, y *Jn* 19,31-33 − No se le partirán las patas al Cordero de Pascua.

Ex 12,22 − Las vigas transversales de las puertas deberán ser salpicadas con la sangre del cordero, con una rama de hisopo.

Jn 19,29 − A Cristo le es dado vinagre en la cruz, con una rama de hisopo.

Sal 113 - La "pequeña *Hallel*" de la Pascua Judía.

Sal 114-118 − La "gran *Hallel*."

Mt 26,29 y *Mt* 26,30 − Jesús no toma la copa que cierra la Pascua de la Última Cena.

Cantan la Hallel y se dirigen al Monte de los Olivos.

Mt 26,39 − En el Monte de los Olivos, Jesús ruega no tener que tomar la copa de cierre.

Mt 27,33 − Cuando le es ofrecido beber primeramente, Jesús se rehúsa por que aún no ha llegado la hora.

Mt 27,46-50 − Jesús bebe la copa final y luego muere.

Ap 1,10 − Juan tiene una visión el Día del Señor, posiblemente durante la Misa.

Ez 41,4 y *Ap* 21,16-17 – La Nueva Jerusalén, morada de Dios, es un cuadrado perfecto.

Ap 6,9-11 – Se celebran Misas sobre las tumbas de los mártires.

Ex 25,37, *Ap* 1,20, y *Ap* 4,5 – El candelabro de los siete brazos.

Ex 30,7-10 y *Ap* 8,3-5 – Se ofrecen nubes de incienso.

Ap 4,8 y *Ap* 8-11 – Himnos litúrgicos y trompetas.

Ap 5,1-9, *Ap* 21,2.3, y *Ap* 22,17 – El Cordero degollado invita a todos a la celebración de su matrimonio.

Is 65,17 y *Ap* 21,1 – El siervo es alzado como una luz para las naciones.

1Cor 10,16-17 – Somos un solo cuerpo porque participamos del pan que es uno solo.

Is 65,17 y *Ap* 21,1 – El Bautismo y la Comunión nos hacen parte de la Nueva Creación.

Lc 24,30-31 – Cristo es reconocido en la partición del pan.

La Salvación

¿Son salvados los que no son cristianos? ¿Es Cristo necesario para la salvación?[1] ¿ Son necesarias las obras para la salvación? Tú... ¿estás salvado? ¿Existe realmente la necesidad de salvarse? Estas son preguntas que la gente frecuentemente se hace, y son algunas de las preguntas más importantes que uno puede hacerse. Después de todo, todas están relacionadas con nuestro destino de eternidad.

Ante todo, debe quedar claro que la salvación si es necesaria. Mucha gente reconoce que las personas tienen defectos y tienen necesidades. Nadie puede decir: "Puedo subsistir solo y vivir para siempre por mi propia potestad; yo soy perfecto." Además del pecado personal, la tradición judeocristiana reconoce un defecto en el hombre, desde el principio. La tradición católica lo llama el "pecado original."

Todos los cristianos estamos de acuerdo en que Dios nos ama. Él nos creó a partir del amor, y nos hizo a su imagen y semejanza (*Gen* 1,26-28). Adán y Eva compartían una amistad con Él. (Para una correcta interpretación del libro del Génesis, por favor remitirse al Apéndice D). La única ley que tenían que cumplir (no comer del árbol) les dio la capacidad de decirle "no"

---

[1] Este capítulo se concentra en el tema de la salvación, según lo entienden comúnmente los laicos, tanto protestantes como católicos. Este capítulo no toma en cuenta el diálogo teológico de mayor profundidad que se esta llevando a cabo, actualmente, entre la Iglesia Católica y nuestros hermanos separados. Para ver un ejemplo de este diálogo, por favor remitirse a la *Joint Declaration on the Doctrine of Justification* de la Federación Luterana Mundial y la Iglesia Católica Romana, (Grand Rapids, Mich.: Eerdmans, 2000.) Remitirse también, a la declaración en conferencia de prensa del Cardenal Edward Cassidy, Junio 25, 1998, *Origins*, Julio 16, 1998: 128–30, y a la Respuesta Oficial Católica al borrador de la Joint Declaration, en el mismo número de *Origins*, 130–32.

a Dios. Esta capacidad tenía un enorme valor: Los diferenciaba de los animales, porque tener la capacidad de rechazar a Dios implicaba también tener la capacidad de amarlo. Para amarlo, es necesario ser libre. El amor no puede ser forzado. Por eso, cuando desobedecieron al mismísimo Dios que les dio la vida, Adán y Eva perdieron la posibilidad de llevar una vida con Él en el cielo, y terminaron viviendo en la tierra, saboreando el amargo fruto de la muerte. Necesitaban ser redimidos.

La maldad del pecado no solo afecta a la persona que pecó, sino a otros también, a veces directamente, a veces indirectamente. Una persona que lleva a cabo un incendio premeditado, daña su integridad personal al quemar la casa de otro, pero el dueño y otros habitantes se ven también afectados. Los dueños pierden objetos de valor sentimental imposibles de reemplazar. Los vecinos (y la sociedad en general) tienen que pagar más por sus seguros. Además, los recursos naturales que se pierden deben ser reemplazados con existencias que son limitadas. Todos sufren, hasta cierto punto, por los malos actos de una persona.

Este mismo principio es aplicado al pecado que pasa de una generación a otra. Los padres que no crían a sus hijos en la fe y en la moral son en parte responsables de los malos actos de sus hijos cuando estos son adultos. Una madre adicta a las drogas transmite la adicción a sus hijos.

De la misma manera, la naturaleza propia del pecado de Adán y Eva fue especialmente grave, porque ellos no tenían esa inclinación por el pecado que nosotros tenemos. Por sus pecados, todos nosotros ahora sufrimos una inclinación por el mal, incluso aunque tengamos un mayor conocimiento sobre el tema.

Cuando Adán y Eva pecaron, estaban tomando una decisión sobre su futuro y el futuro de sus hijos. Ellos decidieron buscar la igualdad con Dios, es decir pecaron de soberbia. Ellos no supieron que la única manera de ser "igual" a Dios es aceptando el amor que solo Él puede ofrecer. El amor es la mismísima naturaleza de Dios. La única manera de gozar del amor es gozando de Dios. A través del amor, la más humilde de las criaturas puede ser llevada al nivel de Dios. La soberbia tiene el efecto opuesto.

Adán y Eva perdieron la posibilidad original de compartir la mismísima naturaleza de Dios, al igual que todos sus descendientes. Ellos desecharon la herencia que debió ser transmitida. Desde ese entonces, los seres humanos vivieron en la oscuridad y en la confusión, aunque buscando el bien, pero atraídos por lo que sabían que era malo, y esperando únicamente llevar una vida de lucha, sufrimiento y muerte. La amistad con Dios era un tema del cual no se hablaba o se escuchaba hablar entre los seres humanos. Todos pecaban y llevan en sí, personalmente, el pecado de Adán y Eva. Si bien se podía conocer a Dios, la comprensión de lo que Él es se ensombreció y se malinterpretó, hasta que intervino en la historia de la humanidad. Dios se reveló a sí mismo a los hebreos. Poco a poco, los preparó para la plena revelación de sí mismo, la que vendría a través de su Hijo.

Cuando Cristo vino, no solo reveló la verdadera naturaleza de Dios Padre, además restauró nuestra amistad con Dios, al ofrecer su vida en sacrificio por los pecados de Adán y Eva y de todos sus descendientes (*Col* 2,13-14). La gracia perdida por la desobediencia de Adán y Eva fue restaurada por la obediencia de Cristo (*1Cor* 15,21-22). San Pablo describe este hecho de la siguiente manera:

> Así pues, como el delito de uno solo atrajo sobre todos los hombres la condenación, así también la obra de justicia de uno solo procura toda la justificación que da la vida (*Rom* 5, 18).

San Pedro, el primer Papa, expresó la misma idea cuando dijo: "Porque no hay bajo el cielo otro nombre dado a los hombres por el que nosotros debamos salvarnos" (*Hch* 4,12). Todos los cristianos concuerdan en este punto.

¿Quiere decir esto que los que no son cristianos, irán todos al infierno? Algunos extremistas dirán que sí. Estos cristianos en realidad predican una falsedad que trae malas noticias, en vez de la buena nueva. En cuanto al destino de los que no son cristianos, la Iglesia Católica, predica lo siguiente:

> Aquellos que por faltas que les son ajenas, no conocen el Evangelio de Cristo o su Iglesia, mas buscan a Dios con un corazón sincero, y movidos por la gracia, intentan con sus actos llevar a cabo la voluntad del Señor, a medida que la entienden a través de lo que les dicta su conciencia, ellos también pueden obtener la salvación eterna.[2]

¿Cómo es esto posible? ¿No contradice esto la creencia en la necesidad que tenemos de Cristo? ¡Por supuesto que no! Cristo es verdad y Dios es amor (*Jn* 14,6 y *Jn* 4,8). El que busca la verdad y tiene amor en su corazón, tiene algo de Cristo en sí. Su conciencia será su juez, al final. Es de esta manera que Pablo explica como se juzgará a aquellos que no son ni cristianos ni judíos:

> En efecto, cuando los gentiles, que no tienen ley, cumplen naturalmente las prescripciones de la ley, sin tener ley, para sí mismos son ley; como quienes muestran tener la realidad de esa ley escrita en su corazón, atestiguándolo su conciencia, y los juicios contrapuestos de condenación o alabanza... en el día en que Dios juzgará las acciones secretas de los hombres, según mi Evangelio, por Cristo Jesús. (*Rom* 2,14-16).

La carta de Pablo a Timoteo también confirma la idea de que un no creyente puede ser salvado: "Tenemos puesta la esperanza en Dios vivo, que es el Salvador de todos los hombres, principalmente de los creyentes" (*1 Tim* 4,10).

¿Por qué necesitamos a Cristo entonces? Todo el que va al cielo debe hacerlo a través de Cristo. Esto es una realidad incluso si uno no llega a conocerlo o creer en Él en el transcurso de su vida. Esta es la razón por la cual Pablo se refiere a Jesús como "un solo mediador entre Dios y los hombres" (*1 Tim* 2,5). Es cierto que cualquiera que rechace a Cristo no será salvado, sin embargo, para que esto suceda la persona debe ser consciente de lo que está haciendo. Por ejemplo, supongamos que un cristiano se acerca a uno de los miembros de una tribu de Sudamérica,

---

[2] Vaticano II, *Lumen Gentium*, Nov. 21, 1964, no.28, cap. 1, par.16.

que no ha oído nunca sobre Cristo. Si a este se le planteara, en forma inmediata, que debe aceptar a Cristo o ser condenado al fuego eterno, su respuesta más probable, será la de rechazar al cristiano, de mal humor, y sin escucharlo. ¿Estaría este rechazando a Cristo? ¡Claro que no! Estaría rechazando al mensajero, por su presunción, su soberbia y su falta de compasión.

En esta situación, parecería justo llegar a la conclusión de que Dios salvará al miembro de la tribu, siempre y cuando este obre bien. Pues, ¡no necesariamente! No existe cantidad alguna de buenas obras que puedan librarnos de nuestros pecados. La salvación no se gana jamás; más bien, es gracia pura, obtenida para nosotros, por medio del sacrificio de Cristo, y esta gracia salvadora se encuentra disponible para todos, ya que Dios "quiere que todos los hombres se salven" (*1 Tim* 2,4). Esto incluye a los que no son cristianos, pero que tienen amor en sus corazones, y que por faltas que no les son propias, no conocen a Cristo de nombre. Solo Dios conoce el corazón de cada persona; solo Él puede juzgar a la conciencia.

Entonces, para que el miembro de la tribu sea salvado, debe "aceptar a Cristo" de alguna manera que involucre la fe y el amor. Esto quiere decir, que para el miembro de la tribu, y para cualquier otra persona, la gracia de Dios precede a la aceptación inicial de la verdad. Esto es lo que Jesús daba a entender cuando decía: "No me habéis elegido vosotros a mí, sino que yo os he elegido a vosotros, y os he destinado para que vayáis y deis fruto..." (*Jn* 15,16). En su carta a los Efesios, Pablo plantea el mismo punto:

> Pero Dios, rico en misericordia, por el grande amor con que nos amo, estando muertos a causa de nuestros delitos, nos vivificó juntamente con Cristo... (*Ef* 2,4-5).

La gracia de Dios no solo hace que primero sea posible aceptar la fe. Además, su gracia también hace a la persona justa y complaciente, a su modo de ver, y por ende aceptable en el cielo. La persona tiene que aceptar la gracia incluso aunque no entienda lo que esta es. La aceptación de esta gracia nos hace buenos. Las buenas obras llevadas a cabo con caridad son una manifestación de la gracia. La relación entre la fe y las obras es la controversia principal que existe dentro de los círculos cristianos. ¿Cuánto hemos de esforzarnos para ser santos? ¿Cuánto hemos de trabajar para ser salvados? Estas son preguntas importantes que repercuten directamente en la forma de vivir que una persona tiene. El resto de este capítulo toca estos temas.

La posición católica afirma que una respuesta auténtica a la gracia de Dios necesariamente cambia a la persona desde el interior. *Si la respuesta es auténtica, entonces la gracia de Dios se manifestará.* Experimentar a Dios internamente no es suficiente. Una única respuesta externa tampoco es suficiente. Más bien, la presencia de Cristo es una realidad viviente, la que se mueve y actúa en el mundo, cumpliendo con las Escrituras: "Habitaré en medio de ellos y andaré entre ellos..." (*2Cor* 6,16). Cristo planteó una buena metáfora para describir este tipo de relación cuando dijo: "Yo soy la vid; vosotros los sarmientos..." (*Jn* 15,5). La presencia de Cristo no puede separarse de los actos de una persona. Es por esta razón que los católicos deben ver la fe, y las buenas obras como dos elementos intrínsecamente vinculados entre sí, como las dos caras de una moneda.

¿Porqué habría Jesús de insistir, en aspectos tales como el Bautismo, por ejemplo? (*Mc* 16,16.28.19). Aquellos que creen en la fe por si sola, siguen bautizando por una obediencia ciega, sin entender. El Bautismo no es un simple símbolo o una proclamación de la fe. El Bautismo es el sello de la fe y la incorporación de Cristo. Las almas de los niños pueden ser bautizadas en el cuerpo de Cristo, porque estas se encuentran abiertas a Dios. Cuando se los llena de esta gracia, los niños bautizados manifiestan al mundo la mismísima infancia de Cristo. El sacramento del Bautismo, al igual que los otros sacramentos, concretiza la fe. Cristo ya no se ve más reducido a una idea abstracta de la mente, más bien, nos toca y nos hace cambiar. Él penetra cada aspecto de nuestro ser. Su presencia en nosotros se convierte en una fuente de la gracia de Dios, fluyendo en la totalidad del cuerpo de Cristo y el mundo. Con el corazón puro, lleno de su gracia, podemos ayudar a los pobres, alimentar a los hambrientos, darle hogar a los que carecen de él, ayudar a los enfermos y a los solitarios, y visitar a los presidiarios.

Si bien muchos teólogos protestantes pueden estar de acuerdo en que las buenas obras fluyen de la gracia de Dios, estos no estarán de acuerdo con que la fe y las buenas obras son respuestas, igualmente importantes, a la gracia de Dios. Tampoco estarán de acuerdo en que estas son inseparables. Más bien, muchos protestantes conservan su propia doctrina, que afirma que nos salvamos por la gracia sola, a través de la fe por si sola, y no por la gracia sola, expresada a través de nuestra fe y nuestros actos de amor.

La formulación familiar es: "Si te arrepientes de tus pecados y reconoces que Jesucristo es nuestro Señor y Salvador personal, entonces serás salvado." Dios nos adopta como hijos, de tal forma que nuestra herencia del cielo este garantizada. Más aún, las buenas obras que se llevan a cabo después de esta justificación inicial, sirven simplemente como símbolo de que la persona ha sido salvada. La salvación por ende, se entiende como un evento que se da solo una vez: Dios nos declara justos a razón de nuestra fe y cubre nuestros pecados con la sangre de Cristo. De la misma manera, el ser santificado se percibe como una fase separada, que se da después que hemos sido salvados. (De esta manera los protestantes definen la santificación).[3]

Desde esta perspectiva, no existe un cambio interno real que deba darse en una persona, antes de que Dios la salve. Tampoco se requiere que una persona se convierta necesariamente en justa, cooperando con la gracia de Dios al sobreponerse a la tentación

---

[3] Existen miles de sectas protestantes; incluso algunas se llaman a sí mismas «no - sectarias.» Por ende, toda afirmación general sobre sus enseñanzas esta sujeta a ser considerada errónea, al menos, por algunas de ellas. Cuando hacemos uso de la palabra «protestante» en este libro, nos referimos a las iglesias que descienden, en línea troncal, de Lutero, Calvino y el anglicanismo.

y llevando a cabo buenas obras. En cambio, Dios simplemente declara a una persona justa, aunque la naturaleza pecaminosa de la persona no haya cambiado realmente. Desde la perspectiva protestante, no se necesita ni de las buenas obras, ni de una transformación interna, para que la vida eterna sea otorgada. Muchos protestantes creen que hacen el bien porque Dios ha ordenado hacerlo, no porque teman que se les niegue el acceso al cielo.

Una de las razones por las que muchos aún mantiene la doctrina de la fe por si sola, es su preocupación por que la doctrina católica de la salvación a través de la fe y las obras lleva a la gente a creer que puede ganarse el ingreso al cielo. Los críticos citan ciertos pasajes de San Pablo, como prueba de que una persona se salva solamente por la fe, y no por la fe y las obras. Una cuidadosa revisión de las Escrituras, sin embargo, muestra que San Pablo no siempre hace referencia al concepto de "obras" en la misma forma. En algunos casos el llevar a cabo obras es visto como un obstáculo para la salvación, pero en otros casos Pablo deja claro que Dios nos juzgará por nuestras obras.

La única manera en la que esta discrepancia se puede aclarar, es tomando conciencia de las tres formas en las que Pablo hace uso de la palabra "obras." De las tres, Pablo afirma que dos son inútiles, (para la salvación) porque son el resultado de nuestros propios esfuerzos. Estos dos tipos de obras inútiles, son las "obras de la ley", y las obras por la cuales "uno podría alardear." Explicaremos un poco estos dos tipos de obras inútiles, antes de pasar a la explicación del tercer tipo, el que si lleva a la salvación, y que Pablo respalda.

"Las obras de la ley" son los rituales y las costumbres de la Ley del Antiguo Testamento, que fueron cumplidas con la muerte y resurrección de Cristo. Pablo critica la realización de estas "obras" porque el sacrificio de Cristo las hizo innecesarias. En los tiempos de Pablo, algunos hebreos convertidos al cristianismo seguían cumpliendo las prescripciones de la Antigua Ley, por lo que Pablo les escribió para convencerles de que era Cristo quien los salvaría, y no el cumplimiento de la Ley. Parte de su carta a los

Gálatas, trata este tema:

> También nosotros hemos creído en Cristo Jesús a fin de conseguir
> la justificación por la fe en Cristo, y no por las obras de la ley, pues
> por las obras de la ley nadie será justificado (*Gal* 2,16).

Unos cuantos versos más adelante, en Gálatas, Pablo incluso
advierte que algunos serán condenados por poner su fe en la
Ley en vez de Cristo:

> Habéis roto con Cristo todos cuantos buscáis la justicia en la ley.
> Os habéis apartado de la gracia. Pues a nosotros nos mueve el
> Espíritu a aguardar por la fe los bienes esperados por la justicia
> (*Gal* 5,45).

El segundo tipo de obras inservibles son las llevadas a cabo
"para alardear." Pablo hace referencia a estas en un sentido más
general, el cual podría ser aplicado a cualquier tipo de obra buena.
Sin embargo, una vez más, la palabra "obras" lleva una connotación negativa, porque en estas instancias, Pablo hace referencia
a obras que se llevan a cabo por una razón errónea, ya sea con
el fin de alardear o para ganar el ingreso al cielo. En su carta a los
Romanos, Pablo menciona ampliamente el conflicto entre la fe
y estas falsas "buenas obras." Él afirma que las obras llevadas a
cabo como vía para ganar la salvación, no son de valor. Al citar el
Salmo 14, ("No hay nadie que haga el bien. Ni uno siquiera") San
Pablo explica que, como nadie ha cumplido alguna vez la Ley de
Dios a la perfección, (*Rom* 3,12) nadie puede ser justificado:

> Ya que nadie será justificado ante él por las obras de la ley, pues
> la ley no da sino el conocimiento del pecado (*Rom* 3,20).

San Pablo luego señala, sin embargo, un tipo de rectitud que puede
salvar a la gente cuando tiene fe en Jesús (*Rom* 3,21-22). A partir
de este punto, determina que si bien nadie puede alardear de
haberse salvado a sí mismo, todos pueden alardear de haber
sido salvados por la fe, porque su fe se originó en Dios y no en
sí mismos.

¿Dónde está, entonces, el derecho a gloriarse? Queda eliminado. ¿Por qué ley? ¿Por la de las obras? No. Por la ley de la fe. Porque pensamos que el hombre es justificado por la fe, sin las obras de la ley. (*Rom* 3,27-28).

Pablo vuelve a criticar de la misma manera las obras, en su carta a los Efesios. En este pasaje explica que nadie puede ganar para sí, la gracia salvadora:

Pues habéis sido salvados por la gracia mediante la fe; y esto no viene de vosotros, sino que es un don de Dios; tampoco viene de las obras, para que nadie se gloríe (*Ef* 2,8-9).

El propósito de Pablo, al escribir estos versos, era convencer a los romanos y a los efesios de que les iría mejor, si ponían su fe en Cristo, y no en sí mismos. Su intención no era anular el papel de todas las buenas obras. Esto lo sabemos porque en muchas ocasiones, en sus cartas, Pablo hace referencia a un tercer concepto de "obras", que se llevan a cabo como respuesta obediente a la gracia de Dios. Estas obras son de amor (caridad). Este tipo de obras es completamente distinto a los otros dos tipos de obras anteriormente mencionados, que son inútiles, porque estas últimas provienen de la gracia de Dios. "Aceptamos" la gracia de Dios llevando a cabo estas obras, de la misma forma en que aceptamos su gracia teniendo fe en Cristo. La gracia de Dios expresada en la fe, y la gracia de Dios expresada en las obras de amor divino, son como dos manos, con las que nos aferramos a Cristo. Como no son producto de nuestro propio esfuerzo, no alardeamos de ellas.

En su carta a los Gálatas, Pablo describe la fe ideal, no como una aceptación pasiva de la verdad, sino como una respuesta activa a Dios: "Porque en Cristo Jesús ni la circuncisión ni la incircuncisión tienen valor, sino solamente la fe que actúa por la caridad" (*Gal* 5,6). Pablo aconseja igualmente a los filipenses, a no confiar solo en la fe: "Trabajad con sumo cuidado por vuestra salvación" (*Flp* 2,12). Finalmente, en su Carta a los Corintios, San Pablo insistió en la necesidad de llevar a cabo obras, porque algunas personas empezaban a asumir que creer en Cristo les aseguraba automáticamente la salvación. Estas personas no sentían necesidad de reformarse; y más bien, continuaban cometiendo los mismos pecados de antes. La respuesta de Pablo fue dejar claro que Dios juzgará a cada uno según sus obras:

> ¿No sabéis acaso que los injustos no heredarán el Reino de Dios? ¡No os engañéis! Ni los impuros, ni los idólatras, ni los adúlteros, ni los afeminados, ni los homosexuales, ni los ladrones, ni los avaros, ni los borrachos, ni los ultrajadores, ni los rapaces heredarán el Reino de Dios (*1Cor* 6,9-10).

Si bien las enseñanzas de Pablo han sido utilizadas para afirmar la doctrina de la sola fe, es obvio que Pablo no estaba de acuerdo con lo que esta doctrina afirma. Tampoco los otros apóstoles. Santiago por ejemplo, hace un gran esfuerzo para prevenir a todos de no descartar el papel que las buenas obras juegan en nuestra salvación:

> ¿De qué sirve, hermanos míos, que alguien diga: "Tengo fe", si no tiene obras? ¿Acaso podrá salvarle la fe? Si un hermano o una hermana están desnudos y carecen del sustento diario, y alguno de vosotros les dice: "Idos en paz, calentaos y hartaos", pero no les dais lo necesario para el cuerpo, ¿de qué sirve? Así también la fe, sino tiene obras, está realmente muerta (*Stg* 2,14-17).

Se ha afirmado que Santiago escribió sobre la fe y las obras para evitar que los creyentes malinterpreten la carta de Pablo a los Romanos.[4] Santiago se percató de que algunas afirmaciones de Pablo podrían ser interpretadas fuera de contexto y utilizadas para fomentar la doctrina de "la sola fe", incluyendo la afirmación de

---

[4] Los eruditos no están de acuerdo sobre si la epístola de Santiago precede a la epístola de los Romanos; nosotros afirmamos que Romanos fue escrito primero. La Carta a Santiago tenía como intención brindar una aclaración para asegurar que nadie cayese en el error del dogma de la «Sola fe.» Consideramos didáctico resaltar que Lutero llamaba la Carta a Santiago, la «Epístola de paja» y afirmaba que debía ser retirada de la Biblia.

Pablo:"Porque pensamos que el hombre es justificado por la fe, sin las obras de la ley" (*Rom* 3,28). De la misma manera, el relato de Pablo, sobre Abraham, podría ser interpretado y considerado una prueba de la doctrina de la "sola fe":

> Si Abraham obtuvo la justicia por las obras, tiene de qué gloriarse, mas no delante de Dios. En efecto, ¿qué dice la Escritura? Creyó Abraham en Dios y le fue reputado como justicia (*Rom* 4,2-3).

Cuando Santiago escribió su epístola hizo una mención específica de las obras buenas de Abraham, para enfatizar el hecho de que una respuesta a Dios que permita la salvación, involucra tanto la fe como a las buenas obras:

> ¿Quieres saber tú, insensato, que la fe sin obras es estéril? Abraham nuestro padre ¿no alcanzó la justificación por las obras cuando ofreció a su hijo Isaac sobre el altar? ¿Ves cómo la fe cooperaba con sus obras y, por las obras, la fe alcanzó su perfección? (*Stg* 2,20-22).

Pablo y Santiago no se contradicen; ellos simplemente están enfatizando dos aspectos distintos de la verdad única enseñada por Cristo.

Por un lado Cristo le exigió a sus seguidores tener fe, y los alababa con rapidez cuando veía evidencia alguna de esta, incluso en los gentiles. Cuando el centurión se acercó a Cristo con su solicitud positivista: "Señor, basta que lo digas de palabra y mi criado quedará sano", Cristo le respondió con admiración: "Os aseguro que en Israel no he encontrado en nadie una fe tan grande." (*Mt* 8,8, 10). También a la mujer cananea, que le pide curar a su hija, Cristo le dice: "Mujer, grande es tu fe; que te suceda como deseas" (*Mt* 15,28). Cuando deseó alentar a Jairo, el jefe de la sinagoga, cuya hija había fallecido, Jesús le dijo: "No temas; solamente ten fe" (*Mc* 5,36). En otra ocasión, alentó a otra persona cuyo hijo se encontraba poseído por demonios, con una expresión similar: "¡Todo es posible para quien cree!" (*Mc* 9,23). Finalmente, Cristo apela a las multitudes por doquier, para que no pongan su fe en riquezas materiales, sino en Dios:

> Por eso os digo: No andéis preocupados por vuestra vida, qué comeréis, ni por vuestro cuerpo, con qué os vestiréis... Que por todas esas cosas se afanan los gentiles; pues ya sabe vuestro Padre celestial que tenéis necesidad de todo eso. Buscad primero su Reino y su justicia, y todas esas cosas se os darán por añadidura (*Mt* 6,25, 32-33).

Jesús puso constantemente a prueba la fe de sus propios discípulos, con situaciones tanto pequeñas como grandes. Una vez les dejó pensando como harían para alimentar a una multitud de 5,000 personas, después que todos acababan de pasar tres días juntos, en un lugar aislado del desierto (*Jn* 6,6). Cuando enviaba a los discípulos a los pueblos, Cristo les daba instrucciones, diciéndoles: "No llevéis bolsa, ni alforja, ni sandalias. Y no saludéis a nadie en el camino", porque deseaba que estos pusieran toda su fe en Dios (*Lc* 10,4). Finalmente, la respuesta que dio Cristo al dudoso Tomás muestra que la verdadera fe es una bendición de Dios:

> Porque me has visto has creído. Dichosos los que no han visto y han creído (*Jn* 20,29).

Existen muchos otros ejemplos de como se requiere actos de fe de nuestra parte.

Por otro lado, Cristo exigió más que fe. En una de las más simples y fuertes afirmaciones relacionadas con el tema de la fe y las obras, Cristo advirtió a sus seguidores: "No todo el que me diga: 'Señor, Señor', entrará en el Reino de los Cielos, sino el que haga la voluntad de mi Padre celestial" (*Mt* 7,21). Con la explicación que siguió a su advertencia, Cristo dejó claro que rechazaría, tildando de inútil, cualquier "acto de fe" o "buena obra", llevada a cabo por una razón egoísta:

> Muchos me dirán aquel día: "Señor, Señor, ¿no profetizamos en tu nombre, y en tu nombre expulsamos demonios, y en tu nombre hicimos muchos milagros?" Y entonces les declararé: "¡Jamás os conocí; apartaos de mí, agentes de iniquidad!" (*Mt* 7,22-23).

Esta enseñanza apunta al centro del tema. Algunas personas tienen "fe" y hacen "buenas obras" para su propio beneficio o para sentirse bien consigo. Sin embargo, existen otros que llevan a cabo buenas obras de manera tan natural que no se dan cuenta de ellas. Sus actos son completamente desprendidos de sí mismos, y sus corazones están llenos de amor:

> Entonces los justos le responderán: "Señor, ¿cuándo te vimos hambriento, y te dimos de comer; o sediento, y te dimos de beber?..." Y el Rey les dirá: "En verdad os digo que cuanto hicisteis a unos de estos hermanos míos más pequeños, a mí me lo hicisteis" (*Mt* 25,37, 40).

Tanto los salvados como los condenados, ¡demostraron tener fe y llevaron a cabo obras! Cristo nos mostró, con esta parábola, que la fe por sí sola no justifica, y que las buenas obras llevadas a cabo sin amor, terminan siendo nada. Tanto la fe como las obras están muertas, sin la pureza del corazón, que proviene de la cooperación con la gracia de Dios.

Algunas personas son escrupulosas; siempre tienen el temor de no estar haciendo suficiente. Se encuentran tan concentradas en llevar a cabo buenas obras que se olvidan que son salvadas por el regalo de gracia libremente entregado, que no puede ser ganado. Por otro lado, algunas personas presumen de la bondad de Dios, pensando que pueden simplemente decir lo siento, antes de morir, sin importar como vivieron. Estas asumen erróneamente que su decisión final será distinta a la decisión habitual de pecar, tomada durante años. Si bien es verdad que hay esperanza para un pecador hasta el momento de la muerte, también es verdad que la penitencia debe ser real y sentida con el corazón. Cualquiera que rinda homenaje de boca y diga "Señor, Señor" al final de su vida, no debe esperar ser reconocido por Cristo. Por el contrario, al que se le otorgue la gracia de un cambio real, sentido con el corazón, puede esperar reconocimiento, como el ladrón en la cruz. Uno no debe asumir que una continuidad presumida e impertinente de muchos años en el pecado, será automáticamente hecha a un lado, por unos cuantos gestos vacíos al momento de nuestra muerte.

La parábola de Jesús de las diez vírgenes ilustra bien porque no debemos asumir que tenemos la salvación ganada. En ella, Cristo describe la celebración de una boda judía. En el tiempo de Jesús, cuando se celebraba una boda, el novio llegaba inesperadamente cuando todos los invitados ya se encontraban reunidos. Se les asignaba a las vírgenes anunciar la llegada del novio y estas lo escoltaban al ingresar al banquete. En algunos casos, el novio aparecía al caer la noche. En consecuencia, aquellas que lo esperaban debían encontrarse preparadas con lámparas encendidas, para escoltarlo a la celebración, apenas este llegaba:

> Entonces el Reino de los Cielos será semejante a diez vírgenes, que, con su lámpara en la mano, salieron al encuentro del novio. Cinco de ellas eran necias, y cinco prudentes. Las necias, en efecto, al tomar sus lámparas, no se proveyeron de aceite; las prudentes, en cambio, junto con sus lámparas tomaron aceite en las alcuzas (*Mt* 25,1-4).

Primero, Jesús llama a cinco de ellas "prudentes" y a cinco "necias." Las necias pueden ser comparadas con aquellos que esperan ganar el ingreso a la celebración del matrimonio del cielo, simplemente porque han sido invitados (cf. *Ap* 19,8). Cuando el novio llega, entonces se dan cuenta que necesitarán más aceite:

> Y las necias dijeron a las prudentes: "Dadnos de vuestro aceite, que nuestras lámparas se apagan." Pero las prudentes replicaron: "No, no sea que no alcance para nosotras y para vosotras; es mejor que vayáis donde los vendedores y os lo compréis." Mientras iban a comprarlo, llegó el novio, y las que estaban preparadas entraron con él al banquete de boda, y se cerró la puerta (*Mt* 25,8-10).

El aceite de la parábola representa la gracia de Dios entregada solo a aquellos que le responden con fe y buenas obras. El hecho de que este no pueda ser compartido, muestra que Cristo y los santos pueden ayudarnos, pero hasta cierto punto. En la parábola, las vírgenes necias corren a comprar más aceite, pero ya es muy tarde. Estas se acercan a la puerta llorando: "Señor, Señor," pero el novio les responde: "En verdad os digo que no os conozco" (*Mt* 25,11-12).

Una de las consecuencias más desafortunadas de la aceptación de la doctrina de la sola fe, es que el sacrificio de la Misa y los otros sacramentos pierden su importancia. De hecho, la totalidad del papel que la Iglesia y que los sacerdotes juegan, en ayudar a la gente a alcanzar la salvación, es llevado a un plano secundario, sino irrelevante. Uno podría bien afirmar que Martín Lutero pretendía que esto sucediese, cuando ideo en principio las doctrinas de "la sola fe" y "la sola escritura." Desgraciadamente, a Lutero no le gustaba la idea de encontrarse bajo la autoridad de una persona o una institución, por lo que formuló doctrinas que socavasen dicha autoridad. Su primera doctrina sobre la fe excluyó toda obra, del papel que juegan en nuestra salvación, incluyendo cualquier participación en los sacramentos. Para defender esta doctrina, tradujo la Biblia al alemán y cambió la carta de Pablo a los Romanos, de tal manera que se leyera: "Porque pensamos que el hombre es justificado por la fe (sola), sin las obras de la ley" (Romanos 3,28, con la palabra "sola" añadida). Lutero incluso buscó excluir de su traducción la carta de Santiago y muchos otros libros de la Biblia que habían sido aceptados como parte del canon, por más de mil años.

Por otro lado, al declarar su nueva doctrina de la "sola escritura," Lutero garantizaba que su doctrina de la "sola fe" se rebajara a una "fe no proveniente de la Iglesia." Si Lutero solamente hubiese insistido en la doctrina de la "sola fe," entonces la Iglesia hubiese continuado sirviendo como fuente de dicha fe. Por ende, para denegar cualquier papel de la Iglesia en la salvación de las almas, sea cual fuere, Martín Lutero acopló las doctrinas de la sola fe y la sola escritura. Las dos doctrinas juntas servían para "liberar" a los creyentes, de tal manera que cada uno pudiese acercarse a las Escrituras en forma individual, con una garantía tácita (*de facto*) de infalibilidad individual, así como una garantía de salvación, sin importar el comportamiento.

Cuando la gente acepta estas enseñanzas sobre la salvación, el objetivo de compartir la vida eterna con Dios puede verse fácilmente reducido a un mero pensamiento: el cielo es simplemente un lugar en donde podemos ser felices. Las limitaciones de este tipo de pensamiento se tornan obvias cuando recordamos que Satanás estuvo en el cielo alguna vez y que no estaba muy feliz. Es verdad que el cielo es un lugar de paz, pero es también un estado de vínculo perfecto con Dios y de perfecta obediencia a su santa voluntad.

A diferencia de las sectas que socavan la autoridad (y en consecuencia la unidad) de la Iglesia, las verdaderas enseñanzas de Cristo forman a los miembros individualmente, dentro del contexto de la totalidad del cuerpo de Cristo. Nuestro asentimiento de la fe, no solo abre las puertas al Espíritu Santo. Además, nuestro asentimiento de las buenas obras permite que la gracia de Dios nos convierta en las rocas vivientes del único templo espiritual de Cristo. Cuando Cristo lleva a cabo buenas obras a través de nosotros, nuestros corazones y nuestras mentes pasan por una transformación real. Ante todo, pasamos por el penoso proceso de desligarnos del pecado y vincularnos a Cristo. San Pablo expresó la naturaleza de esta transformación cuando dijo: "Por tanto, el que está en Cristo, es una nueva creación..." (*2Cor* 5,17). Cristo siempre habló de las difíciles condiciones del discipulado:

> Si alguno quiere venir en pos de mí, niéguese a sí mismo, tome su cruz cada día, y sígame. Porque quien quiera salvar su vida, la perderá; pero quien pierda su vida por mí, ése la salvará (*Lc* 9,23-24).

Lo que es una realidad, es que Cristo nunca nos prometió que el camino al cielo estaría libre de pena y dolor. Lo que si prometió sin embargo, es que estaría con nosotros todo el camino. Los católicos creemos que Cristo mantiene su promesa no solo porque nos inspira a través de las Escrituras, sino porque además nos imparte su vida mediante los sacramentos. Estos nos permiten vivir "cubiertos por Cristo", y la gracia que recibimos de estos explica porque Pablo tuvo la confianza de declarar en su carta a los Gálatas: "Con Cristo estoy crucificado, y no vivo yo, sino que es Cristo quien vive en mí..." (*Col* 3,3; *Gal* 2,19-20). A través de nuestros sufrimientos, Dios también trabaja en nosotros para transformarnos en el único y verdadero cuerpo de Cristo. San Pablo describe este misterio del sufrimiento en su Carta a los Colosenses:

> Ahora me alegro por los padecimientos que soporto por vosotros, y completo en mi carne lo que falta a las tribulaciones de Cristo, en favor de su Cuerpo, que es la Iglesia... (*Col* 1,24).

Pablo proclama que el misterio que estuvo "escondido desde siglos y generaciones" (*Col* 1,26) ha sido ahora manifestado: Es el misterio de "Cristo entre vosotros" (*Col* 1,27).

Cristo debe penetrar cada aspecto de nuestro ser, de tal forma que cada acto nuestro sea un acto suyo. Solo entonces podemos tener la esperanza de traer a Cristo al mundo. Esta es la esencia del testimonio Cristiano: Cristo está entre nosotros.

Conclusión: La Ley se cumple en Jesucristo

Cuando alguien le preguntó a Jesús que era necesario para obtener la vida eterna, Él le respondió: "Guarda los mandamientos" (*Mt* 19,17). En otra ocasión, le preguntaron cual es el mandamiento más importante. Él respondió diciendo que deberíamos amar a Dios con todo nuestro corazón, nuestra mente y nuestra alma, y amar a nuestros prójimos como a nosotros mismos (*Mc* 12,29-31). Sin embargo, no se había cumplido aún, el refinamiento de la ley. San Juan indicó un mandamiento final y supremo de Cristo: "Os doy un mandamiento nuevo: que os améis los unos a los otros. Que, como yo os he amado, así os améis también vosotros los unos a los otros" (*Jn* 13,34).

Si bien Jesús concentró todo el cuerpo de la ley en una sola palabra (amor), no abolió todo lo que se había escrito, antes de su venida. Le aseguró a la gente, que había venido a dar cumplimiento a la ley, y no a abolirla (*Mt* 5,17). De aquí podemos sacar la conclusión de que el *amor* es el cumplimiento de la ley.

La ley de amor materializa la vocación cristiana. Cristo nos dijo que amaramos a los otros así como Él nos ama a nosotros; esto significa que debemos rendirle nuestras vidas a los otros. En este mandato supremo, nuestro Señor nos pide a cada uno de nosotros convertirnos en *otro Cristo*, en el mundo. Esto es posible por el poder transformador de su gracia y su amor, activos entre nosotros. Mediante nuestra justificación, como hijos e hijas adoptados por el Padre, se nos brinda el regalo de la gracia que necesitamos para ayudarnos a amoldarnos más y más a la mente y al corazón de Cristo. Esta "rendición de la propia vida" siempre se da, en un sentido figurativo, pero muy real, en las muchas formas diarias con las que mostramos caridad y capacidad de perdón a los demás.

Aquí tenemos un relato que ayuda a ilustrar la esencia de la transformación, por medio de la gracia: Hubo una vez un músico que tocaba un arpa de oro que mantenía en exhibición, en el salón de banquetes de su casa. Un enemigo ingresó en forma furtiva a su casa, una noche, y quebró el arpa en pedazos, con despecho. Este dobló el marco, rompió algunas cuerdas, estiró otras, y arruinó el instrumento completamente. Cuando el músico encontró el arpa dañada al día siguiente, se enfadó, pero decidió arreglarla, sea cual fuere el costo. Guardó las partes en un almacén, con la determinación de no dejar a nadie ver el arpa hasta que la dejara como nueva.

Empezó a trabajar el marco. A medida que lo enderezaba, el músico gemía de sufrimiento, pero se resignó, por el deseo de restaurarlo. Luego reparó las cuerdas que podían ser reparadas y arrojó las que no. Cuando el arpa fue pulida, afinada y adornada con gemas, quedó más espléndida que nunca. Cuando el arpa estuvo lista, el músico invitó a sus amigos a un gran banquete, para celebrar. Una vez más tocó para sus invitados, y su palabra se convirtió en canción, a través de la hermosa música del arpa, en la que todos se regocijaron.

¿Cuál es el fin metafórico de este relato? Mostrar que cuando Dios nos salva, realmente nos salva. Nosotros somos como las partes quebradas del arpa. El arpa, en conjunto, es como la Iglesia. La salvación no implica que Dios declare que las cuerdas rotas, son cuerdas perfectamente buenas. La salvación no implica que tome las piezas quebradas de la humanidad y las acoja en su salón (el cielo), sabiendo que no merecen estar allí. No es esta la salvación. Dios nos ama, y su intención es la de arreglarnos. Arreglarnos quiere decir tornarnos perfectos, así como Él es perfecto (*Mt* 5,48). Así, estaremos en perfecta armonía, tanto con Él, como con nuestros prójimos.

Tampoco es salvación, que pensemos que somos "piezas" separadas que seremos puestas en el cielo. El ser salvado quiere decir estar unido a Cristo. Estar unido a Cristo quiere decir ser parte de su cuerpo. Su cuerpo es la Iglesia, que no es una simple reunión de creyentes individuales. Es ridículo pensar que los pedazos del arpa podrían ser "salvados" sin tener una relación con el arpa en conjunto. Esto sería como sí el músico exhibiera los pedazos de su arpa como inútiles curiosidades. La relación con el arpa es parte integrante de la salvación, en primer lugar. La armonía, el amor y la belleza que comparten los miembros de la Iglesia entre sí, pretenden mostrar el Espíritu de Dios, que es el espíritu que da vida a su cuerpo. Cuando estos comparten, la música de su mundo repercute en todos lados.

El arpa de oro de esta historia representa a la Iglesia, mientras que los pedazos del arpa nos representan como individuos. De alguna forma, sin embargo, el salón del músico bien podría representar a la Iglesia, ya que esta, como un todo, es la morada de Dios. Dios está construyendo la Iglesia sobre los cimientos colocados por su Hijo, cuya historia es el tema del siguiente capítulo.

Los primeros Padres de la Iglesia sobre la gracia y el Bautismo

Hermas (140 - 155 d.C.), *El Pastor* (v. 1; 92)

Ellos necesitaban pasar por las aguas, para que les sea dada la vida; porque de otra manera no podían entrar al reino de Dios, excepto dejando de lado la mortalidad de su vida pasada. Los que habían fallecido, entonces, también recibieron el sello del Hijo de Dios, y entraron al reino de Dios. Porque, antes de llevar el nombre del Hijo de Dios, el hombre está muerto. Pero cuando ha recibido el sello, pone la inmortalidad a un lado y vuelve a recibir vida. El sello, por ende, es el agua. Ellos entran al agua muertos, y salen de ella vivos.

San Ireneo (140 - 202 d.C.), *Contra los Herejes* (v. 1, 220)

El Señor prometió enviarnos al Paráclito, el cual nos dejaría preparados para Dios. Así como el trigo seco, sin agua, no puede convertirse en masa o en hogaza de pan, de la misma manera, nosotros que somos muchos, no podemos convertirnos en uno en Cristo, sin el agua del Cielo. Así como la tierra seca no puede dar vida al fruto, sin la lluvia voluntaria que viene de arriba. Nuestros cuerpos logran unirse por el lavado que lleva a la incorrupción; nuestras almas, sin embargo, se unen por el Espíritu. Entonces ambos son necesarios, ya que ambos nos llevan a la vida de Dios.

Arnobio de Sica (327 d.C.), *Contra los Paganos* (v. 1, 622)

Pero si Cristo vino como el Preservador de la raza humana, ¿Porqué Él, con la misma bondad, no nos libera a todos sin excepción? Pues bien, ¿Acaso no libera Él a todos por igual, cuando los llama a todos por igual? ¿Acaso Él repele o aparta a alguno de la suprema benevolencia, cuando les da a todos por igual el poder de acercársele (a hombres de alto rango, a personas comunes, a esclavos, a mujeres y niños)? La fuente de la vida se encuentra abierta para todos; a nadie se le aparta o se le niega el derecho a beber. Si vosotros sois lo suficientemente descontentadizos como para menospreciar la gentileza del regalo ofrecido, y más aún, si sois de tal sabiduría superior que consideráis que lo que Cristo ofrece es ridículo y absurdo, ¿porqué debería Él seguir invitándoos, cuando Su papel es el de exponer el fruto de Su bondad a nuestra libre elección? Platón afirma que Dios no es la causa de que el hombre escoja su suerte en esta vida, y a la voluntad de hombre alguno no le puede ser imputada la de otro hombre, ya que la libertad de la voluntad es puesta dentro del poder de todo aquél que tiene voluntad.

Afraates el Sabio Persa (280 - 345 d.C.), *Tratados* (v. 1, 699)

Porque grande es el regalo que Él, que es bueno, nos ha dado. Si bien no nos fuerza, y a pesar de nuestros pecados, Él desea que seamos justificados; y si bien Él no es ayudado de manera alguna por nuestras buenas obras, nos sana, de tal forma que seamos complacientes a Sus ojos. Cuando no deseamos suplicarle, se enfada con nosotros. Él nos llama constantemente. "Suplicad y recibiréis; y cuando busquéis, encontraréis."

San Cirilo de Jerusalén (315 - 386 d.C.), *Lecturas Catedráticas* (v. 1, 808)

Así como aquellos que reclutan soldados examinan la edad y la condición física de aquellos que son alistados, el Señor, al alistar almas, examina su disposición. Si alguien alberga hipocresía incluso en secreto, Él rechaza a ese hombre por no estar apto para un verdadero servicio. Pero a quien halla merecedor, a aquél le brinda Su gracia rápidamente. Él no le da elementos sagrados a los perros; y cuando percibe una conciencia buena, le brinda el maravilloso y salvador sello, el que hace temblar a los demonios y el que los ángeles reconocen. De esta manera los primeros son puestos a volar, mientras que los últimos se reúnen alrededor de ese sello, como si fuese algo que les pertenece. Aquellos entonces, los que reciben el sello espiritual y salvador, necesitan tener la disposición acorde a este. Así como una pluma o un dardo necesitan que uno las utilice, de la misma manera la gracia necesita de corazones creyentes... Es trabajo de Dios el conferir la gracia, pero es trabajo vuestro aceptarla y cuidarla. Por ende, no despilfarréis la gracia porque os es libremente dada; y una vez recibida, cuidadla religiosamente.

Los Padres de la Iglesia
sobre la Justificación y la Santificación

San Justino Mártir (100/110 - 165 d.C.) *Diálogo con Tripo el Judío* (v. 1, 146)

Si se arrepienten, todos aquellos que lo deseen podrán obtener la misericordia de Dios. Las Escrituras predicen que estos serán bendecidos, diciendo: "Bendito aquél al que el Señor no le imputa pecado alguno." Es decir aquél que se haya arrepentido de sus pecados, de tal forma que pueda recibir de Dios la remisión de estos, no como vosotros y algunos semejantes a vosotros, que en esto os engañáis diciendo que, si bien son pecadores, como estos reconocen a Dios, el Señor no les imputará pecado alguno.

San Clemente de Alejandría (150 - 211/216 d.C.), *El Instructor de los Niños* (v. 1, 412)

El hombre en el cual mora la razón, no es mañoso, ni pretencioso, y tiene más bien, la forma dictada por la razón, y es como Dios. Este es hermoso y no finge su belleza. Aquello que es verdadero, es hermoso; ya que es también Dios. Un hombre como tal se convierte en Dios, porque Dios lo desea así. Por eso, acertadamente, Heráclito dijo: "Los hombres son dioses, y los dioses son hombres; ya que la misma razón está en ambos". Que esto es un misterio, está claro: Dios está en un hombre y un hombre es Dios, el Mediador cumpliendo la voluntad del Padre. El Mediador es el Verbo, común a ambos, siendo el Hijo de Dios y el Salvador de los hombres.

Novaciano (251 258 d.C.), *La Trinidad* (v. 1, 607)

Es el Espíritu Santo el que da efecto a un segundo nacimiento, con el agua. Él es como una semilla de generación divina y es el consagrante del nacimiento celestial, es la garantía de una herencia prometida, y algo así como un lazo de seguridad de salvación eterna. Es Él que puede hacer de nosotros un templo de Dios, y puede perfeccionarnos para ser su hogar; Él, que puede dirigirse a los oídos divinos por nosotros, con inenarrables clamores, cumpliendo con sus deberes de intercesor y llevando a cabo las funciones de defensa; Él, que es un habitante entregado a nuestros cuerpos, y un trabajador de la santidad.

San Metodio de Filipi (311 d.C.), *Contra los Paganos* (v. 1, 613)

Los iluminados toman las características, la imagen, y la humanidad de Cristo. La similitud de la forma del Verbo es estampada en ellos; y esta fructifica en ellos a través de un firme conocimiento de la fe. De esta manera Cristo nace espiritualmente en cada uno. Es por esta razón que la Iglesia crece como un vientre y trabaja como en un parto, hasta que Cristo se haya formado en nosotros, como si en cada uno de los santos, al participar de Cristo, naciera un Cristo. Es en este sentido que se dice en las escrituras: "Guardaos de tocar a mis ungidos, ni mal alguno hagáis a mis profetas" (*Sal* 105,15). Es como si aquellos bautizados en Cristo, se convirtiesen en otros Cristos, mediante una comunicación del Espíritu.

San Atanasio (295 - 373 d.C.), *Discursos Contra los Arrianos* (v. 1, 766)

El amor de Dios por el hombre es tal, que aquellos para los que Él es primero Creador, después, de acuerdo a la gracia, también se convierte en el Padre. Esto último lo lleva Él a cabo cuando los hombres, que son su creación, reciben en sus corazones, como dice el Apóstol, el Espíritu de su Hijo, clamando: "Abba, Padre". Son ellos que por haber recibido el Verbo, han ganado de Él, el poder de convertirse en hijos de Dios; porque, siendo criaturas por naturaleza, no podrían de otra manera convertirse en hijos, a no ser que reciban el Espíritu del Hijo natural y verdadero. Para dar lugar a esto, por ende, el Verbo se hizo carne, para poder así, hacer que el hombre este apto para la divinidad.

San Cirilo de Jerusalén (315 - 386 d.C.), *Lecturas Catedráticas* **(v. 1, 813)**

Y si vuestra devoción es genuina, el Espíritu Santo bajará y también se posará sobre vosotros, y desde lo alto, una voz paternal resonará sobre vosotros, y no dirá "Este es mi Hijo", sino "Este se ha convertido en mi hijo ahora." La palabra "es" le pertenece sólo a Él, ya que: "En el principio existió el Verbo, y el Verbo estaba con Dios, y el Verbo era Dios." A Él le pertenece la palabra "es", porque Él es siempre el Hijo de Dios. A vosotros os pertence la frase "se ha convertido", porque vosotros tenéis la filiación no por naturaleza, sino que la habéis recibido por adopción.

Los primeros Padres de la Iglesia sobre la Fe y las obras

Papa San Clemente de Roma (92- 101 D. C.), *Carta a los Corintios* (v. 1, 16)

Nosotros, por ende, que hemos sido llamados por su voluntad en Cristo Jesús, no somos justificados por nosotros mismos, o por nuestra sabiduría, nuestro entendimiento o nuestra devoción, ni por las obras que hemos forjado en santidad de corazón, sino por la fe a través de la cual Dios todopoderoso ha justificado a todos los hombres desde el principio... ¿Que debemos hacer entonces hermanos? ¿Debemos cesar nuestras buenas obras, y debemos dar fin al amor? Que el Señor perdone esto, si sucede alguna vez entre nosotros; más bien, estemos deseosos por llevar a cabo cada obra de bien de manera verdadera y voluntariosa.

San Ireneo, de Lyon (190 d.C.), *Contra los Herejes* (v. 1, 253)

Si aquellos hombres que no están produciendo frutos de justicia, como si estuviesen cubiertos de arbustos de espinas, guardan diligencia y reciben la Palabra de Dios, como si hubiese sido injertada en ellos, alcanzarán la naturaleza prístina del hombre, aquella que fue ha a imagen y semejanza de Dios... Así pues, cuando un hombre ha sido injertado por medio de la fe y recibe el Espíritu de Dios, en realidad no pierde la sustancia de la carne, sino que cambia la calidad del fruto de su trabajo y recibe otro nombre, simbolizando aquel cambio que es una mejoría. Ya no es tan solo carne y sangre, sino un hombre espiritual y así se le llama.

(v. 1, 219)

Por ende, Él también descendió sobre el Hijo de Dios hecho Hijo del hombre, acostumbrándose con Él a habitar en la raza humana, a descansar con los hombres, a morar en la obra de Dios, trabajando la voluntad del Padre en ellos, y renovándolos, de sus antiguos días, a Cristo.

San Juan Crisóstomo (344 - 407 d.C.), *Homilías sobre la Epístola a los hebreos* (v. 2, 1219)

Todo depende de Dios, pero no tanto como para obstruir nuestra libre voluntad. "Pero si depende de Dios," alguno dirá: "por que nos culpa."...Depende de nosotros y depende de Él. Primero debemos elegir el bien, y una vez elegido, entonces Él nos aporta su parte. Dios no se anticipa a nuestra elección, para no violentar nuestra libre voluntad. Pero cuando hemos elegido, enorme es la asistencia que nos provee... Incluso si os desenvolvéis, incluso si os esforzáis verdaderamente, Él dice: No supongáis que el buen resultado es vuestro. Porque sino hubierais recibido la ayuda crucial de las alturas, todo habría sido en vano. Esta perfectamente claro, sin embargo, que con esa ayuda conseguiréis lo que realmente os propongáis, a medida que os desenvolváis, y a medida que tengáis voluntad.

San Ambrosio de Milán (333 - 397 d.C.), *Comentario sobre el Evangelio de Lucas* (v. 2, 1302)

Temed al Señor y confiad en el Señor... Podéis ver realmente, entonces, que la fuerza del Señor es cooperativa con los esfuerzos humanos, de tal manera que nadie puede construir sin el Señor, nadie puede preservar sin el Señor, nadie puede sobrellevar nada sin el Señor.

San Agustín de Hipona (354 - 430 d.C.) *Sermones* (v. 3, 1494)

En muchos pasajes (Pablo) a menudo da testimonio de esto, poniendo la gracia de la fe sobre las obras, no como si quisiera poner fin a las obras, sino para demostrar que las obras son más consecuencia que precedentes de la gracia. Así, ningún hombre debe suponer que ha recibido la gracia porque ha llevado a cabo buenas obras, más bien debe suponer que no hubiera podido realizar esas buenas obras, si es que no hubiese, a través de la fe, recibido la gracia.

Estudio bíblico sobre la Salvación – Escrituras citadas en el capítulo

Gen 1,26-28 – Estamos hechos a imagen de Dios

Col 2,13-14, *Rom* 5,18, y *1Cor* 15,21-22 – Jesús ofrece obediencia para anular la desobediencia de Adán.

Hch 4,12 – No hay salvación en otro que no sea Cristo.

Jn 14,6 y *1Jn* 4,8 – Cristo es Verdad; Dios es Amor.

Rom 2,14-16 – Los gentiles que no conocen a Jesús serán igualmente, juzgados por su conciencia.

1Tim 4,10 – Sugestión que indica que Cristo salva a los que no son explícitamente cristianos: "Salvador de todos los hombres, principalmente de los creyentes."

Jn 15,16 – "No me habéis elegido vosotros a mí, sino que yo os he elegido a vosotros."

Ef 2,4-5 – Cristo murió por nosotros cuando aún éramos pecadores.

2Cor 6,16 – "Habitaré en medio de ellos y andaré entre ellos."

Jn 15,5 – "Yo soy la vid; vosotros los sarmientos."

Mc 16,16 y *Mt* 28,19 – Jesús insiste en la necesidad del bautismo para la salvación.

Gal 2,16, *Gal* 5,4-5, *Rom* 3,20, *Rom* 3,27-28, y *Ef* 2,8-9 – Justificación por la fe, no por las obras de la Ley.

Rom 3,12 – "No hay quien obre el bien, / (no hay) siquiera uno."

Rom 3,21-22 – Existe un tipo de justicia que puede salvar a la gente, cuando esta tiene fe en Cristo.

Gal 5,6 – La verdadera fe actúa a través del amor.

Flp 2,12 – "Trabajad con temor y temblor por vuestra salvación."

1Cor 6,9-10 – Pablo advierte que los creyentes que practiquen la inmoralidad no serán salvados.

Stg 2,14-17 – La fe sin las obras no salva, porque está muerta.

Rom 4,2-3 y *Stg* 2,20-22 – Pablo presenta la fe de Abraham como justificación. Santiago está de acuerdo, sin embargo también afirma que las obras de Abraham lo justificaron, al completar su fe.

Mc 9,23 – Todo es posible para los que tienen fe.

Mt 6,33 - "Buscad primero el Reino de Dios y su justicia, y todas esas cosas se os darán por añadidura."

Jn 6,6 – La fe de los apóstoles es puesta a prueba, cuando se les pide alimentar a los 5,000.

Lc 10,4 – Envía a los discípulos sin dinero, bolsa o sandalias.

Jn 20,29 – Le dice al dudoso Tomás: "Dichosos los que no han visto y han creído."

Mt 7,21 – "No todo el que me diga, «Señor, Señor, entrará en el Reino de los Cielos...»"

Mt 25,37, 40 – Aquellos que hayan llevado a cabo obras de caridad (amor) serán salvados.

Mt 25,1-4 y *Mt* 25,8-10 – Las vírgenes necias son como aquellos que no llevan a cabo buenas obras.

Rom 3,28, con la palabra "sola" añadida. Lutero cambió este texto añadiendo la palabra "sola" a su traducción al alemán.

2Cor 5,17 – "Por tanto, el que está en Cristo, es una nueva creación."

Lc 9,23-24 – Los seguidores de Cristo deben cargar su propia cruz diariamente.

Col 3,3 y *Gal* 2,20 – Debemos ser crucificados con Cristo si ha de vivir en nosotros.

Col 1,24 – Pablo dice que completa lo que falta a las tribulaciones de Cristo, en favor de su Cuerpo.

Col 1,27 – El misterio: "Cristo entre vosotros."

Mt 19,17 y *Mc* 12,29-31 – El amor de Dios y el prójimo cubre la Ley.

Jn 13,34 – Amaos los unos a los otros, el Nuevo Mandamiento.

Mt 5,17 – Cristo no vino a abolir la ley, sino a dar cumplimiento a esta.

Mt 5,48 – Cristo nos hará perfectos, así como Él es perfecto.

La Iglesia

"Fue creada antes de todo... fue por su amor que se estableció el mundo."[1] Esto escribió Hermas, un venerable cristiano del Siglo II, que tenía un concepto específico de la Iglesia. ¡Entender estas profundas enseñanzas es captar la esencia de lo que la Iglesia es! Y es aún más asombroso descubrir que las Escrituras, en su totalidad, explican este tema.

La gente suele confundirse cuando lee la Biblia por primera vez. Muchos de nosotros no somos eruditos en historia o lenguas antiguas, sin embargo nos encontramos con una Biblia que fue escrita a lo largo de un periodo de cientos de años, en lenguas extranjeras, y que describe historias y culturas que le son extrañas a la mente moderna. Como no estamos familiarizados con estos antecedentes, la Biblia puede ser una lectura interesante pero difícil de entender. Algunas historias podrán conmovernos y reflejarse en eventos de nuestras propias vidas, pero, solo una vez que hayamos entendido el papel central de la Iglesia, habremos encontrado entonces el camino que ayudará a que todo, en conjunto, tenga sentido. Repentinamente la Biblia cobrará vida de manera nueva y excitante. Cada línea nos hablará de misterios que son inescrutables, pero que nos enriquecerán, excediendo ampliamente nuestras necesidades.

La Iglesia se encuentra por donde miremos, desde el libro del Génesis hasta el libro del Apocalipsis. Antes de que Cristo la estableciera visiblemente, esta ya existía. Desde el principio (antes de la caída), la Iglesia y la Creación fueron una sola y la misma. Cuando Dios creó el universo, tenía como intención que su creación viniese a Él a través de una alianza de amor.[2] Su creación debía estar en armonía con Él. Dios vio cuanto había hecho, y todo estaba muy

---

[1] Jurgens, v. 1, 82.
[2] Una alianza es un tipo de acuerdo contractual, el cual genera un lazo familiar inquebrantable.

bien, (*Gen*, 1,31) y descansó. Este acto de descanso está relacionado con su creación, ya que Dios no necesita descansar y debe mantener continuamente la existencia del universo (*Jn*, 5,17). El acto de "descansar" nos muestra el tipo de relación que tenía con su creación. ¿Qué tipo de relación quería Dios que esta fuese? El "descanso" compartido por Dios con su creación, tenía la intención de ser como el de los esposos que disfrutan el uno del otro en mutua compañía. La Biblia relata esta historia de enamoramiento divino.

El Cantar de los Cantares expresa vivamente este enamoramiento divino, con imaginación poética. Es una canción de amor entre Dios y su pueblo Israel. En él, la exhuberancia del Líbano habla de una belleza conmovedora. Dios plantó los cedros allí; (*Num* 24,6; *Sal* 104,16). Estos fueron utilizados para construir el templo:

> Ven del Líbano, novia mía,
>   ven del Líbano, vente.
>
> Me robaste el corazón, hermana mía, novia,
>   me robaste el corazón
>   con una mirada tuya,
>   con una vuelta de tu collar (*Ct* 4,8-9)

Los profetas también se refieren a Dios como el "esposo" y a Israel (o Sión) como la "novia." En las escrituras de Isaías por ejemplo, Dios asume el papel de un esposo que confortará y cuidara a su Pueblo:

> No se dirá de ti jamás "Abandonada,"
>   ni de tu tierra se dirá jamás "Desolada,"
> sino que a ti se te llamará "Mi Complacencia,"
>   y a tu tierra: "Desposada."
> Porque YAHVÉ se complacerá en ti,
>   y tu tierra será desposada.
> Porque como se casa joven con doncella,
>   se casará contigo tu edificador,
> y con gozo de esposo por su novia
>   se gozará por ti tu Dios (*Is* 62,4-5).

También Jeremías creía que la Nación Hebrea estaba comprometida en un casamiento con Dios. Una de las primeras profecías describe este compromiso desde la perspectiva de Dios: "De ti recuerdo tu cariño juvenil, el amor de tu noviazgo; aquel seguirme tú por el desierto, por la tierra no sembrada" (*Jer* 2,2). En otra de sus profecías, Jeremías invita a la gente a hallar consuelo en la promesa que Dios les hizo: "Volveré a edificarte y serás reedificada, virgen de Israel" (*Jer* 31,4). Los profetas se expresaban de esta manera para mostrar el amor profundo y perdurable de Dios por su pueblo, y su deseo de que este comparta con Él.

La creación, cuyo propósito es existir en una alianza con Dios, incluye todo lo visible y lo invisible. El universo material, incluyendo todas las estrellas y planetas, es parte de la creación visible. Toda la vida sobre la tierra, incluyendo las plantas, los animales y la humanidad, es parte también de la creación visible. Por otro lado, todos los ángeles y los santos del cielo conforman la parte invisible . Están conectados a la creación visible de una manera misteriosa, que nos será clara cuando dejemos esta vida y pasemos a la siguiente. Pablo hace referencia a esto cuando cita a Isaías:

> Lo que ni el ojo vio, ni el oído oyó,
> Ni al corazón del hombre llegó,
> Lo que Dios preparó para los que lo aman
> (*1Cor* 2,9; cf. *Is* 64,3)

Tanto lo visible como lo invisible forman parte de la esposa de Dios, es decir, su creación.

Cuando la creación fue terminada, Dios deseó reposar con su esposa de tal forma que compartiesen amor y regocijo entre ambos. Como Dios deseaba un amor compartido, no se limitó a crear objetos hermosos como las rocas y los árboles. Más bien, creó a los hombres y a los ángeles, que poseen voluntad propia. Estos podían tener una relación de amor, porque eran personas libres dotadas cada una con su propia voluntad.

El amor compartido no es posible sin la libre voluntad. Sin esta, el amor se convierte en una expresión de fuerza y ya no puede llamarse amor verdadero. Eso sí, la libertad acarrea cierto riesgo. La libertad implica que la criatura se encuentre en capacidad de apartarse de Dios e incluso enfrentársele, si así lo quisiera. La historia sobre la decisión humana de rechazar a Dios ya ha sido relatada en el capítulo anterior (salvación). En este capítulo, estamos principalmente interesados en como es que Dios reinstauró la creación, devolviéndola a su estado ideal, el de esposa amorosa. ¿Cómo es que Dios tomó una creación quebrantada y moribunda, carente de algunos de sus miembros más importantes, y la transformó en algo mucho más hermoso que lo que en un principio era? Este es el tema tratado en las páginas de la Biblia. Vamos a hacer lo posible por explicar ese tema aquí, pero en resumen.

Recordemos que la caída de Adán y de Eva no termina en su condena. Mas bien, esta trajo consigo una promesa de redención (*Gen* 3,15). Dios declaró que el futuro hijo de la mujer aplastaría la cabeza de la serpiente. Más adelante, la historia del diluvio se cerraría con la promesa de Dios de no resolver el problema del pecado simplemente borrándolo todo. Más bien, Dios hace un pacto con Noé y sus descendientes. El arco iris es el símbolo de esta alianza (*Gen* 9).

Como la humanidad continua pecando, Dios renueva repetidamente esta alianza. A través de Abraham, descendiente de Noé, Dios comienza a formar gente que lo conocería y estaría en comunión con Él. (*Gen* 15). Dios le promete a Abraham dos cosas: Primero, le promete que sus descendientes serían tan numerosos como las estrellas en el cielo, y; segundo, le dice:

"Por ti se bendecirán todos los linajes de la tierra" (*Gen* 12,3).

El cumplimiento de la primera promesa empezó poco después del tiempo de los patriarcas.[3] Los doce hijos de Israel (nietos de Abraham) se convirtieron en las doce tribus de Israel, todas descendientes de Abraham. Estas son las doce tribus que, lideradas por Moisés, se liberaron de la esclavitud de Egipto. Moisés las guió ha-

---

[3] El tiempo de Abraham, Isaac, y Jacob (al que se le dio el nombre de Israel.)

cia el Monte Sinaí para recibir otra renovación de la Alianza. Dios descendió sobre la montaña en una gran nube, con truenos, rayos y terremotos. Entonces le dio a Moisés un conjunto de leyes, cuyo propósito era formar una Nación Sagrada con los hebreos.[4]

¡Los hebreos pusieron a prueba la paciencia de Dios al romper esta alianza renovada, el mismo momento en que esta se realizó! Lo hicieron al construir el becerro de oro y adorarlo, mientras Moisés aún se encontraba en el Monte Sinaí. Entonces, Dios purificó a los hebreos haciéndolos extraviarse en el desierto, hasta que toda la generación entera de adoradores del becerro murió. Una vez cumplida esta purificación, Dios les permitió entrar en la Tierra Prometida, para fundar la nación de Israel. Cuatrocientos años después, Dios hizo un pacto con David y lo hizo Rey de Israel.

Si bien Dios describió a David como "el hombre que está detrás de mi propio corazón", este también quebrantó su fidelidad a Él y cometió un gran pecado, al igual que sus antepasados (*Hch*, 13,22; 2 S). Sin embargo, Dios le prometió a David que uno de sus descendientes sería rey y sacerdote para siempre (*Sal* 110). Con cada una de las sucesivas alianzas, Dios aumentó la cantidad posible de participantes: Adán y Eva (como esposo y esposa), Noé y su familia, Abraham y su casta, las doce tribus de Jacob/ Israel, Moisés y la nación hebrea, y finalmente, David y su reino, Israel.

El Reino de Israel, no obstante, fue un nuevo inicio para la humanidad. La naturaleza y la humanidad, caídas ambas, tenían que ser santificadas nuevamente por una nación especial, elegida, una nación de sacerdotes, intermediaria en la bendición de Dios para la humanidad (*Ex* 19,6). De esta manera, la relación de Dios con Israel simbolizaría un matrimonio renovado.

Esta relación, sin embargo, era más un noviazgo problemático que un matrimonio pacífico. Después de David, la humanidad en general, e Israel en particular, demostraron que *nunca* podrían mantener la fidelidad a Dios. Esta terrible tendencia continuó generación tras

---

[4] Este conjunto de leyes está conformado por los primeros cinco libros de la Biblia, que se denominan *Torá* en Hebreo y *Pentateuco* en Griego.

generación. Dios renovaba la alianza continuamente, y los hombres la quebrantaban continuamente. El Salmo 14 lamenta este hecho con emotiva sensatez:

> El SEÑOR mira hacia abajo,
>> desde el cielo, a los hijos de los hombres:
> para ver si existe uno
>> sabio que busque a Dios.
> Todos por igual se han descarriado; se
>> han vuelto perversos;
> No hay uno solo que haga
>> el bien, ni uno (*Sal* 14,2-3)

El tono general de la Biblia, desde el tiempo de Salomón (hijo de David) hasta la era de Cristo, es un tono de desesperación y melancolía, sin embargo, hay siempre en él una luz de esperanza, ya que los profetas empiezan a hablar de un tiempo en el que Dios hallaría la forma de hacer una alianza permanente con la humanidad, una alianza inquebrantable. Entonces se restablecería la Creación (frecuentemente simbolizada por Israel) a su belleza original. Incluso se podría sobrepasar la belleza original, y Dios podría, una vez más, regocijarse en ella.

El profeta Oseas escribió: "Y sucederá aquél día, oráculo de YAHVÉ, que ella me llamará 'Marido mío,' y no me llamará más 'Baalá mío'" (*Os* 2,18)[5] Pero, ¿cómo podría ser esto? Si la humanidad jamás pudiese mantener un pacto con Dios, ¿cómo podríamos entonces encontrar descanso en un regocijante matrimonio con Él? La lectura del Antiguo Testamento nos lleva, página tras página, a través de promesas quebrantadas y alianzas echadas a perder. Es en el Nuevo Testamento, que se nos dice como esta continua tragedia es llevada a su final.

---

[5] El término "Baalá" hacía referencia a cualquier dios local adorado en Oriente. Se había hecho una estatua de Baalá, la cual tenía la boca abierta y dientes largos, encendiéndose una llama dentro de esta. Los niños eran arrojados vivos allí, como sacrificio (*Jer* 19,5).

Dios, finalmente, envió a su propio hijo para establecer una alianza matrimonial nueva y eterna. Fue la culminación de todas las alianzas pasadas. Si bien el lazo de unión de esta alianza fue entregado libremente, este es inquebrantable. Está sellado con la sangre de Cristo. Todo aquél unido a Cristo en amor, puede compartir esta alianza. Es internacional; es universal; es católica.[6] Se nos hace parte de esta alianza cuando se nos hace miembros nuevos de su cuerpo de sacrificio. Su cuerpo es la Iglesia, y Cristo soportó el esfuerzo por el cual esta recibió vida nueva.

Su esposa es la nueva creación, así como Sión fue la esposa de Dios y la parte especial de su creación, la cual se propuso preservar inmaculada.[7] Jesús se refiere a sí mismo como el novio (*Mc* 2,20). Juan Bautista consideraba que su papel era el de ser el padrino de boda del novio (*Jn* 3,29).

¿Qué significa exactamente todo esto? ¿Porqué es tan importante? Simplemente, porque la relación entre Cristo y su Iglesia se encuentra en el centro de todo lo Cristiano. La comunión de Dios con su creación es ahora posible, en un grado ampliamente más extenso que antes de su conversión a la carne. De la misma manera en que Dios puede convertirse en humano, la humanidad puede compartir en la mismísima naturaleza de Dios. La segunda carta de Pedro, empieza en este punto: "Nos han sido concedidas las preciosas y sublimes promesas, para que por ellas os hicierais partícipes de la naturaleza divina..." (*2Pe* 1,4).

Esta unión entre Dios y la carne es la culminación y el propósito

---

[5] El término "Baalá" hacía referencia a cualquier dios local adorado en Oriente. Se había hecho una estatua de Baalá, la cual tenía la boca abierta y dientes largos, encendiéndose una llama dentro de esta. Los niños eran arrojados vivos allí, como sacrificio (*Jer* 19,5).

[6] El término "católico" (o católica) proviene del griego *katholikos* y se traduce como "universal."

[7] Sión fue la fortaleza que conquistó el Rey David, lo que le permitió conquistar Jerusalén (*2Sam* 5,7.) Se convirtió luego en el lugar donde se ubicó el Templo. Más adelante, se convirtió en sinónimo del templo, de Jerusalén y de Israel como el pueblo de Dios.

de su creación. Al final habrá una perfecta comunión de amor. En Efesios 5,32, San Pablo compara el matrimonio humano y la relación que Cristo tiene con su Iglesia, y la llama "un gran misterio." (Nótese que este gran misterio no es un símbolo de matrimonio, sino todo lo contrario. El matrimonio de un hombre y una mujer es una imagen tenue de la realidad mayor). Por esta razón Jesús proclamó que el divorcio no era lo que Dios tenía en mente, desde el principio: "Lo que Dios ha unido, no puede ser separado por el hombre" (*Mt* 19,6). El matrimonio es un símbolo de la inquebrantable comunión de amor entre Dios, y su creación en Jesucristo.

Cuando Adán declara: "Esta vez si que es hueso de mis huesos y carne de mi carne", vemos en estas palabras un arquetipo de la naturaleza de la unión de Cristo con su Iglesia (*Gen* 2,23). La sangre y el agua (símbolos del nacimiento) que fluyeron de uno de los costados de Cristo, mientras moría la cruz, tenían como propósito recordar el relato del Génesis sobre la esposa de Adán, cuando Dios la creó de una costilla que había sido tomada del costado de Adán, mientras este dormía (*Gen* 2,22; *Jn* 19,34). La Iglesia surgió del costado del nuevo Adán, Jesucristo. Debemos relacionarla a su cuerpo, según lo dicho por San Pablo en numerosas ocasiones (*Ef* 1,23; *Col* 1,18). Un día ella será revelada en toda su gloria: "como una novia ataviada para su esposo" (*Ap* 21,2). Y iluminará con "la gloria de Dios" (*Ap* 21,11). Dios mismo será su luz (*Ap* 21,23). Por lo pronto, el esplendor total de la Iglesia en la tierra puede ser visto únicamente a través de los ojos de la fe.

Esto se da porque la Iglesia de alguna manera, está terminada y lista, y de alguna manera, está inconclusa a la vez. Como ejemplo de por qué está inconclusa, veamos lo que San Pablo dice: "La creación tiene la esperanza de ser liberada de la esclavitud de la corrupción para participar en la gloriosa libertad de los hijos de Dios. Sabemos que la creación entera gime hasta el presente y sufre dolores de parto" (*Rom* 8,21-22). En otras palabras, la Iglesia sobre la tierra aún debe pasar por algunas pruebas y por un proceso de purificación.

Aún no ha alcanzado el número total de miembros, ni la total perfección de cada uno de ellos. Tampoco ha logrado comprender a plenitud todas las enseñanzas que Cristo impartió a los apóstoles.

Por otro lado, decimos que la Iglesia está terminada, porque la muerte de Cristo ha sellado la alianza entre Dios y su pueblo. La Carta a los Hebreos explica la diferencia entre esta alianza y la antigua alianza con Moisés. La alianza mediada por Moisés dejó a la gente aún temiendo por sus vidas ante Dios. La gente temía ir a cualquier lugar cercano al Monte Santo, porque temía morir (*Deut* 5,23-26). En cambio, la nueva alianza (según lo describe Pablo y según se celebra en Misa) esta sellada y acerca a todos a Dios:

> Os habéis acercado al Monte Sión y la ciudad del Dios vivo, la Jerusalén celestial, y a miríadas de ángeles en reunión solemne, y a la asamblea de los primogénitos... y a los espíritus de los justos llegados ya a su perfección, y a Jesús, mediador de una nueva alianza... (*Heb* 12,22-24).

También notamos que la identidad de esposa de Cristo que la Iglesia tiene, ya está sellada, en uno de los versos finales del libro del Apocalipsis: "El Espíritu y la Novia dicen, 'Ven'" (*Ap* 22,17). Cristo y la Iglesia viven juntos en una perfecta unidad y nos invitan a "venir" y unirnos a ellos, a través de la celebración de la Misa.

San Pablo nos señala claramente que la Iglesia es la esposa de Cristo y que Él muere por su bien: "para que sea santa e inmaculada" (*Ef* 5,27). La Iglesia de Cristo es "un cielo nuevo y una nueva tierra" prometida por Dios (*Is* 65,17; *2Cor* 5,17; *Ap* 21,1). La Iglesia es la nueva creación, y su matrimonio con Dios muestra que el mal no pudo echar a perder su plan para siempre. Mas bien, ella ha emergido de sus pruebas más hermosa que nunca, como el oro probado al fuego.

Por lo pronto, y hasta que todos sus miembros hayan sido unificados y llevados a la perfección, la Iglesia se mantiene como una esposa fiel, esperando el visible retorno de Cristo. Ella lo anhela vivamente y lo ama con el amor divino que el Espíritu Santo le da. ¿Pero por qué Cristo no se mantuvo visiblemente presente para nosotros, aquí en la tierra?

El propósito de Dios, con esta nueva alianza, no era forzar la obediencia de su gente, sino más bien alcanzar una unificación total con ellos, igual a la unificación total con su hijo. Cuando Jesús les dijo a los discípulos: "Os conviene que yo me vaya," quería darles a entender que el mundo había visto suficiente de su poder, como para saber que Él era Dios, y que al mundo le había llegado la hora de conocerlo íntimamente, o de todo corazón (Juan 17,6). Él cambió su presencia corporal por la de la Eucaristía, para que el deseo de la gente de seguirlo, esté motivado por el amor en vez del temor y el miedo. Si hubiera continuado apareciendo como el Cristo Resucitado, cada vez que la Iglesia deseaba conversar con Él, el mundo entero se hubiera convertido, en poco de tiempo. Si Él gobernara clara, explícita y forzosamente como Dios, entonces toda la humanidad le hubiera brindado a Cristo su absoluta obediencia inmediatamente. Pero esa obediencia hubiese sido vacía, y la unidad entre los unos y los otros no hubiese sido sentida con el corazón.

De esta manera, Cristo y la Iglesia están unidos en carne y en espíritu, por lo que podemos decir con confianza, que la Iglesia es el cuerpo de Cristo y el cuerpo de Cristo es la Iglesia. Al final de los tiempos, cuando todos los miembros individuales hayan sido perfeccionados, estarán en capacidad de decir algo aún más grande sobre la Iglesia: "Cristo es todo y en todos" (*Col* 3,11). Esta frase de San Pablo expresa a la perfección como la unidad del Padre, el Hijo y el Espíritu Santo se verá perfectamente reflejada en la creación, al final de los tiempos.

Anticipando este final, la Iglesia actúa como nuestra madre. Imita a María, al dar a luz a Cristo, para el mundo. Ella es nuestra madre porque nos mantiene en comunión con la nueva vida que hay en Cristo. Ver a la Iglesia como nuestra madre es, quien sabe, la mejor manera de entender el significado de la palabra "Iglesia." San Pablo se refiere a ella de esta manera, cuando expresa: "La

Jerusalén de arriba es libre, esa es nuestra madre" (*Gal* 4,26).

Así como es deber de una madre enseñar, e inculcar en sus hijos una vida de pureza y santidad, así la Iglesia lleva a cabo su trabajo cuando estimula a los creyentes a buscar y a responder al amor de Dios en formas concretas y específicas. No solo les brinda un lugar especial donde, como hijos, pueden contemplar a Dios a través del arte y de la arquitectura, o del perfume de las velas y del incienso, además la Iglesia ayuda a su gente a incrementar su reverencia y su amor por Dios, con la celebración de la Misa y otros sacramentos. Ella congrega a la humanidad en una sola familia de Dios. Además, como entidad física y espiritual (y por ende viviente), transmite la verdad y gracia de Dios al mundo entero.

La Iglesia puede también ser vista como una asamblea de personas en comunión recíproca. Algunas de las personas que participan de esta comunión son visibles a nuestros ojos, y otras no. El Padre, el Hijo y el Espíritu Santo, María, todos los ángeles, y los santos del cielo, no son actualmente visibles a nuestros ojos. Sin embargo creemos que ellos se encuentran íntimamente conectados a nosotros. La Iglesia Católica llama a esta parte suya, que se encuentra en el cielo, la *comunión de los santos*. En la epístola a los Hebreos, se los describe como "una gran nube de testigos" que nos circunda (*Heb* 12,1). Si bien esta parte de la Iglesia que se encuentra en el cielo debe permanecer invisible hasta el final de los tiempos, lo que Cristo deseaba era que su Iglesia sobre la tierra sea claramente visible y fácilmente reconocible para cualquiera que buscase la verdad sobre Dios.

¿Cómo podría la presencia real de Dios ser reconocible para el mundo exterior? ¿Cómo podría la comunidad cristiana misma asegurarse de su presencia? Las personas pueden tener experiencias espirituales a través de la oración, en reuniones y hablando en distintas lenguas, entre otras cosas. Toda persona puede afirmar sentirse animada por la presencia del Espíritu Santo y buscar seguidores en el nombre de Cristo. ¿Pero cómo puede uno diferenciar con exactitud, a alguien que está realmente animado por el Espíritu Santo, de algún pretendiente que tan sólo *afirma* encontrarse animado por el Espíritu Santo?

Afortunadamente, Cristo nos dejó dos formas de discernir la presencia de Dios en la Iglesia real. Estas se relacionan entre sí. Una es por los frutos, y la otra, por el amor unificado. Jesús dijo: "Por sus frutos los conoceréis" (*Mt* 7,16). Lo que Jesús dio a entender era que la gente que realmente fuera de Dios, daría evidencia de ello, a través de sus actos. Cuando estas personas hacen el bien al prójimo, muestran la presencia de Dios en sus corazones, y sus actos bondadosos son evidencia de su confiabilidad. Incluso aquellos que se encuentran fuera de la Iglesia visible en la tierra trabajan en comunión con la Iglesia celestial, cuando expresan su amor por el prójimo, aunque para los cristianos, los actos bondadosos inspirados por la gracia de Dios sean solo una manera de probar la verdad y demostrar la presencia de Dios.

La Iglesia también demuestra la presencia real de Dios en la unidad de la fe y el amor que se comparte entre sus miembros. Tomemos en cuenta los siguientes pasajes:

> No ruego sólo por estos, sino también por aquellos que, por medio de su palabra, creerán en mí, para que todos sean uno. Como tú, Padre, en mí y yo en ti, que ellos sean también uno en nosotros, para que el mundo crea que tú me has enviado (*Jn* 17,20-21).

> Salieron de entre nosotros; pero no eran de los nuestros. Si hubiesen sido de los nuestros, habrían permanecido con nosotros. Pero sucedió así para poner de manifiesto que no todos son de los nuestros (*1Jn* 2,19)

> Nosotros sabemos que hemos pasado de la muerte a la vida, porque amamos a los hermanos. Quien no ama permanece en la muerte... En esto hemos conocido lo que es amor, en que él dio su vida por nosotros... Y este es su mandamiento: que creamos en el nombre de su Hijo, Jesucristo, y que nos amemos unos a otros tal como nos lo mandó (*1Jn* 3,14.16.23).

En estos pasajes, vemos que la Iglesia cristiana estará tan unificada en el amor, que reflejará la unidad que existe en la Trinidad. Es por esta visible unidad entre sus distintos miembros que llamamos Iglesia "católica" a la Iglesia verdadera.[8] Los miembros de la Iglesia se amarán los unos a los otros con tal claridad, que el mundo exterior creerá en el mensaje de salvación que acarreamos. ¿Cómo expresa uno amor, de manera tan poderosa?

La respuesta es una palabra que prácticamente se ha convertido en un tabú en las discusiones modernas sobre religión. Esa palabra es *organización*, y hace a algunas personas sobresaltarse. ¿Con cuánta frecuencia, el lector, ha oído alguna de las siguientes expresiones?

"Creo en la espiritualidad, pero la religión organizada no va conmigo."

"Creo en una relación personal con Cristo, no en una religión."

"La religión es simplemente una tradición de los hombres."

El mensaje positivo que hay en estas afirmaciones es que a las personas no les agradan los rituales vacíos. No les agradan las autoridades que se llevan su dinero, les dan órdenes y luego los ignoran, como a un accesorio sin importancia. En este sentido, su objeción contra lo que ellos llaman "religión organizada" puede ser válida. Pero en su apuro por deshacerse de rituales vacíos y restricciones: "arrojan al bebé, al arrojar el agua usada para bañarlo."

---

[8] Como se ha mencionado anteriormente (no. 6), la palabra griega para el término "universal" es *katholikos*. Esta fue utilizada por primera vez por Ignacio de Antioquia, alrededor del año 107 D.C., para describir a la única Iglesia verdadera presente en todas partes; la Iglesia *katholikos* incluye a todas las nacionalidades y desciende directamente de Cristo, a través de los apóstoles. Pueden haber muchas iglesias "locales," pero todas forman parte de la *única* Iglesia. La palabra "universo" en sí, enfatiza la *condición de único* de todo lo creado, porque todo esta incluido en él. Ya que la Iglesia es la Nueva Creación, esta es, en este sentido, el Nuevo Universo.

Imaginemos cualquier empresa emprendida por Dios o por los seres humanos que no se encuentre organizada. Tomemos el cuerpo humano como ejemplo: la mera palabra "organizado" simplemente implica que cada órgano se encuentre en su lugar apropiado y llevando a cabo su función adecuada. ¿Acaso la libertad resultante de la organización, no implica que un órgano en particular piense que puede mantenerse por sí mismo? ¿No es esta una idea que Pablo explícitamente condena?

> Así también el cuerpo no se compone de un solo miembro, sino de muchos... Si dijera la oreja: " Puesto que no soy ojo, yo no soy del cuerpo" no por eso dejaría de ser parte del cuerpo. Si todo el cuerpo fuera ojo ¿dónde quedaría el oído? ... Ahora bien, Dios puso cada uno de los miembros en el cuerpo según su voluntad...Y no puede el ojo decir a la mano "¡No te necesito!" (*1Cor* 12,14-21).

Ahora bien, todos podríamos ponernos del lado de aquellos descontentos con alguna empresa o Iglesia en particular. Probablemente estuvieron sujetos a la autoridad de algún tirano en dicha organización. Sin embargo, la gente debe aprender a comprender que el problema no es causado por la idea de la organización en sí. Cualquier persona madura reconoce esto en todas las otras áreas de la vida. Los ejemplos son tantos, que cualquiera puede pensar en varios, sin esfuerzo.

Un salón de clases organizado muestra el interés que el profesor tiene por los estudiantes. Uno desorganizado demuestra que el profesor no se preocupa por sus alumnos. Cuando una madre prepara una comida para su familia, la organización muestra su amor al detalle. Ella desea que todo esté perfecto. Un buen entrenador tiene un equipo organizado. Un propietario dedicado a su negocio, lo organiza. Incluso el medio ambiente natural muestra un sistema altamente organizado con cada forma de vida jugando un papel en la ecología global. Es precisamente ese balance interconectado y delicado de la naturaleza que nos absorbe a toda su belleza.

Es, por ende, simplemente sorprendente, como a pesar de tener delante toda esta evidencia sobre el valor de la organización, probablemente la mayoría de la gente opine actualmente que la organización en la religión, de alguna manera, disminuye su profunda espiritualidad. Esta idea es completamente falsa y va totalmente en contra de la experiencia básica de vida y del cristianismo.

La verdad es esta: *La organización es simplemente la forma que el amor unificado toma.* Amar en forma individual es más fácil que amar en comunión con otros. Pero amar en comunidad es más profundo y más enriquecedor. Es la forma en la que la Trinidad nos ama. Por eso la Iglesia Católica considera que su jerarquía es la unión de amor, en Dios, hecha visible para los creyentes. La jerarquía de la Iglesia representa el amor unificado de la gente, ofrecido en respuesta al amor Dios.

Toda forma de amor unificado en la Iglesia se hace posible porque se tiene una persona visible que la dirige. No hay nada inusual en esto, lo experimentamos en nuestras vidas diarias. Si una nación decidiera honrar a nuestra nación, probablemente mandaría un regalo a nuestro presidente. Él lo aceptaría en nombre de todos los ciudadanos. Del mismo modo, si los ciudadanos de este país, en conjunto, decidiesen ofrecer ayuda de emergencia a las víctimas de un desastre natural en otro país, enviarían sus donaciones, ya sea por medio del presidente, o a través de un embajador especial que represente a la nación entera.

En la Iglesia, el Papa, como sucesor de San Pedro, cumple esta función. Él es el representante visible de la Iglesia en su totalidad, y la Iglesia ama con una unidad *visible, que da testimonio,* cuando ama a través de los actos del Papa y de aquellos obispos que se encuentran en unión con él.

Cada obispo cumple un propósito similar en su respectiva diócesis. Como estos están unidos al Papa, la gente puede estar segura de que su obispo en particular no se ha descarriado hacia una religión distinta creada por él mismo. Los obispos son sucesores de los apóstoles, por lo que su gente puede estar segura de que estos están transmitiendo el verdadero evangelio tanto en la Escritura, como en la Tradición. Los obispos inspiran un temor reverente al Padre, en el sentido de que gran parte del tiempo se encuentran distantes de la congregación, (esto es porque generalmente una diócesis es una unidad muy grande) y su presencia es experimentada como algo especial. Los obispos también representan el amor del Padre en las congregaciones parroquiales, de manera especial, porque el obispo imita al Padre, al enviar al cura de la parroquia a hablar en su nombre.

Los curas hacen posible que exista el amor en forma de unión parroquial. Ellos representan el amor de Jesús por la gente, y el amor de la gente por Jesús, a través de la Eucaristía. El cura no es su propio testigo, no es su propia autoridad; más bien imita al Hijo al ser enviado por el obispo. Representa la autoridad de este, de la misma manera en que Cristo representa la autoridad del Padre. Bajo la autoridad de los obispos, es generalmente a través de los curas de las parroquias, que se ofrece a Dios un sacrificio aceptable universalmente.

Los diáconos representan al Espíritu Santo entre nosotros. Esto es porque son los más cercanos a la gente y desempeñan el papel de directores de un amor más interior. Ellos hacen que los feligreses tomen conciencia de como sus actos personales de amor pueden ser vinculados a la Eucaristía y ser inspirados por la Eucaristía; Ellos representan la intimidad del Espíritu Santo en la gente. A través de los diáconos, cada detalle de la parroquia puede ser consagrado y considerado un acto de adoración.

A través de Cristo y de la acción del Espíritu Santo, esta forma de jerarquía (obispo, cura y diácono) se ha convertido en una marca de la Iglesia verdadera. Esto es porque ellos representan la presencia de la Trinidad en la Iglesia. Una Iglesia que carece de ellos es como una estructura vacía, que no tiene nada en su interior.

¿Estableció Jesús claramente este tipo de jerarquía? ¿Es esta evidente en las Escrituras? Vamos a mostrar pruebas bíblicas, sobre la jerarquía en general, y la del Papado en particular. Jesús sabía que la unión de sus seguidores no podía manifestarse sin una Iglesia organizada, sin embargo, la jerarquía establecida por Él no era un propósito en sí. Era más bien, una herramienta para expresar su amor unificador a los miembros de su Iglesia. Él encargó a sus apóstoles llevar a cabo esta misión específica. Estos fueron enviados por Cristo con autoridad para enseñar, guiar, y asistir a la humanidad. Los primeros conversos creyeron en los apóstoles por sus actos bondadosos y por la unidad que existía entre ellos.

"Apóstol" significa "el que es enviado." Los obispos son la conexión histórica con la Iglesia original y los apóstoles originales. Es a través de los obispos que tenemos sucesión apostólica, de esta forma sabemos que la Iglesia en la que estamos es la Iglesia históricamente original.

Gracias a los obispos apostólicos, la Iglesia sabe que Cristo la estableció para que esta sea la única Iglesia verdadera, en la que Él prometió morar hasta el final de los tiempos. Esta tiene una memoria consciente de las enseñanzas que Cristo le impartió (el depósito de la fe) y de todas las creencias y prácticas comunes que se han ido pasando generación tras generación (la Tradición viva).

El hecho de que Cristo decidiese fundar la Iglesia con los apóstoles, nos habla del deseo de que sus enseñanzas sean preservadas por una jerarquía organizada. Si Cristo no hubiera tenido interés en establecer la Iglesia, entonces podría fácilmente haber escrito un libro exhaustivo sobre sí mismo y sobre todas las enseñanzas que el mundo necesita saber para ser salvado. Si Cristo hubiese deseado que toda su autoridad sea colocada en un libro solo, entonces no habría tenido la necesidad de entrenar a Pedro para ejercer el liderazgo de los apóstoles. Fue significativo entonces, que Jesús decidiese no escribir palabra alguna. En vez de ello, Él expresamente (y públicamente) depositó su autoridad en un sucesor que tomaría su lugar y hablaría en su nombre.

Por dos mil años, la Iglesia ha continuado ungiendo a los

sucesores de los Apóstoles. Esta es la razón por la cual todos los obispos católicos del mundo pueden seguirle la pista a la sucesión de su autoridad, retrocediendo en el tiempo, hasta llegar a uno de los apóstoles. Esta práctica asegura que las narraciones históricas que se encuentran en el corazón de nuestra fe y de nuestra Iglesia, de los testigos que las presenciaron, sigan manteniéndose intactas.

La evidencia de la autoridad de Pedro es tan pronunciada y definitiva que todos los argumentos contrarios pueden ser refutados con facilidad. Por ejemplo, algunos han tratado de restar importancia al drástico gesto de Cristo de darle un nuevo nombre a Pedro (*Mt* 16,18). Cuando Pedro reconoce que Cristo es el Hijo de Dios, Jesús le dice: "Bienaventurado eres Simón, hijo de Jonás...Y yo a mi vez te digo que tú eres Pedro (*Petros*), y sobre esta piedra (*Petra*) edificaré mi Iglesia, y las puertas del Hades no prevalecerán contra ella." (*Mt* 16,18). Se sostiene que ya que la palabra "Pedro" (Petros), es distinta a la palabra utilizada para "esta piedra" (Petra), Cristo no podría haber dicho: "Tú eres Pedro y sobre ti, Pedro edificaré mi Iglesia."

Pero esto es exactamente lo que Jesús dijo: En lengua aramea, Jesús utilizó solo una palabra para "Pedro" y "esta piedra", y esa palabra fue *Kephas*. La confusión moderna sobre si Pedro es o no es "esta piedra" radica en el hecho de que la Biblia fue escrita en Griego, y que el término Griego para "piedra grande" (Petra) era un sustantivo femenino y no podía ser utilizado para referirse a Pedro. Los escritores del Nuevo Testamento usaron la palabra "*Petros*" como la aproximación más cercana, aunque esta palabra signifique "piedra pequeña."

Jesús le cambió el nombre a Simón, por el de Pedro, con un propósito: dejar en claro, para todos, que Pedro ejercería como la piedra sobre la que se fundaría la Iglesia. Incluso actualmente, que miles de sectas cristianas afirman que su iglesia se basa en Cristo, solo la religión Católica sigue aún la tradición establecida por Cristo mismo, cuando declaró que Pedro sería la piedra visible y el cimiento para su Iglesia. Se entiende, obviamente, que Cristo es la cabeza esencial invisible de la Iglesia. Cristo, en ese sentido, es la Roca esencial de Salvación (cf. *Sal* 62,3), y Pedro ejerce su cargo en tal manera que depende de Cristo, y está sujeto a Él.

La intención de Cristo, en cuanto a que su autoridad sea traspasada, se hace más evidente cuando le cita a Pedro un pasaje del Antiguo Testamento, en el que a un escriba se le estaba dando un cargo que duraría generación tras generación (*Is* 22,22):

> A ti te daré las llaves del Reino de los Cielos; y lo que ates en la tierra quedará atado en los cielos, y lo que desates en la tierra quedará desatado en los Cielos (*Mt* 16,19).

Cualquier judío creyente que escuchase a Jesús en ese momento, hubiese sabido que el Señor estaba citando la promesa de Isaías a Eliaquín, en la que declara que él y sus descendientes servirían como primeros ministros del Rey de Judea, generación tras generación:

> Aquel día llamaré a mi siervo
> Elyaquim, hijo de Jilquías...
> Él será un padre para los habitantes de Jerusalén,
> y para la casa de Judá.
> Pondré la llave de la casa de David sobre su hombro;
> abrirá, y nadie cerrará,
> cerrará, y nadie abrirá.
> Le hincaré como clavija en lugar seguro,
> y será trono de gloria para la casa de su padre;
> colgarán allí todo lo de valor de la casa de su padre,
> sus descendientes y su posteridad,
> todo el ajuar menudo, todas las tazas y cántaros (*Is* 22,20-24).

El trabajo del primer ministro era ser el portavoz del rey, de tal manera que este cargo era el segundo en importancia. Únicamente el rey se encontraba por encima de este. Por eso, cuando los judíos oyeron a Cristo prometer las llaves del Reino a Pedro, comprendieron que Cristo deseaba que Pedro ejerza como su Primer Ministro, y que este cargo no tendría fin. No sorprende que las Escrituras de los primeros Padres de la Iglesia confirmen esto. San Clemente (Obispo de Roma en el primer siglo) escribió que era una práctica común de los primeros líderes de la Iglesia, designar a sus propios sucesores, en caso que fuesen capturados y llevados al martirio.[9]

Muchos otros pasajes deberían convencer a cualquiera de que Pedro era el líder de los apóstoles. Para empezar, cada vez que los apóstoles son listados, Pedro es nombrado primero, como cabeza de estos (*Mt* 10,2, *Mc* 3,16, *Lc* 6,14, Hechos 1,13). Además, la supremacía de Pedro no se limitaba a su cargo. También fue expresada, con detalles simples, en los evangelios. Por ejemplo, Pedro y su hermano Andrés fueron los primeros apóstoles elegidos por Cristo (*Mt* 4,18). Después, Pedro (junto a Santiago y Juan) fue elegido para presenciar la Transfiguración de Nuestro Señor en el Monte de los Olivos. En otra situación del evangelio, Pedro pide caminar sobre las aguas (una señal de que su fe era mayor que la de los otros) (*Mt* 14,28-31, 17,4).

Existen aún más ejemplos, que aparecen en las Escrituras, enfatizando la supremacía de Pedro. Después de que Cristo resucita de entre los muertos, Pedro fue el primero en ingresar al santo sepulcro (*Lc* 24,12). Mas adelante, esa misma semana, cuando Jesús se les aparece a orillas del Mar de Tiberíades y les pide que lancen su red una vez más, es Pedro quien nada a la orilla antes que ningún otro, para encontrarse con Él (*Jn* 21,7-9).

Cuando Jesús pide ver los peces, Pedro, solo, nada y extrae la red que reventaba con 153 peces grandes (*Jn* 21,11). El hecho de que Pedro pudiese extraerlos solo, es una señal de que podría haber recibido fuerza sobrenatural para traer a todas las naciones a las orillas del cielo. Más adelante, cuando el Espíritu Santo desciende sobre ellos en Pentecostés, es Pedro quien da el primer sermón con el que convierte los primeros tres mil a

---

[9] Jurgens, v. 1, 21.

la fe (*Hch* 2,41).

Otro suceso anterior, descrito en los evangelios, también demuestra que Pedro era reconocido como líder de los apóstoles. Cuando los impuestos debían ser pagados, hasta las autoridades externas sabían que Pedro era la persona a la que había que aproximarse (*Mt* 17,24). Cristo luego le asignó a Pedro el trabajo de "pescar los peces" que tuviesen los recursos necesarios para pagar los impuestos, evidencia fuerte de que Pedro era visto como el proveedor de los demás (*Mt* 17,27).

El que las autoridades externas debieran aproximarse a Pedro es un aspecto importante. Supongamos que una persona no religiosa estuviese mirando las religiones del mundo, una por una, tratando de decidir cual (si es que hay alguna) enseña la verdad. ¿a quién la pedirían la versión "oficial" cristiana? ¿Sería suficiente darle apenas una copia de la Biblia a esta persona? La Biblia dice que no. Tomemos en cuenta la interacción entre el apóstol Felipe y el etíope eunuco:

> Había un etíope eunuco, un alto funcionario... leyendo al profeta Isaías... Felipe corrió... y dijo: "¿Entiendes lo que vas leyendo?" Él respondió: "¿Cómo lo puedo entender si nadie me hace de guía?" (*Hch* 8,27-31).

Este pasaje debería dejar claro que el propósito de la Biblia no era el de reemplazar la voz de los pastores asignados por Dios. Más bien, las Escrituras nos fueron alcanzadas para ayudar a la Iglesia a proclamar la Buena Nueva. Dejando de lado el tema de ser testigos de la fe para los que no pertenecen a la institución, aún queda el tema de la disensión dentro de la Iglesia en sí. Si un obispo, o grupo de obispos, empezasen a promover una nueva doctrina controversial, ¿cómo podríamos saber que facción (si es que hay alguna) representa la única fe verdadera? ¿Dejaría Dios a su Iglesia vulnerable en ese sentido, frente a cualquier hereje que apareciese? Todos estos aspectos sustentan el hecho de tener una cabeza visible y una invisible.

Cuando los críticos ocasionales de la Iglesia llegan a admitir que: "efectivamente, Pedro era el líder de los apóstoles," no aceptan sin embargo, que la autoridad única de Pedro estuviera destinada a ser pasada a otro, o mas bien a una sucesión de personas. No podemos saber si Cristo le dijo a Pedro "Pásale tu autoridad a un sucesor apropiado." Pero si podemos estar seguros de que deseaba que esta sucesión se diese. Cristo no solo demostró esto al darle a Pedro "las llaves del reino" para que todos los judíos pudiesen utilizar con él la misma regla de sucesión que una vez utilizaron con Elyaquim (según se menciona anteriormente, en este capítulo), además, el Señor reafirmó este punto en otras ocasiones también. Por ejemplo, Jesús demuestra que Pedro es la cabeza de los otros apóstoles en el siguiente pasaje de Lucas:

> Simón, Simón, mira que Satanás ha solicitado el poder cribaros como trigo, pero yo he rogado por ti, para que tu fe no desfallezca; y tú, cuando hayas vuelto, confirma a tus hermanos (*Lc* 22,31-32).

Pedro confirma este cargo especial cuando abre un discurso para otros líderes de la Iglesia, de la siguiente manera: "Hermanos, vosotros sabéis que ya desde los primeros días me eligió Dios entre vosotros para que por mi boca oyesen los gentiles la palabra de la Buena Nueva y creyeran." (*Hch* 15,7).

Sin un "presidente de la organización", no habría otra cosa más que el caos de las voces compitiendo por ser oídas. Por eso Cristo pasó tres años enseñándole a los discípulos y preparándoles para recibir la autoridad divina que necesitarían para construir la Iglesia. Así como Dios le otorgó gran autoridad a Moisés y los sacerdotes de Aarón, Jesús le otorgó su autoridad a Pedro y a los otros apóstoles, que servirían como obispos y sacerdotes de la nueva Iglesia. Como el sacerdocio de la Nueva Alianza estaba basado en el sacrificio de Cristo, este perfeccionó y consumó el sacerdocio de Aarón y de los levitas (*Heb* 7-8ss)..

La autoridad otorgada a los sacerdotes de la Nueva Alianza sería aun mayor y más poderosa, porque estos tomarían el lugar del mismísimo Cristo. Esta es la razón por la que siempre vemos a Jesús construyendo la autoridad de sus discípulos, y en especial la autoridad de Pedro, quien tomaría el lugar de Cristo hasta un grado incluso más perfecto, para asegurar la perfecta unidad de la Iglesia.

El antiguo sacerdocio levítico fue cubierto y reemplazado por el sacerdocio de Cristo. La Antigua Ley fue cubierta y reemplazada por la Nueva Ley de amor. Sin embargo este amor no sería un amor al azar y desordenado. Este habría de unir a los creyentes de manera racional. La jerarquía de la Iglesia le permite a ésta enseñar a sus miembros lo que el verdadero amor es. Es porque el Espíritu Santo enseña a través del Papa (y de los obispos unidos a él) a una voz, que los creyentes tienen la garantía de que la enseñanza que reciben sobre la fe y la moral, es la correcta. Digamos simplemente, que necesitamos la autoridad de la Iglesia para evitar defraudarnos a nosotros mismos. Si bien Cristo nos dejó un solo mandamiento simple ("Amaos los unos a los otros"), la aplicación de este principio dista a veces de ser simple.

Tomemos como ejemplo, a una joven embarazada que está tratando de decidir si aborta o no. Una amiga le podría decir: "No deberías tener un hijo que no puedas mantener adecuadamente, por lo que demostrarías más amor si terminas con este embarazo ahora en vez de traer a ese bebé a una vida de pobreza." Alguien más le podría decir "El amor significa sacrificio; no tienes derecho a matar a esa criatura y debes cuidar de ella lo mejor que puedas."

Superficialmente, ambas afirmaciones pueden parecerle razonables. ¿Por cuál se decidirá? Amar dentro del contexto de una comunidad ayuda, ya que nos da una visión común de lo que el Amor es.

> Mucho tengo todavía que deciros, pero ahora no podéis con ello. Cuando venga Él, el Espíritu de la verdad, os guiará hasta la verdad completa. El no hablará por su cuenta, sino que hablará lo que oiga, y os explicará lo que ha de venir (*Jn* 16,12-13).

Para muchos cristianos, el tema del aborto es fácil de responder. ¿Pero que hay con respecto a la anticoncepción? Hasta la década de 1930, los cristianos (todos los católicos y todos los protestantes) estuvieron de acuerdo en que iba contra las Escrituras y era pecaminoso. Ya no es así. Muchas sectas aceptan la anticoncepción como parte de una vida amorosa de familia, mientras que la Iglesia católica se adhiere a la enseñanza original (es decir, que es un acto pecaminoso). ¿Quién está bien? ¿Cómo podemos saber?

Podemos ver en la Biblia que los cristianos siempre han tenido preguntas sobre estos temas. Las Escrituras también muestran que los cristianos siempre han tenido una autoridad visible a quien acudir. En el primer consejo en Jerusalén, por ejemplo, la Iglesia de la etapa inicial se vio envuelta en un debate, cuyo tema de discusión, era definir si los Gentiles convertidos debían seguir la Ley de Moisés (y por ende ser circuncisos) para ser salvados, o no (*Hch* 15,1-12). El Antiguo Testamento dejaba claro que la circuncisión era necesaria, pero Cristo en sí, no se había pronunciado al respecto. Este tema había empezado a crear divisiones dentro de la Iglesia, así que decidieron tratar el problema en el consejo de Jerusalén.

Después de que todos habían hablado por un buen tiempo, fue Pedro quien finalmente resolvió la disputa y manifestó definitivamente que la Ley Antigua no sería impuesta a los Paganos (*Hch* 15,10-11). Se nos dice que después de que Pedro habló, todos en el consejo permanecieron en silencio (*Hch* 15,12). Las palabras de Pedro fueron las palabras finales, y ellos las aceptaron. Así como lo hace hoy en día, el espíritu santo habló a través de Pedro para manifestar las enseñanzas verdaderas y correctas que eran fieles a Cristo. La unificación de la Iglesia fue el resultado.

Muchos preguntan: "¿Si la Iglesia unificada (la que se identifica por el Papa y los obispos en unión con él) es tan buena, porqué han pecado tantos sus líderes?" Aquí hemos de hacer una importante distinción. La Iglesia como cuerpo de Cristo no es capaz de pecar más de lo que Cristo era capaz. Ella es sagrada. Pero sus miembros en la tierra, como el apóstol Judas, son capaces de traicionar y pecar. Jesús comparaba a la Iglesia con un árbol o con una vid. Todo árbol tiene ramas que necesitan ser limpiadas porque se secan o no pueden dar fruto. Jesús dijo que el Padre "corta todo sarmiento que en mí no da fruto, y todo el que da fruto, lo limpia, para que dé más fruto" (*Jn* 15,1-2).

Lo que podría mortificar un poco es la idea de que un Papa malvado pueda clamar infalibilidad. Pero aparte de que la infalibilidad de un Papa se aplica solamente a sus afirmaciones oficiales sobre la fe y la moral católica, se debe entender que la validez del sacerdocio no descansa en la santidad del que ocupa el cargo. El mismo Cristo sostiene el cargo cuando un sacerdote pecador no lo hace. La triple negación de Pedro a Cristo frente a la criada nos enseña bien esta lección (*Mt* 26,69-74). Cristo no responde al fallo de Pedro echándolo, sino más bien levantándolo nuevamente con el perdón y el ánimo. Él le da la oportunidad a Pedro de compensar cada negación, (preguntándole tres veces: "¿Tú me quieres?") y después, afirma que la autoridad de Pedro sigue en pie confiriéndole el título de Pastor, ¡título que Jesús había reservado para Él mismo! (*Jn* 21,15-18). En resumen, al ser parcialmente humana, la Iglesia puede aún verse sujeta a los escándalos de sus líderes y de la laicidad, pero el que esta sea parcialmente divina asegura que sus doctrinas no estén nunca sujetas a errores o falsedad.

En cuanto al tema sobre como el Papa (incluso un mal Papa) puede hablar infaliblemente, solo debemos tener en mente las tres promesas de Cristo. Primero, prometió que estaría con la Iglesia hasta el fin del mundo (*Mt* 28,20). Él se identificaba tanto con la Iglesia, que cuando se le apareció a Saúl en el camino a Damasco, no le preguntó porque Pablo estaba persiguiendo a su Iglesia. En cambio le dijo: "Saúl, Saúl, ¿Porqué me estás persiguiendo?" (*Hch* 9,4) Más aún, cuando Jesús envía a los discípulos, dice: "Quién a vosotros os escucha, a mí me escucha; y quien a vosotros os rechaza, a mí me rechaza" (*Lc* 10,16). Fue Jesús el que tuvo la idea de enviar a los discípulos a hablar en su nombre, exactamente como lo hace el Papa ahora, cada vez que habla en unión con los obispos, sobre aspectos de la fe y la moral. Por ende, si Jesús habló infaliblemente, y le dio toda su autoridad a Pedro y a los discípulos, ¿Porqué no se le puede dar también a sus sucesores la autoridad para hablar infaliblemente cuando hablan en su nombre?

Una segunda razón por la que podemos creer que lo que la Iglesia predica es infalible, es que Cristo prometió que el Espíritu Santo nos guiaría hacia la verdad absoluta (*Jn* 16,13). Cristo le otorgó a sus discípulos un conjunto de conocimientos, pero estos conocimientos eran concisos y no siempre fáciles de entender. Cuando Cristo le dijo a los discípulos: "Mucho tengo todavía que deciros, pero ahora no podéis con ello", no se estaba refiriendo a una gran entidad con una doctrina nueva, sino más bien, a la entera y total comprensión (incluyendo todas las implicancias morales) de lo que Él ya había hablado y llevado a cabo (*Jn* 16,12). Por ello, ha sido trabajo del Espíritu Santo el guiar a la Iglesia en el proceso de desarrollo y declaración de las doctrinas de Cristo con mayor claridad y fuerza que nunca.

En tercer lugar, deberíamos creer en la infalibilidad de la Iglesia, porque cuando Cristo fundó su Iglesia, prometió que las puertas del infierno no prevalecerían sobre ella (*Mt* 16,18). No importa cuanto trate el diablo de atacar a la Iglesia (incluso a través de los curas y obispos), Jesús prometió que estos ataques no dañarían a la Iglesia más que lo que las bofetadas del viento y de la lluvia dañaron el arca de Noe. En cuanto a la pecaminosidad de personas y curas de la Iglesia, Cristo dijo que Él respondería al escándalo con paciencia. En su parábola de la cizaña en el trigo, explica porque a lo bueno y lo malo se les debe permitir quedarse en la Iglesia hasta el final de los tiempos: "No sea que al recoger la cizaña, arranquéis a la vez el trigo" (*Mt* 13,25-29). Será trabajo de Jesús y de sus ángeles separarlos al final de los tiempos.

La Iglesia está siendo construida por su Constructor, para que dure hasta el final de los tiempos y más. La presencia de su

Constructor, Jesucristo, se hace continua de manera invisible, por la acción del Espíritu Santo. Como todo ser viviente, la Iglesia ha sido dotada de un espíritu. Así como el espíritu de una persona anima su cuerpo, el Espíritu Santo anima a la Iglesia. Fue animada en un inicio como cuerpo unificado, en Pentecostés. San Lucas nos dice que los discípulos estaban todos reunidos en armonía, en un lugar, cuando esto ocurrió (*Hch* 2).

Cuando el Espíritu Santo se posó sobre los discípulos, ungiéndolos con el poder de convertirse en profesores, profetas y sacerdotes, la vida de Dios le estaba siendo insuflada a la Iglesia. Cuando los discípulos empezaron a hablar en lenguas, el Espíritu Santo milagrosamente interpretó las palabras al idioma nativo de cada persona (habían venido familias de toda la diáspora para Pentecostés). Este fue para todos un signo de que el Espíritu Santo había venido para traerle la unidad a los discípulos y a todo el que les escuchase. (*Hch* 2,6-12).

En la tradición hebrea, la fiesta de Pentecostés (que significa "cincuenta días") se daba cincuenta días después de la Pascua. Los hebreos no solo tomaban este tiempo para celebrar los "primeros frutos" de la cosecha, que le habían sido regalados por Dios, además celebraban la entrega de Dios de los Diez Mandamientos a Moisés, en el Monte Sinaí. Por eso era importante que el nacimiento de la Iglesia deba darse en esta fiesta. En el Antiguo Testamento Dios bajó de los cielos y escribió su ley sobre las piedras entregadas a Moisés. (*Ex* 31,18). En Pentecostés, la nueva ley de amor (el Espíritu Santo) fue escrita sobre los corazones de los miembros de la Iglesia.

Cuando escribió sobre el primer Pentecostés, San Lucas verdaderamente se propuso poner énfasis en la unión, como icono de la única Iglesia verdadera. Podemos estar seguros de esto, por los fuertes contrastes que hace en el relato sobre la Torre de Babel, en el Génesis:

> De repente vino del cielo un ruido como una impetuosa ráfaga de viento que llenó toda la casa donde se encontraban. Se les aparecieron unas lenguas como de fuego que se repartieron y se posaron

sobre cada uno de ellos; se llenaron todos de Espíritu Santo y se pusieron a hablar en diversas lenguas, según el Espíritu les concedía expresarse (*Hch* 2,2-4).

El mundo entero habló el mismo idioma... Cuando los hombres estaban migrando en el Este, ellos... se dijeron unos a otros: "Venid, dejadnos moldear ladrillos y endurecerlos con fuego." ...Luego dijeron: "Venid, permitid que nos construyamos una ciudad y una torre con su extremo superior en el cielo, y darnos así un nombre; si no estaremos dispersos por toda la tierra."

Entonces el Señor dijo: " Confundamos su lenguaje, de tal forma que ninguno pueda entender lo que el otro dice." De esta manera el Señor los dispersó por toda la tierra, y estos detuvieron la construcción de la ciudad. Por eso era llamada Babel, porque allí el Señor confundió el habla de todo el mundo (*Gen* 11,1-9).

En Babel, los hombres endurecían los ladrillos con fuego para construirse una torre. En Pentecostés, los apóstoles fueron endurecidos por el fuego del Espíritu Santo, y se construyó una nueva Iglesia en unión con ellos. (Para tener una idea del concepto de "piedras de construcción" adjudicado a los apóstoles, remitirse a *Ap* 21,14). En Babel, todos los seres humanos estaban unidos por el pecado. Dios los confundió con su orgullo y los dispersó. En Pentecostés, la Iglesia recibió la facultad de las "lenguas", para llegar a todos los hombres de todas las naciones y reunirlos. Esta vez, la unión estaría basada en el amor de Dios, en vez del orgullo.

Desde su nacimiento, en el primer Pentecostés, la Iglesia una, santa, católica (literalmente "universal") y apostólica ha sido enviada a santificar a la gente de todas las naciones. Toda persona de toda cultura está invitada a unirse, y la cultura de toda nación puede adaptarse al catolicismo. Esto no reduce la diversidad de los creyentes, mas bien permite que sus diferencias se tornen más profundas y significativas, mientras que los une una comunión de amor más profunda. Esta preciosa unidad de la Iglesia da testimonio de su Constructor. Su unidad silencia aquel "babel" planteado por sus críticos. Este punto debe ser enfatizado a cualquiera que no entienda la necesidad de una "religión organizada."

Los primeros Padres de la Iglesia
sobre el Papa

Papa San Clemente de Roma (Pontificado 92- 101 D. C.), *Carta a los Corintios* (v. 1, 20)

Los apóstoles recibieron el Evangelio para nosotros, del Señor Jesucristo... con sus instrucciones recibidas, llenos de confianza por el relato de la resurrección de nuestro Señor, y confirmados en la fe por la Palabra de Dios, salieron a predicar en la total seguridad que da el Espíritu Santo... y eligieron a los primeros conversos, poniéndoles a prueba el espíritu, para que sean los obispos y diáconos de los futuros creyentes.

(v. 1,21)

Los apóstoles supieron, a través de nuestro Señor, que habría pugna por los cargos de obispo. Por esta razón... habiendo recibido una perfecta presciencia, asignaron a aquellos ya mencionados, luego añadieron una estipulación adicional, para que en caso muriesen, otras personas aprobadas los sucediesen en el ministerio.

San Ignacio de Antioquia (110 d.C.), *Epístola a los Magnesianos* (v. 1,44)

Tened cuidado de hacer todas las cosas en armonía con Dios, con el obispo presidiendo en el lugar del Señor y con los presbíteros en el lugar del consejo de los Apóstoles, y con los diáconos, a los cuales aprecio mucho.

(v. 1,47)

Tened cuidado, por ello, de estar confirmados en los decretos del Señor y de los Apóstoles, para que en todo lo que hagáis prosperéis en cuerpo y alma, en la fe y en el amor, en el Hijo, en el Padre y en el Espíritu, en el principio y en el final, en unión con vuestro reverendo obispo; y con esa corona espiritual apropiadamente forjada, el presbiterio; y con los diáconos, hombres de Dios. Subordínense al obispo y entre vosotros mismos, como Jesús se subordinó al Padre, y los apóstoles a Cristo y al Padre, de tal forma que pueda haber unidad en cuerpo y espíritu.

(v. 1,65)

Debéis seguir al obispo como Jesucristo sigue al Padre, y al presbiterio como seguiríais a los apóstoles. Reverenciad a los diáconos así como lo haríais al mandamiento de Dios. Que nadie lleve a cabo algo de interés para la Iglesia sin el obispo. Considerad válida la Eucaristía celebrada por el obispo, o por alguien designado por él. Donde el obispo se haga presente, que esté la gente; así como donde está Jesucristo, está la Iglesia Católica.

San Ireneo, Obispo de Lyon (190 d.C.), *Contra los Herejes* (v. 1, 210)

...Resaltando en este caso las sucesiones de los obispos de la más grande y más antigua Iglesia conocida por todos, fundada y organizada en Roma, por los dos Apóstoles más gloriosos, Pedro y Pablo, esa Iglesia que tiene la Tradición y la fe que se posa sobre nosotros después de haber sido anunciada a los hombres, por los Apóstoles. Porque con esta Iglesia, por su origen superior, todas las Iglesias deben concordar, es decir, todos los creyentes del mundo entero; y es en ella que los creyentes del mundo entero han mantenido la Tradición Apostólica.

San Efrén (306 - 373 d.C.), *Cantares de Alabanza* (v. 1,706)

Simón, Mi seguidor, he hecho de ti, la base de la santa Iglesia. Te llamé Pedro desde el inicio, porque soportarás todas sus edificaciones. Tú eres el Inspector de aquellos que construirán una Iglesia para mí en la tierra. Si ellos deseasen construir algo que es falso, tú, la base, les condenarás. Tú eres la cabeza de la fuente de la que fluyen mis enseñanzas; tú eres el jefe de mis discípulos. A través de ti daré de beber a todos los pueblos. Tuya es esa dulzura que da vida, que yo administro. Te he elegido para ser, si así fuese, el primogénito de mi institución, y por ende, como el heredero, puedes ser el testamentario de mis tesoros. Te he dado las llaves de mi reino. He allí que te he dado la autoridad sobre todos mis tesoros.

San Jerónimo (347 - 419 d.C.), *Carta de San Jerónimo al Papa Dámaso* (v. 2, 1346)

No sigo a otro líder sino a Cristo, ni me uno en comunión con lo que no sea Vuestra Santidad, es decir, el sillón de Pedro. Sé que es la piedra sobre la cual la Iglesia ha sido construida.

Los primeros Padres de la Iglesia sobre el Trabajo de la Iglesia

Papa San Clemente de Roma (Pontificado 92- 101 d.C.), *Segunda Carta de Clemente de Roma a los Corintios* (v. 1,105)

La Iglesia viva es el Cuerpo de Cristo... y los apóstoles afirman que la Iglesia no le pertenece al presente, sino que ha existido desde el principio. Esta era espiritual, como lo fue nuestro Jesús; pero se hizo manifiesta en los últimos días, para que Él pudiese salvarnos. Y la Iglesia, siendo espiritual, se manifestó en la carne de Cristo.

Orígenes (185 - 253 d.C.), *Hom en Ezequiel.* (CCC 817

Donde hay pecados, también hay divisiones, cismas, herejías, y disputas. Pero donde hay virtud, también hay armonía y unidad, de las cuales provienen el corazón único y el alma única de todos los creyentes.

San Cipriano de Cartago (200 - 258 d.C.), *La Unidad de la Iglesia Católica* (v. 1,557)

La Esposa de Cristo no puede ser manchada. Ella es íntegra y casta. Ella conoce un solo hogar, y con casta modestia guarda la santidad de una alcoba. Es ella la que nos cuida para Dios, ella que sella para el Reino los hijos que concibió.

San Cirilo de Jerusalén (315 - 386 d.C.), Instrucción Catequética (*Liturgia de las Horas*, Miércoles, 17ª Semana del Tiempo Ordinario)

La Iglesia es llamada católica o universal porque se ha extendido por todo el mundo, de un extremo al otro de la tierra. También es llamada católica porque predica íntegramente e indefectiblemente todas las doctrinas que deben hacerse de conocimiento de los hombres, sean estas concernientes a cosas visibles o invisibles, a las realidades del cielo o a cosas de la tierra. Otra razón por la cual se la llama católica, es porque la Iglesia pone bajo obediencia religiosa a toda clase de hombres; gobernantes, subordinados, eruditos e iletrados. Finalmente, se merece el título de católica porque sana y cura irrestrictamente cada tipo de pecado que pueda ser cometido en cuerpo y alma, y porque posee dentro de sí cada tipo de virtud que se pueda nombrar, las cuales son ejercidas en actos o en palabras, o en alguna forma de carisma espiritual.

San Agustín de Hipona (354 - 430 d.C.), En. In Sal. (*Sal* 74,4) (CCC 796)

Este es el Cristo entero, cabeza y cuerpo, uno formado por muchos... sea que habla la cabeza o los miembros, es Cristo el que habla. Él habla en su papel de cabeza (*Ex persona capitis*) y en su papel de cuerpo(*Ex persona corporis*). ¿Qué significa esto? "Los dos se convertirán en una sola carne. Este es un gran misterio, y lo estoy aplicando a Cristo y a la Iglesia." Y el Señor mismo dice en el Evangelio: "Entonces ya no son dos, sino una misma carne." De hecho, ellos son, dos personas distintas, sin embargo son uno en la unión conyugal ...*como cabeza, Él se llama a sí mismo esposo, como cuerpo, se llama a sí mismo " esposa."*

Escritos contemporáneos
sobre la Iglesia

Constitución de la Iglesia, VII *La Iglesia Peregrina* (*Lumen Gentium 48*)[10]

Cristo elevado de la tierra, ha atraído a todos los hombres hacia Él (cf. *Jn* 12,32). Resucitado de entre los muertos (cf. *Rom* 6,9) posó su Espíritu dador de vida sobre sus discípulos y a través de Él establecieron su Cuerpo, que es la Iglesia, como sacramento universal de salvación. Sentado a la derecha del Padre se mantiene continuamente activo en el mundo para guiar a los hombres hacia la Iglesia y, a través de ella, unirlos más cercanamente a Él...

Constitución de la Iglesia, I *El Misterio de la Iglesia* (*Lumen Gentium 8*)[11]

La Iglesia: "como un extraño en tierras extranjeras, sale adelante en medio de las persecuciones del mundo y del consuelo de Dios" (San Agustín) anunciando la cruz y la muerte del Señor, hasta que Él venga (cf. Co 11,26). Pero mediante el poder del Señor resucitado ella recibe fuerza para sobreponerse, en paciencia y amor, a sus pesares, y a sus dificultades, tanto las que son de adentro, como las externas...

Decreto sobre el Ecumenismo *Principios Católicos sobre el Ecumenismo* (*Unitatis Redintegratio 3*)[12]

En los siglos subsecuentes aparecieron desacuerdos mucho mas serios, y grandes comunidades fueron separadas de la comunión total con la Iglesia católica, por lo cual, casi siempre con suficiencia, los hombres de ambas partes se inculpaban. Sin embargo, uno no puede

---

[10] Austin Flannery, ed., *Vatican Council II: The Conciliar and Post Conciliar Documents, New Revised Edition* (Northport, N.Y.: Costello Publishing Co., 1984) 407.

[11] Ibid., 358.

[12] Ibid., 455.

acusar del pecado de la separación a los que actualmente nacen en estas comunidades (que resultaron de dicha separación) y que en ellas son criados en la fe de Cristo, y la Iglesia católica los acepta con respeto y afecto, como hermanos. Porque los hombres que creen en Cristo y han sido apropiadamente bautizados, son puestos en una, si bien imperfecta, comunión con la Iglesia católica.

Breve resumen de los Concilios Ecuménicos

325 - Nicea I (Papa Silvestre I)

Declaró, contrarrestando a Arrio, que el Hijo era de la misma "sustancia" que el Padre. El sacerdote Arrio había estado enseñando falsamente que Cristo era una suerte de super ángel .

381 - Constantinopla I (Papa Dámaso I)

Definió claramente la divinidad del Espíritu Santo.

431 - Efeso (Papa Celestino I)

Declaró, contrarrestando a Nestorio, que la Santísima Virgen María podía ser llamada la Madre de Dios, ya que Jesús es una persona, no dos, y Él es Dios.

451 - Calcedonia (Papa León I)

Declaró que Jesús tenía dos naturalezas, una divina y una humana.

553 - Constantinopla II (Papa Virgilio I)

Declaró el dogma del Concilio general de Calcedonia. Nombró y condenó a aquellos que habían enseñado una doctrina contraria.

680-681 - Constantinopla III (Papa Agatón I, Papa León II)

Declaró que Cristo tiene dos voluntades. Su voluntad humana es distinta, pero no se opone a su voluntad divina.

787 - Nicea II (Papa Adriano I)

Permitió la adoración de imágenes sagradas. Declaró el valor del poder intercesor de los santos.

869-870 - Constantinopla IV (Papa Adriano II)

Puso fin a una disputa sobre el legítimo patriarca de Constantinopla y normalizó las relaciones entre la Iglesia Bizantina y Roma.

1123 - Letrán I (Papa Calixto II)

Decretó que todas las elecciones de obispos se lleven a cabo libremente sin la interferencia de la autoridad secular.

1139 - Letrán II (Papa Inocencio II)

Dio final a un cisma Papal, condenó varias herejías, emitió treinta y dos cánones relacionados con temas disciplinarios y morales.

1179 - Letrán III (Papa Alejandro III)

Reglamentó la elección de los Papas, anuló los actos de tres antipapas, instituyó varias disciplinas y reformas. Se emitieron veintisiete cánones.

1215 - Letrán IV (Papa Inocencio III)

Aclaración de las enseñanzas Católicas sobre la fe y la moral. Aclaración sobre la naturaleza universal de la Iglesia, fuera de la cual no hay salvación. Primera utilización del término "transubstanciación" en referencia a la Eucaristía.

1245 - Lyon I (Papa Inocencio IV)

Destituyó al Emperador Federico II por tratar de hacer de la Iglesia un departamento de estado. Legislación disciplinaria.

1274 - Lyon II (Papa Gregorio X)

Reunió las Iglesias Griega y Romana. (Este intento falló posteriormente). Aclaración en cuanto a que el Espíritu Santo procede tanto del Padre como del Hijo.

1311-1312 - Viena (Papa Clemente V)

Declaró que el alma racional es la forma del cuerpo humano. Condenó el quietismo (que predica que uno puede ser tan santo que puede dar libre soberanía a los deseos carnales). Decretos disciplinarios.

1414-1418 - Constanza (Papa Martín V)

Terminó con el Gran Cisma de Occidente. También condenó a Juan Wicl*Ef* y a Jan Huss.

1438-1445 - Basilea (Papa Eugenio IV)

Reunió a las iglesias griegas, y a algunas Iglesias del medio oriente, con Roma. (Esto tuvo solo un éxito parcial).

1512-1517 - Letrán V (Papa Julio II, Papa León X)

Habló sobre la autoridad del Papa respecto a un concilio ecuménico, la inmortalidad e individualidad del alma, y decretó algunas reformas.

1545-1563 - Trento (Papa Paulo III, Papa Julio III, Papa Pío VI)

El concilio respondió a los reformadores protestantes y condenó las herejías de Lutero, Calvino y otros. El concilió también reafirmó las enseñanzas de la Iglesia sobre el matrimonio, el purgatorio, las indulgencias, y las imágenes religiosas. Emitió varios decretos sobre la Misa y los sacramentos.

1869-1870 - Vaticano I (Papa Pío IX)

Emitió dos constituciones dogmáticas:

1. La Iglesia guía la interpretación de las Escrituras, y ella misma es guiada por el Espíritu Santo.
2. La supremacía del Papa sobre toda la Iglesia. Confirmación de la autoridad infalible del Papa.

También habló sobre la relación entre la fe y la razón.

1962-1965 - Vaticano II (Papa Juan XXIII, Papa Paulo VI)

Desarrolló cuatro constituciones, nueve decretos, y tres declaraciones sobre:

- La Iglesia
- El Apocalipsis
- La liturgia
- La Iglesia en el mundo moderno
- La relación de la Iglesia con otras denominaciones cristianas y otras religiones del mundo.

Estudio Bíblico sobre la Iglesia – Escrituras citadas en el Capítulo

Gen 1,31 – Dios declara que la creación es buena.

Jn 5,17 – Jesús revela que Dios trabaja continuamente (incluso el Sábado) para mantener la existencia de la creación.

Num 24,6 y *Sal* 104,16 – El Líbano es hermoso, y es la fuente de los cedros utilizados para edificar el Templo. Es también el relato del jardín, en el Cantar de Cantares.

Ct 4,8 – Canción de Amor que llama a la esposa de Dios del Líbano.

Is 62,4-5 – Dios es el esposo y su pueblo su esposa. Promete restaurarle.

Jer 2,2 "Recuerdo tu cariño juvenil, el amor de tu noviazgo / aquel seguirme tú por el desierto"

Jer 31,4 Dios promete reedificar Israel.

1Cor 2,9; cf. *Is* 64,3 – Como será el Cielo: "Lo que el ojo no ha visto..."

Gen 9 – El arco iris es una señal de la Alianza de Dios.

Gen 15 – Las promesas de Dios a Abraham. Se formará un pueblo con él.

Gen 12,3 "Por ti se bendecirán / todos los linajes de la tierra"

Sal 110 – El descendiente de David será Rey y Sacerdote para siempre.

2Sam 5,7 – Sión es una fortaleza ubicada en Jerusalén, que David conquista.

Ex 19,6 – Israel será una nación de Sacerdotes.

Sal 14,3 "(N)o hay quien haga el bien, ni uno siquiera."

Mc 2,20 y *Jn* 3,29 – Cristo es el esposo y Juan Bautista es el amigo del novio.

2 P 1,4 – Compartiremos en la naturaleza de Dios. Seremos como Él.

Ef 5,32 – Pedro dice que la Iglesia es la esposa de Cristo y que "Este es un gran misterio."

Mt 19,6 – Cristo en cuanto al divorcio: "Lo que Dios unió, no lo separe el hombre."

Gen 2,23 – "Esta sí que es hueso de mis huesos / y carne de mi carne."

Gen 2,22 y *Jn* 19,34 – Dios creó a Eva de la costilla que había sido tomada del costado de Adán, cuando este dormía. El agua y la sangre del costado de Cristo muestran que la Iglesia se materializó a través de su sacrificio, cuando murió en la cruz.

Ef 1,23 y *Col* 1,18 – La Iglesia es el cuerpo de Cristo.

Ap 21,2, *Ap* 21,11, y *Ap* 21,23 – Un día la Iglesia será revelada en toda su gloria: "engalanada como una novia ataviada para su esposo." Ella iluminará "con el esplendor de Dios." Dios mismo será su luz.

Rom 8,22 – "La creación entera gime hasta el presente y sufre dolores de parto."

Deut 5,23-26 – La gente temía ir a cualquier lugar cercano al Monte Santo, porque temía morir.

Heb 12,22-24 – En Misa, por otro lado, la gente es libre de acercarse a Dios y a la asamblea de los santos.

Ap 22,17 – "El Espíritu y la novia dicen 'Ven'."

Ef 5,27 – Cristo hará a la Iglesia "sin mancha ni arruga, ni cosa parecida."

Is 65,17 y *Ap* 21,1 – La Iglesia de Cristo es el "cielo nuevo y... la nueva tierra."

Jn 16,7 – "Os conviene que yo me vaya." La promesa de Cristo de enviar al Paráclito.

Col 3,11 – "Cristo es todo y en todos."

Gal 4,26 – "La Jerusalén de arriba es libre, esa es nuestra madre."

Heb 12,1 – La *comunión de los santos*. Pablo los describe como "una gran nube de testigos" en torno a nosotros.

Mt 7,16 – "Por sus frutos les conoceréis."

Jn 17,21 – Jesús predica que la unidad Cristiana testificará la verdad de su mensaje.

1Jn 2,19 – "Salieron de entre nosotros, pero no eran de los nuestros."

1Jn 3,14.16.23 – El nuevo mandamiento de Cristo es que nos amemos los unos a los otros.

1Cor 12,14-21 – Cada uno de nosotros es parte del cuerpo. Cada uno tiene un papel que jugar.

Mt 16,18 – Cristo le da a Simón un nuevo nombre: "Piedra" (Pedro).

Mt 16,17-18 – "Sobre esta piedra edificaré mi Iglesia, y las puertas del Hades no prevalecerán contra ella."

Jn 1,42 y *1Cor* 15,5 – Kephas es una palabra aramea que significa

"Piedra", y es el nombre que Cristo le dio a Pedro.

Sal 62,3 – Cristo es la roca esencial de salvación.

Is 22,22 y *Mt* 16,19 – Darle las llaves a Pedro significa que es el primer ministro de su reino en la tierra.

Mt 10,2, *Mc* 3,16, *Lc* 6,14 y *Hch* 1,13 Pedro es siempre el primero cuando los apóstoles son presentados en lista.

Lc 22,31-34 – Pedro recibe la instrucción de fortalecer a los otros.

Hch 15,7 – Dios escogió a Pedro para que enseñe a los paganos.

Mt 4,18 – Pedro y su hermano Andrés son los primeros apóstoles elegidos por Cristo.

Mt 14,28-31; 17,4 – Pedro pide caminar sobre las aguas.

Lc 24,12 – Pedro es el primero en llegar al sepulcro.

Jn 21,7-9 – Pedro nada a la orilla antes que ninguno, para encontrarse con Cristo.

Jn 21,11 Pedro nada y extrae la red que revienta con 153 peces grandes, los cuales representaban a todas las naciones conocidas en ese entonces.

Hch 2,41- Pedro da el primer sermón, que convierte los primeros tres mil a la fe.

Mt 17,24 – Incluso las autoridades externas sabían que Pedro era la persona a la que había que aproximarse.

Mt 17,27 – Cristo luego le asignó a Pedro el trabajo de pescar los peces que tuviesen los recursos necesarios para pagar el impuesto del templo.

Hch 8,27 – 31 – El etíope le dice a Felipe que no se puede entender las Escrituras sino se tiene a alguien que las enseñe.

Heb 7-8ss. - El sacerdocio de la Nueva Alianza, basado en el sacrificio de Cristo, perfeccionó y culminó el sacerdocio de Aarón y de los Levitas.

Jn 16,12-13 – Jesús promete que el Espíritu de la Verdad vendrá y guiará a la Iglesia.

Hch 15,1-12 – Debate en la Iglesia de la etapa inicial, sobre si los conversos deben ser circuncisos.

Hch 15,12 – Pedro da la decisión final.

Jn 15,1-2 – Dios cortará las ramas que no sostengan fruto.

Mt 26,69-74 y *Jn* 21,15-18 – Cristo le pide a Pedro una afirmación triple para así borrar su anterior triple negación.

Mt 28,20 – Cristo prometió estar con la Iglesia hasta el fin del mundo.

Hch, 9,4 – Cristo le pregunta a Saulo: "¿Por qué me persigues?"

Lc 10,16 "Quien a vosotros os escucha, a mí me escucha; y quien a vosotros os rechaza, a mí me rechaza."

Jn 16,12 – "Mucho tengo todavía que deciros, pero ahora no podéis con ello"

Mt 16,18 – Las puertas del Hades no prevalecerán contra la Iglesia.

Mt 13,25-30 – A lo bueno y lo malo se les debe permitir quedarse en la Iglesia, por ahora: "No sea que al recoger la cizaña, arranquéis a la vez el trigo."

Hch 2 – El Espíritu Santo protege y anima a la Iglesia en Pentecostés.

Ex 31,18 – En Pentecostés se recuerda la entrega de la Ley en el Monte Sinaí, lo que formó la nueva nación Hebrea.

Gen 11,1-9 y *Hch* 2,2-4 – Similitudes y contrastes entre el espíritu de confusión de la torre de Babel y el Espíritu de unidad de Pentecostés.

Ap 21,14 –Los apóstoles son las piedras sobre las cuales se basa la edificación de la Iglesia.

La Confesión y la Reconciliación

Muchas personas no se sienten cómodas con la Confesión, porque es tener que confesarse con otro ser humano, el cual también puede pecar. También piensan que es suficiente confesarse con el Señor, en la reserva de sus propios corazones. En este capítulo, hablaremos sobre las ventajas de confesar nuestros pecados a un sacerdote, y de por qué, este solo acto demuestra, testifica y confiesa nuestra fe. La confesión visible de los pecados demuestra nuestra fe en la presencia piadosa de Cristo en su Iglesia, representada por el sacerdote. El hablar de nuestros pecados externamente al sacerdote, se convierte en una proclamación de la buena nueva de salvación. El acto de fe que llevamos a cabo en la Confesión es una evidencia de que creemos en su presencia y en su poder para curarnos. La Confesión celebra la decisión de Cristo de manifestarse a su Iglesia, y obrar a través de sus ministros, incluso aunque estos sean imperfectos. Este debería ser un signo de esperanza para todos.

Una vez que hayamos logrado comprender que la confesión del pecado no es únicamente un acto de fe, sino que es también una confesión de fe, podremos empezar a apreciar este sacramento. Cuando nos confesamos, brindamos testimonio de la verdad. Como si estuviéramos en una corte, reconocemos que Dios es nuestro juez supremo y que hemos pecado en su contra. Las Escrituras está llenas de descripciones de Dios, como el juez absoluto del mundo. Esto es lo primero que confesamos en el mismísimo acto de la confesión de nuestros pecados.

> ¡Basta ya! sabed que soy Dios,
> Excelso sobre los pueblos, sobre la tierra excelso
> (*Sal* 46,11)

> Mirad, atruena con su voz, su voz potente,
> "¡Reconoced el poder de Dios!" (*Sal* 68,34–35)

...para que al nombre de Jesús
toda rodilla se doble,
en los cielos, en la tierra y en los abismos,
y toda lengua confiese
que Cristo Jesús es el Señor,
para gloria de Dios Padre (*Flp* 2,10-11).

Además, cuando confesamos nuestras culpas, nos ponemos en las manos de Dios y reconocemos nuestra dependencia a su piedad. Mostramos obediencia al mandamiento bíblico de Dios de confesar los pecados:

El que es culpable en uno de estos casos confesará aquello en que ha pecado, y presentará a Yahvé, como sacrificio de reparación por el pecado cometido, una hembra de ganado menor, oveja o cabra, como sacrificio por el pecado... y el sacerdote hará así por él, expiación de su pecado (*Lev* 5,5-6).

Entonces confesarán su iniquidad y la iniquidad de sus padres, como se rebelaron contra mí y como se enfrentaron conmigo... Entonces se humillará su corazón incircunciso y expiarán su iniquidad, y yo me acordaré de mi alianza... (*Lev* 26,40-41).

Aún estaba yo hablando, rezando y confesando mis pecados y los de mi pueblo Israel... (*Dan* 9,20).

Confesaos, pues, mutuamente vuestros pecados y orad los unos por los otros, para que seáis curados. La oración ferviente del justo tiene mucho poder (*Stg* 5,16).

Jesús le añade algo más a nuestra confesión. Ya que Cristo se reveló a sí mismo como el único verdadero cordero de pascua, entendemos ahora que la fuente de la piedad de Dios viene del sacrificio de su único hijo. Esta es la razón por la cual nuestra confesión del pecado es también una confesión de fe:

Porque, si confiesas con tu boca que Jesús es el Señor y crees en tu corazón que Dios le resucitó de entre los muertos, serás salvo (*Rom* 10,9).

Conquista la vida eterna a la que has sido llamado y de la que hiciste aquella solemne profesión delante de muchos testigos. (*1 Tim* 6,12).

Mantengamos firme la confesión de la esperanza, pues fiel es el autor de la Promesa (*Heb* 10,23).

Todos estos pasajes señalan una verdad básica sobre la confesión. No es un tema a tratarse en privado. La confesión sugiere un escenario de tribunal. Nuestro arrepentimiento inicial puede haberse dado en la quietud de nuestra conciencia, en un momento de oración en la privacidad, pero una confesión total implica algo mayor.

Se debe hacer algo para mostrar que nuestro arrepentimiento es real. La pregunta queda: ¿Qué se debe hacer?

La respuesta era lo suficientemente clara en el Antiguo Testamento. Los pecadores arrepentidos hacían una confesión al ofendido y luego le ofrecían algo de valor como ofrenda por el pecado, a través del sacerdote (*Num* 5,7). Con el tiempo, sin embargo, los profetas vieron que la gente de Dios nunca estaría a la altura de los requisitos de la Ley. Dios les mostró como las ofrendas por los pecados eran utilizadas usualmente como una forma de encubrimiento, y no una forma de confesar la corrupción interior de los corazones de su gente.

¿A mí qué, tanto sacrificio vuestro?
   dice YAHVE.
Harto estoy de holocaustos de carneros...
La sangre de novillos y machos cabríos
   no me agrada.

Cuando venís a presentaros ante mí,
   ¿quién solicita de vosotros esa pateadura de mis atrios?
   (*Is* 1,11-12)
Pues no te complaces en sacrificios;
   si ofrezco un holocausto, no lo aceptas.
Dios quiere el sacrificio de un espíritu contrito,
   un corazón contrito y humillado, oh Dios, no lo desprecias
   (*Sal* 51,18-19).

En estos pasajes de la Escritura, podemos ver lo que desea Dios de nosotros: Que sintamos un verdadero pesar por los pecados. Sin embargo, si todo lo que realmente le importa a Dios es un corazón contrito, ¿entonces porqué mandó primero a Moisés a llevar a cabo sacrificios de animales?

En el Antiguo Testamento, estos sacrificios servían como muestra exterior de arrepentimiento interno. A través de estos Dios preparaba a su gente para la venida de Cristo. Dios puede haber censurado los rituales llevados a cabo sin reverencia, pero no censuró los rituales en sí. Tampoco en el Nuevo Testamento, Jesús no censura los rituales en sí (después de todo, Él mismo estableció algunos).

Por el contrario, Él condenó los rituales *vacíos,* es decir la "tradición humana", cuyo propósito era sortear la intención real de Dios (*Mc* 7,8). Tanto el Antiguo como el Nuevo Testamento hacen hincapié en la obediencia, cuando tratan el tema de las tradiciones reales establecidas por Dios.

Por ejemplo, cuando Dios ordenó a Moisés que se mantenga la celebración de Pascua, nadie le habría dicho: "Prefiero rezar solo, porque la Pascua es un ritual vacío." De la misma manera, cuando Dios habló a través de Juan Bautista y llamó a la gente al arrepentimiento, nadie le habría dicho a Juan: "No necesito ser bautizado, yo puedo arrepentirme a mi propia manera." Jesús exigió que la purificación de los leprosos se realice a través del ritual apropiado. Él los envió a los sacerdotes según lo establecía la ley (*Mt* 8,4). La participación en estos rituales servía para mostrar que una persona realmente le pertenecía a Dios. Como tales, los rituales cumplían con su propósito de expresar y preservar el contacto real entre Dios y su gente.

Sin embargo, los rituales del Antiguo Testamento tenían una limitada capacidad para obtener el verdadero perdón de los pecados.

> Es imposible que la sangre de toros y cabras borre los pecados (*Heb* 10,4).

Los antiguos sacrificios eran simbólicos porque los animales eran ofrecidos solo como una señal para obtener el perdón. Estas señales fueron cubiertas y culminadas por Cristo. Estos rituales se convirtieron en eventos reales de curación y limpieza. Con los sacramentos, ya no sacrificamos nuestras pertenencias; es a Cristo que le ofrecemos a Dios. Tampoco prometemos vivir en conformidad con la ley con la capacidad de nuestra propia voluntad. Más bien, prometemos cooperar, con la ayuda de la gracia de Dios. Esta es la razón por la cual los creyentes pueden estar seguros de que sus pecados son perdonados cuando se acercan a la Confesión. Ya que el sacramento deriva del sacrificio de Cristo, los que participan pueden estar seguros de que están recibiendo "lo ofrecido en el trato."

Si el sacerdote no estuviese presente para oír la confesión y dar el perdón en el nombre de Cristo, entonces nunca nadie podría saber si el arrepentimiento realmente fue lo suficientemente "contrito." En el sacramento de la Penitencia, a los pecadores se les da una penitencia tangible y objetiva (en proporción a sus pecados), como una forma de expresar su verdadero arrepentimiento. La Penitencia tiene dos propósitos: demuestra tanto arrepentimiento como retorno: el pecador deja el pecado, para regresar a Dios. Gracias a la penitencia, no hay más necesidad de especular sobre si los pecados de una persona han sido perdonados o no. Se podría necesitar más purificación (según se comentará más adelante, en el capítulo del purgatorio), pero el perdón ha sido otorgado.

¿Cómo puede un pecador *saber* si ha sido perdonado? Jesús explicó como su autoridad, su sabiduría y su presencia didáctica se mantendrían por siempre en su Iglesia. Él dijo a los discípulos: "Porque donde están dos o tres reunidos en mi nombre, allí estoy yo en medio de ellos" (*Mt* 18,20). Algunas personas piensan que esto significa que nadie deba estar realmente ligado a una iglesia en particular. Ya que parece que Cristo promete que se encontrará presente cada vez que dos o más cristianos se reúnan, parece que no tuviese importancia que estos concuerden o no, sobre varios puntos de la fe. Parece que fuese suficiente que se "junten" cristianos para invocar la presencia de Cristo entre ellos. El punto crucial que se está dejando de lado aquí es que

Cristo está presente en su Iglesia, en muchas formas. Con seguridad, está presente en su gente, sin embargo, está presente de manera distinta en los pastores de la Iglesia. Los apóstoles eran vistos por toda la gente, como personas con autoridad y poder especial para unir y desunir (*Mt* 18,18). Ellos ordenaron a otros hombres para que nos pasaran la fe a nosotros, trayéndonos la presencia de Cristo como pastores, maestros, sanadores y santificadores. Estos son nuestros obispos y los sacerdotes que ellos ordenan.

De hecho Jesús le estaba enseñando cuidadosamente a los apóstoles a evitar los conflictos y las divisiones en la Iglesia. Analicemos el siguiente pasaje en forma integral:

> Si tu hermano llega a pecar (contra ti), vete y repréndele, a solas tu con él. Si te escucha, habrás ganado a tu hermano. Si no te escucha toma todavía contigo uno o dos, para que "todo asunto quede zanjado por la palabra de dos o tres testigos." Si les desoye a ellos, díselo a la comunidad. Y si hasta la comunidad desoye, sea para ti como el gentil o el republicano. Yo os aseguro: todo lo que atéis en la tierra quedará atado en el cielo, y todo lo que desatéis en la tierra quedará desatado en el cielo. Os aseguro también que si dos de vosotros se ponen de acuerdo en la tierra para pedir algo, sea lo que fuere, lo conseguirán de mi padre que está en los cielos. Porque donde están dos o tres reunidos en mi nombre, allí estoy yo en medio de ellos (*Mt* 18,15-20).

Este pasaje obviamente trata sobre la autoridad de la Iglesia. Nos habla sobre como encontrar la verdad y sobre como diferenciar lo que está bien de lo que está mal. Cuando Jesús dice que Él se encuentra presente siempre que se reúnan dos o tres, no está diciendo que cualquier grupo de dos o tres cristianos puede salir y empezar su propia Iglesia. Tampoco esta diciendo que cualquier grupo de tres cristianos que por azar coinciden en algo puedan definir qué es bueno y qué es malo. Entonces, ¿qué está diciendo Cristo exactamente?

Para responder esta pregunta debemos tener en cuenta la diferencia entre la presencia de Cristo en nuestros corazones *como individuos* y la presencia de Cristo *en su Iglesia como un todo*. Todos podemos comulgar con Dios, como personas, en oración privada, y todos debemos cargar nuestras propias cruces. Sin embargo, ninguno de nosotros debe asumir que puede llegar naturalmente a la verdad absoluta, en términos de fe y moralidad, simplemente mirando en su corazón e interpretando la Biblia por sí mismo. Por supuesto, debemos rezar, leer las Escrituras, y pedirle al Espíritu Santo que nos guíe, sin embargo la historia muestra que incluso cuando todo esto se lleva a cabo, la gente obtiene respuestas distintas.

Para nosotros, las promesas de Cristo significan que, en caso de debates que involucren la fe y la moral *podemos confiar en el testimonio unificado de la Iglesia*. Esto es explícitamente a lo que Cristo se refería cuando le dijo a los apóstoles: "el Paráclito, el Espíritu Santo que mi Padre enviará en mi nombre, os lo enseñará todo..." (*Jn* 14,26). Una vez mas, Jesús no estaba prometiendo que el Espíritu Santo guiaría a cada uno de los cristianos de manera individual, el 100% del tiempo. Tampoco estaba prometiendo que los cristianos nunca cometerían un error en sus interpretaciones o juicios morales.

Con su promesa con respecto al Espíritu Santo, Jesús estaba diciendo que la Iglesia como un todo sería guiada; su testimonio como un todo sería infalible.

Por lo tanto cuando Cristo dijo: "si dos de ustedes están de acuerdo..." y "cuando dos o tres se reúnen en mi nombre..." etc., estaba expresando la idea de que el testimonio unificado de la Iglesia está autorizado y se puede confiar en él: el Espíritu Santo guía a la Iglesia unificada hacia la verdad absoluta.

Esto nos lleva nuevamente a la Confesión como ejemplo específico de esta confianza. Cuando formamos parte del sacramento de la Penitencia, podemos tener la confianza en que nuestro arrepentimiento es real, y que el perdón de Dios nos es realmente ofrecido. Tenemos esta confianza en nuestra propia confesión porque está unida a la "noble confesión de fe" dada por la Iglesia entera.

Como cristianos, estamos llamados a un arrepentimiento

interior, a una conversión del corazón, y a un cambio en la dirección de nuestras vidas, que se manifiesta a través de una confesión externa. Esto es lo que Juan Bautista le pidió a los judíos hacer mientras él oraba al lado del Jordán hace muchos años. El vino con el mismo espíritu y la misma autoridad que Elías para convencer a la gente de arrepentirse de sus pecados y escuchar a Dios. San Mateo creía que Juan Bautista cumplió la profecía de Isaías sobre aquel que prepararía el camino para el Mesías: "Voz del que clama en el desierto, / 'Preparad el camino del Señor, / enderezad sus sendas' "(*Mt* 3,3; *Is* 40,3). Si bien todos los otros profetas habían escrito sobre Cristo, de tal manera que la gente pudiera identificarle cuando viniese, el papel de San Juan Bautista fue único. Él llamó a la gente a arrepentirse y ser bautizada como una señal de su cambio interno de corazón, *preparándose* así para la venida del Santísimo.

Muchos respondieron al esfuerzo de San Juan por sacar a los judíos de su indiferencia a Dios. Sin embargo, San Juan Bautista sabía que no podía haber verdadero arrepentimiento sin un gran sufrimiento, y por ello vivió una vida de austeridad y de sufrimiento personal, para darle a la gente un ejemplo a seguir (así como los santos de la modernidad lo hacen para nosotros). Él sabía que no todos eran llamados a vivir de cigarras y miel, o vivir en cavernas y vestir camisetas de piel de camello, pero dejó claro que todos estaban llamados a dejar todo lo que evitase mostrar obediencia total a la voluntad de Dios.

Fue un acto significativo que San Juan bautizara a los Hebreos en el Río Jordán, porque este era el mismísimo río a través del cual pasaron inicialmente los hebreos, cuando entraron a la Tierra Prometida por primera vez. Al bautizarlos en el Río Jordán, San Juan estaba tratando de convencerlos de que tendrían que reconocer sus pecados y arrepentirse de ellos en forma individual, para estar preparados para el día en que el Mesías los llevaría a la verdadera Tierra Prometida.

El mensaje de Juan Bautista sigue siendo el apropiado para todo cristiano que desee vivir con Cristo y participar plenamente de la vida de su Iglesia. La única manera en la que puede haber un acercamiento a Dios es con el corazón arrepentido y con voluntad para sufrir por su amor. No es suficiente ser un Católico cómodo. Si no podemos acumular la suficiente aflicción de corazón por nuestros pecados, y hacer un serio compromiso para sufrir una verdadera "muerte propia", entonces nos encontramos en la misma posición que los Fariseos, quienes fueron fuertemente condenados por Juan Bautista:

> Pero viendo venir muchos Fariseos y Saduceos a su bautismo, les dijo: "Raza de víboras, ¿quién os ha enseñado a huir de la ira inminente? Dad, pues, fruto digno de conversión, y no creáis que basta con decir en vuestro interior: 'Tenemos por padre a Abrahán'; porque os digo que puede Dios de estas piedras suscitar hijos a Abraham. Ya está el hacha puesta a la raíz de los árboles; y todo árbol que no dé buen fruto será cortado y arrojado al fuego" (*Mt* 3,7-10).

Es porque necesitamos arrepentirnos diariamente que el sacramento de la Confesión es tan importante. Es el único medio que tenemos para realmente prepararnos para recibir a Cristo en el sacramento de la Santa Comunión. Cada confesión hecha con el corazón a un sacerdote, causa en nuestras almas lo que una inmersión de San Juan en el Río Jordán, causaba en los hebreos. Y así como estos no trataron de bautizarse a sí mismos en el Jordán, y más bien iban donde San Juan, los católicos no van a una habitación vacía a confesar sus pecados. En cambio, ellos se reúnen con un verdadero representante de Cristo, al cual se le ha dado total autoridad para perdonarnos, o mantenernos ligados a nuestros pecados.

Darle a los apóstoles la autoridad para perdonar los pecados era tan importante para Cristo, que fue la primera misión que les dio después de la resurrección. El Evangelio según San Juan nos cuenta como Cristo resucitado se les apareció a los discípulos pasando por puertas bajo llave, les mostró sus heridas, y les dijo que de allí en adelante compartirían totalmente su trabajo y que se les daría el poder para perdonar los pecados.

(Jesús) les dijo otra vez: "La paz con vosotros. Como el Padre me envió, también yo os envío." Dicho esto, sopló y les dijo: "Recibid el Espíritu Santo. A quiénes perdonéis los pecados, les quedan perdonados; a quienes se los retengáis, les quedan retenidos" (*Jn* 20,21-23).

Desde que Dios formó a Adán e "insufló en sus narices aliento de vida" no se había dado otro evento de tal magnitud (*Gen* 2,7). Cuando Dios insufló en Adán, le dio autoridad sobre todo lo que había en la tierra. Cuando Cristo sopló sobre los apóstoles, también hizo una clara delegación de autoridad. Por ende, Cristo no le habría dado a sus discípulos dicha autoridad si su intención no hubiese sido que hagan uso de ella, como hizo Él durante sus tres años de ministerio público.

El acudir a un sacerdote para el sacramento de la reconciliación (a través de la confesión) hace que la presencia sanadora de Cristo en cada uno de nosotros sea real, cada vez que acudimos. Si bien es verdad que Cristo murió para que los pecados del mundo entero sean perdonados, los méritos de su sacrificio solo pueden ser aplicados de manera individual. Uno a uno, debemos presentarnos ante Cristo con el corazón arrepentido y obediente, para recibir al Cristo íntegro, y su gracia vivificante, a través de los sacramentos, incluyendo el sacramento de la Confesión.

El concepto íntegro que hay detrás de la vida sacramental puede resumirse de manera simple. De la misma manera en que Cristo se hizo hombre en un cuerpo material y un alma humana, de tal forma que pudiese estar presente para nosotros de una manera muy distinta y real, cada uno de los sacramentos nos ofrece una expresión visible, material, auténtica y particular de su presencia continua para nosotros como individuos. Los sacramentos nos brindan la gracia real purificante y la presencia de Dios de manera visible, y es verdaderamente a través de los sacramentos que Cristo mantiene su promesa a cada uno de nosotros: "Y he aquí que yo estoy con vosotros todos los días hasta el fin del mundo" (*Mt* 28,20). Esta es la razón por la cual no pensamos que vamos a la Confesión o a la Comunión para que se nos "pague" con gracia, como algunos sugerirían. Más bien, participamos de los sacramentos, porque ese es el tipo de relación que la Santa Trinidad desea compartir con nosotros.

Cristo vino a perdonar los pecados de tal forma que pudiésemos estar unidos a Él en perfecta unidad, y vino, a hacer que este proceso sea visible y confiable. Cuando nos dirigimos a un sacerdote verdaderamente arrepentidos por nuestros pecados, nos vamos con la seguridad positiva de que Cristo mismo nos ha perdonado a través de ese sacerdote.

Sabemos, gracias a muchos relatos del Antiguo Testamento, que siempre ha sido importante para Dios que sus hijos se presenten ante Él, o uno de sus profetas, para confesar sus pecados con sus propios labios. Él le pidió a Adán y a Eva que se confiesen, si bien el pecado de estos ya le había sido comunicado (*Gen* 3,12-13). Dios también presionó a Caín para que admita su culpa:

> Entonces YAHVE dijo a Caín: "¿Dónde está tu hermano Abel?" Contestó:"No sé. ¿Soy acaso el guardián de mi hermano?" Replicó YAHVE:"¿Qué has hecho?" (*Gen* 4,9-10).

Incluso, del Rey David, quién fue descrito por Dios como "un hombre que va detrás de mi propio corazón," no se esperaba menos que una total confesión, después de haber cometido adulterio y haber preparado un asesinato (*Hch* 13,22; *2Sam* 11 y 12). Dios estuvo incluso dispuesto a que el profeta Natán le jugara una "treta"a David, con una parábola sobre sus fechorías, para escucharlo decir:"He pecado contra Yahveh" (*2Sam* 12,13).

En cada uno de estos relatos del Antiguo Testamento, la confesión del pecador expresa la voluntad de confrontar el sufrimiento y el pesar causados por el pecado. En cada caso, Dios responde al pecador garantizándole de alguna forma, que se le dará vida nueva por haber admitido la verdad. Dios le hizo ropa a Adán y Eva, los ubicó fuera del jardín y los bendijo con hijos después de que partieron (*Gen* 3,21-24; 4,1-3). Dios le prometió a Caín, que nadie tendría permitido quitarle la vida, como el se la había quitado a su hermano (*Gen* 4,15-16). Finalmente, a través del profeta Natán, Dios le aseguró a David: "También YAHVE ha perdonado tu pecado; no morirás" (*2Sam* 12,13).

También en el Nuevo Testamento, Cristo no tiene reparo en mostrarle a la gente sus pecados abiertamente. A la mujer Samaritana del pozo, le dijo en lenguaje llano: "Has tenido cinco maridos, y el que ahora tienes no es marido tuyo" (*Jn* 4,18). Pedro también fue reprendido con términos fuertes ("¡Quítate de mi vista, Satanás!"), después que aconsejase a Jesús que evite ir a Jerusalén (*Mt* 16,23). También después de la resurrección, Cristo hace experimentar a Pedro el dolor de tener que admitir (por lo menos indirectamente) que había negado al Señor tres veces. El Evangelio según San Juan nos dice: "Pedro se sintió en aprietos cuando (Cristo) le dijo por tercera vez '¿Me quieres?'" (*Jn* 21,17). El tema de la negación de Pedro simplemente no podía ser pasado por alto y olvidado. Debía ser resuelto, y Cristo le dio a Pedro la oportunidad de decir por tercera vez: "Señor, tú lo sabes todo; tú sabes que te quiero" (*Jn* 21,17).

Estos ejemplos demuestran que no podemos disfrutar de una unión auténtica e íntima con Dios, a menos que estemos dispuestos primero a acudir a Cristo (en algún momento, antes que expiremos por última vez) como el buen ladrón, que murió en la cruz junto a Jesús. Él defendió a Cristo y se acusó a sí mismo, al recordarle al otro ladrón: "Nosotros hemos sido condenados con razón, porque nos lo hemos merecido con nuestros hechos" (*Lc* 23,41). Como el buen ladrón había confesado su culpa y dicho la verdad, Cristo le dio suficiente esperanza y fe como para que le pidiese un favor: "Jesús, acuérdate de mí cuando vengas con tu reino" (*Lc* 23,42). De la misma manera, cuando nosotros admitamos nuestra culpa ante Cristo a través del sacerdote, entonces también se nos dará suficiente esperanza y fe para creer en la promesa de Cristo al hombre moribundo: "Te aseguro que hoy estarás conmigo en el Paraíso" (*Lc* 23,42).

Jesús nos dio el sacramento de la Confesión para enseñarnos a amar la verdad. Cuando finalmente aceptemos la necesidad de la Confesión, podremos empezar a entender el significado de la conversación con Nicodemo, al que Jesús dijo:

Y el juicio está en que la luz vino al mundo, y los hombres amaron más las tinieblas que la luz, porque sus obras eran malas. Pues todo el que obra el mal aborrece la luz y no va a la luz, para que no sean censuradas sus obras. Pero el que obra la verdad va a la luz, para que quede de manifiesto que sus obras están hechas según Dios (*Jn* 3,19-21).

¿A qué se podrían referir las afirmaciones de Cristo sobre las tinieblas y la luz, sino a la Confesión, en la que nos encontramos con Cristo y permitimos que nuestros actos se expongan a su luz? ¿De qué otra forma nos ha dado Dios una oportunidad tan obvia y fácil de alejarnos de las tinieblas? Aceptar el obsequio de Cristo, que el sacramento de la reconciliación es, nos permite verdaderamente colocarnos "la mente de Cristo", como dice San Pablo (*1Cor* 2,16). Nuestra conciencia es como un órgano o músculo espiritual, que puede tornarse más eficiente y poderoso con el uso. Esto quiere decir que exponer nuestra conciencia a la luz de Cristo la hará "más cortante que espada de dos filos, que penetra hasta la división entre alma y espíritu, articulaciones y médulas, y discierne sentimientos y pensamientos del corazón (*Heb* 4,12). Es así como el sacramento de la Confesión nos ayuda a estar más alertas a la tentación y más preparados también para resistirla. Si aceptamos la Confesión, que es un obsequio de Cristo, nuestras lágrimas de pena y arrepentimiento, se convertirán un día en regocijo, cuando nos encontremos finalmente ante el trono de Cristo, con la conciencia limpia. (*Ap* 21,4).

Llegar a ese punto sin embargo, no es fácil. Si vamos a hacer un esfuerzo en el confesionario para admitir todos nuestros pecados, es de ayuda tener una definición del pecado basada en las enseñanzas de la Iglesia. Un acto pecaminoso se define como una decisión deliberada de ir en contra de la voluntad de Dios.[1] Esta decisión es tomada primero en el corazón de la persona; los actos externos expresan la intención pecaminosa que había antes del acto. Jesús puso énfasis en este punto cuando le hablaba a un grupo de Fariseos:

Raza de víboras, ¿cómo podéis vosotros hablar cosas buenas siendo

---

[1] CCC 1849, 1850.

malos? Porque de lo que rebosa el corazón habla la boca. El hombre bueno, del buen tesoro saca cosas buenas y el hombre malo, del tesoro malo saca cosas malas (*Mt* 12,34-35).

Cristo también dejó claro que una persona puede cometer muchos pecados en su corazón. Cuando los Fariseos se molestaron porque los discípulos de Cristo no se habían lavado las manos según lo prescrito por las leyes Judías, Cristo les explicó privadamente a los discípulos la verdadera fuente del pecado:

> En cambio lo que sale de la boca viene de dentro del corazón, y eso es lo que contamina al hombre. Porque del corazón salen las intenciones malas, asesinatos, adulterios, fornicación, robos, falsos testimonios, injurias. Eso es lo que contamina al hombre; que el comer sin lavarse las manos no contamina al hombre. (*Mt* 15,18-20).

Cristo confirmó esta enseñanza en otra ocasión cuando nos advirtió que un hombre podía cometer adulterio con una mujer, en su corazón, simplemente mirándola con esa intención (*Mt* 5,28). También advirtió: "Todo aquel que se encolerice con su hermano, será reo ante el tribunal... y el que le llame 'renegado', será reo de la gehenna del fuego" (*Mt* 5,22).

Si bien la conducta pecaminosa se origina en el corazón, no debe ser confundida con la tentación, la cual puede ser definida como una urgencia por actuar contra la ley de amor. No siempre se presenta como un placer ilícito. Hay algunos pecados tales como la soberbia, la ira, la envidia y los celos que solo causan pesar y dolor. La persona tiene la opción de resistir una tentación o caer en ella, con grados aumentativos de complicidad, por lo que es mejor rechazar la idea cuanto antes. Esta es la razón por la cual Cristo nos aconsejó rezar en todo momento, de tal manera que al concentrarnos en Dios, podamos ser más rápidos en confiar en Él para que nos ayude cuando se presenta la tentación (*Mc* 14,38, 13,33). La tentación es por ende una de las formas de sufrimiento que los cristianos están llamados a resistir, por amor a Cristo. Cristo nos promete en el libro del Apocalipsis: "Al vencedor le daré a comer del árbol de la vida que está en el Paraíso de Dios" (*Ap* 2,7).

En su carta a los Romanos, San Pablo predica que cuando pecamos, somos esclavos del pecado (*Rom* 6,16). Los pecados menos serios son llamados pecados veniales (del Latín *venia*, que quiere decir "perdonable"), porque Dios los perdona rápidamente, sin embargo estos pueden causar gran daño si les permitimos debilitar nuestra resistencia u opacar nuestra conciencia sobre lo que está bien y lo que está mal. Después de todo, fue Cristo quién dijo: "El que es fiel en lo insignificante, lo es también en lo importante; y el que es injusto en lo insignificante, lo es también en lo importante" (*Lc* 16,10).

Existen tres condiciones para que un pecado sea considerado muy serio o "mortal." Ante todo, debe ser un tema serio con grandes consecuencias. Segundo, el pecado debe ser cometido con total conocimiento y comprensión de su seriedad. Finalmente, el pecado mortal requiere de una seria premeditación y del consentimiento total de la voluntad. En otras palabras, debe ser cometido libremente, sin coerción o conmoción alguna. Por ejemplo, el pecado de la detracción (conocido también como "chisme" o "chismorreo") se da cuando una persona revela los pecados ocultos de otra persona, sin una buena razón para hacerlo (como la prevención de mayor daño a una tercera persona). Si el "chisme" no pasa de una pequeña conversación, será entonces considerado pecado, pero no serio. Si lo dicho arruina la reputación pública de una persona, entonces si será considerado un tema serio. Ahora, si no caí en cuenta que por mi murmuración podía causar daño, o que mis actos eran gravemente pecaminosos, entonces mi pecado sería considerado venial, porque actué sin un total conocimiento. En cambio, si yo sabía que es un pecado serio el arruinar la reputación pública de una persona, y deseé y planifiqué que esto suceda, entonces este pecado ha de considerarse mortal, porque con mi acción desobedecí las leyes de Dios, causándole un gran daño a mi prójimo, sin vacilación ni remordimiento en el momento que se dio.

Cuando se lleva a cabo bajo estas tres condiciones, un pecado mortal constituye un rechazo total a Dios. Cuando una persona muere sin arrepentirse de un pecado mortal, entonces el sacrificio de Cristo en la cruz es aplicado a sus pecados. Esto quiere decir que el daño que se le ha hecho al alma del pecador permanecerá; la persona será condenada. En su primera Epístola, San Juan hace referencia a este límite de intercesión y muestra que Dios no perdonará a la persona que cometa pecado mortal y se rehúse a arrepentirse de este:

> Si alguno ve que su hermano comete un pecado que no es de muerte, pida y le dará vida, a los que cometan pecados que no son de muerte. Pues hay un pecado que es de muerte, por ese no digo que pida. Toda la iniquidad es pecado, pero hay pecados que no llevan a la muerte (*1Jn* 5,16-17).

La Iglesia enseña que los pecados mortales deben ser confesados y absueltos por un sacerdote, a través del sacramento de la Reconciliación. La Iglesia también enseña que es un grave error que la gente participe de la Sagrada Comunión, sin haber sido absuelta antes de sus pecados mortales. San Pablo habló enérgicamente al respecto y le advirtió a los Corintios que atraerían la sentencia de Dios, si estos participasen "indignamente" del cuerpo y la sangre del Señor (*1Cor* 11,27-30). Si estamos realmente arrepentidos del daño que hemos hecho, entonces lo mínimo que podemos hacer para expresar nuestro arrepentimiento es ir a Confesión. Fue Cristo quien en un principio nos mandó hacerlo:

> Si, pues, al presentar tu ofrenda en el altar te acuerdas entonces de que tu hermano tiene algo contra ti, deja tu ofrenda allí, delante del altar, y ve primero a reconciliarte con tu hermano; luego vuelves y presentas tu ofrenda (*Mt* 5,23-24).

Para los católicos, el pecado no es un simple tema privado entre uno y Dios. El pecado rechaza tanto el amor a Dios, como el que sentimos por nuestros prójimos; por ello nos aleja de la vida en comunidad que supuestamente debemos vivir con los demás. El sacramento de la Reconciliación no solo nos reconcilia con Dios, sino con el cuerpo de Cristo en su totalidad. La Misa contiene una expresión pública de pecado comunal y el Rito de la Paz, que significa la restauración del amor entre las personas. Las formas de reconciliación privadas y públicas nos dan la gracia y el aliento que necesitamos para cumplir con la ley de la Nueva Alianza, según lo describe San Pablo en su carta a los Corintios.

> Y aún os voy a mostrar un camino más excelente... La caridad es paciente, es amable; la caridad no es envidiosa, no es jactanciosa, no se engríe; es decorosa; no busca su interés; no se irrita; no toma en cuenta el mal; no se alegra con la injusticia; se alegra con la verdad. Todo lo excusa. Todo lo cree. Todo lo espera. Todo lo soporta (*1Cor* 12,31; 13,4-7).

Incluso cuando sentimos una gran lucha dándose en nuestra alma, la cual no puede ser fácilmente superada, o cuando es difícil arrepentirse, todavía puede ser de ayuda acercarse a la Confesión y colocar el asunto ante un sacerdote que nos pueda aconsejar. Dios es mucho más consciente que nosotros del poder que tiene el demonio para tentarnos y mira con compasión a los que se sienten indefensos en su lucha contra el Maligno. Bajo ninguna circunstancia, Cristo reprocha a los pecadores humildes que están dispuestos a aceptar su desamparo ante Él. Una y otra vez en el Evangelio, Cristo manifiesta que los que se sienten perdidos son los más amados en su corazón. Son las ovejas descarriadas que Él ha venido a buscar y rescatar a toda costa (*Mt* 18,12; *Jn* 10,14-17). En todo su ministerio, Cristo sostiene la dignidad de estas personas y las defiende de los fariseos. Por ejemplo, Jesús fue clemente con la mujer sorprendida en adulterio: "¿Nadie te ha condenado?.".. "Tampoco yo te condeno. Vete, (y) en adelante no peques más" (*Jn* 8,10-11). También predicó que los ángeles del cielo se regocijarán más con el arrepentimiento de un solo pecador que con noventa y nueve justos que no tienen necesidad de arrepentirse (*Lc* 15,7). También se dirigió con dureza a los arrogantes, aquienes dice: "No necesitan médico los que están sanos, sino los que están mal; no he venido a llamar a justos, sino a pecadores." (*Mc* 2,17). Además, enseñó la parábola del hijo pródigo para demostrar cuanto se regocijan Él y el Padre cuando alguien así retorna a casa (*Lc* 15,11-32). En su parábola, el Padre corre a encontrarse con su hijo, quien aún se encuentra a cierta distancia. Le coloca un anillo de oro en el dedo, lo viste con ropa nueva y le da la bienvenida con gran júbilo:

> Traed el novillo cebado, matadlo, y comamos y celebremos una fiesta, porque este hijo mío había muerto y ha vuelto a la vida; se había perdido y ha sido hallado (*Lc* 15,23-24).

Cuando habla con Nicodemo, Cristo le explica muy claramente: "Dios no ha enviado a su Hijo al mundo para juzgar al mundo, sino para que el mundo se salve por Él" (*Jn* 3,17). En todas sus enseñanzas Cristo trata de llegar a los pecadores humildes y ofrecerles esperanza en el futuro. Al hacer esto, realmente cumple la profecía mesiánica de Isaías:

> Caña quebrada no partirá,
>   y mecha mortecina no apagará... (*Is* 42,3).

Jesús era realmente amable y no se enfadó al punto de ofender a alguien. Sin embargo, esto no evitó que algunas personas se sientan ofendidas por Él. Los Fariseos se sintieron ofendidos por sus afirmaciones sobre el perdón de los pecados. La curación del paralítico es ejemplo de esto.

Jesús llevó a cabo una curación simultánea al hombre paralítico que llegó a Él en una camilla. Fue simultánea, porque devolvió a aquel hombre tanto la salud del alma como la del cuerpo. El Señor se encontraba en Cafarnaún en ese entonces. Al enterarse de su llegada, la muchedumbre habitual se apiñó en la casa donde se encontraba:

> Jesús entró de nuevo en Cafarnaún; al poco tiempo había corrido la voz de que estaba en casa. Se agolparon tantos que ni siquiera ante la puerta había ya sitio... (*Mc* 2,1-2).

Al no poder presentárselo a causa de la multitud, abrieron el techo encima de donde Él estaba, y a través de la abertura que hicieron, descolgaron la camilla donde yacía el paralítico (*Mc* 2,4).

Nuestro Señor, viendo la fe de estos hombres, aún en el techo, le dijo al paralítico que sus pecados le habían sido perdonados (*Mc* 2,5). Nótese que es la *fe* la que inicia el milagro del perdón, y no solo la fe del hombre de la camilla, sino también la de los hombres que lo llevaban en la camilla. Ellos le hicieron este favor a su hermano porque estaban convencidos de que Jesús le podía sanar.

> Viendo Jesús la fe de ellos, dice al paralítico: "Hijo, tus pecados te son perdonados" (*Mc* 2,5).

El motivo de esta dramática presentación de la camilla debe haber sido obvia para nuestro Señor, Los hombres buscaban una curación física. ¿Porqué entonces Jesús perdona primero los pecados de este hombre? ¿Porqué no empieza curando su parálisis? Porque el propósito de Jesús fue el de utilizar la condición física dañada de este hombre como prueba de la *validez de su poder para curar*. Juan Bautista dijo de Jesús: "He ahí el cordero de Dios, que quita el pecado del mundo" (*Jn* 1,29). ¿Pero como podría alguien *saber* cuanta verdad había en estas palabras? Jesús ofrecería pruebas a través de sus milagros.

El pronunciamiento de nuestro Señor sobre el perdón recibió las condenas inmediatas de algunos escribas, quiénes, a raíz de sus rangos, sin duda se encontraban sentados muy cerca de Él (*Mc* 2,6). Ellos habían venido a escuchar las enseñanzas y ver las señales que Jesús mostraba siempre con sus actos, pero cuando el Señor se pronunció sobre el perdón los pecados, pusieron límites:

> Estaban allí sentados algunos escribas que pensaban en sus corazones: "¿Porqué éste habla así?" (*Mc* 2,6-7).

Envanecidos por su fariseísmo y creyémdose justificados por su conocimiento de las Escrituras, objetaron desde lo profundo de sus corazones que Jesús pudiese presumir de tener la autoridad para perdonar pecados. En este punto, las Escrituras parecían irrefutables: Jesús se estaba pasando del límite:

Y mi pueblo, sobre el cual es invocado mi nombre, se humilla, orando y buscando mi rostro, y se vuelven de sus malos caminos, yo les oiré desde los cielos y perdonaré su pecado... (2 Cro 7,14).

Tú, SEÑOR, eres bueno e indulgente... (*Sal* 86,5).

¡SEÑOR, escucha! ¡SEÑOR, perdona! ¡SEÑOR, atiende y actúa sin tardanza...! (*Dan* 9,19).

Ellos no veían en Jesús más que un maestro y un trabajador milagroso. Estaban dispuestos a aceptar sus enseñanzas, siempre y cuando fuesen compatibles con sus nociones preconcebidas de religión, ¡y Jesús estaba actuando como si fuese Dios mismo! Como no estuvieron dispuestos a reconocer a Jesús como el Mesías, su única alternativa fue acusarlo de blasfemia:

"¿Porqué éste habla así? Está blasfemando. ¿Quién puede perdonar pecados, sino Dios sólo?" (*Mc* 2,7).

La blasfemia era una seria acusación. Recordemos que cuando Jesús fue posteriormente llevado ante el Sanedrín, fue acusado de blasfemia e inmediatamente sentenciado a muerte (*Mt* 26,65-66). Una acusación tal no debía ser tomada a la ligera. Sin embargo, nuestro Señor estaba dispuesto a correr el riesgo de esta difamación. Él tomó la ofensiva y planteó a los críticos la cuestión: "¿Qué es más fácil, decir al paralítico: 'Tus pecados te son perdonados', o decir: 'Levántate, toma tu camilla y anda'?" (*Mc* 2,9).

A estas alturas, la gente debía haberse estado preguntando a qué0 tipo de perdón se refería Cristo. Cualquiera de la muchedumbre podría haberle dicho al hombre de la camilla que *lo* perdonaba. Pero ese perdón hubiera sido meramente superficial. Obviamente, Jesús se estaba refiriendo a un perdón que era tan profundo que afectaría la vida misma del alma. Este era el perdón que la gente había deseado con ansias, pero que nunca se le había asegurado tener. Era el perdón que había sido simbolizado por la sangre de incontables corderos sacrificados.

Para probar que tenía el poder de otorgar dicho perdón, Jesús le dijo al hombre: "A ti te digo, levántate, toma tu camilla y vete a tu casa" (*Mc* 2,11). El hombre hizo exactamente eso. El presenciar a este hombre levantarse, debe haber causado un gran alboroto, sin embargo la curación del alma de ese hombre fue mucho más dramática, y transformó el evento en un momento histórico: ¡La era de la reconciliación estaba al alcance!

"Pues para que sepáis que el Hijo del hombre tiene en la tierra el poder de perdonar pecados" –dice al paralítico-: "A ti te digo, levántate, toma tu camilla y vete a tu casa." Se levantó y, al instante, tomando la camilla, salió a la vista de todos, de modo que quedaban todos asombrados y glorificaban a Dios... (*Mc* 2,10-12).

Por supuesto, la gente quedó asombrada con la curación. Pero también hubo simple asombro por el hecho de que Dios haya dado tal autoridad a Jesús: "Al ver esto, la gente temió y glorificó a Dios, que había dado tal poder a los hombres" (*Mt* 9,8). Jesús dio este tipo de autoridad a sus apóstoles explícitamente, en varias ocasiones.

Después de su resurrección, por ejemplo, Jesús dijo a sus apóstoles: "Como el Padre me envió, también yo os envío... A quienes perdonéis los pecados, les quedan perdonados; a quienes se los retengáis, les quedan retenidos" (*Jn* 20,21, 23). El mismo perdón que Jesús confirió al paralítico sería el regalo gratuito del Espíritu Santo, para todo aquél que viniera al Señor, a través de su Iglesia, para ser curado.

El Evangelio muestra que Cristo era piadoso y bueno con los pecadores, *excepto cuando estos tenían puestos de poder y liderazgo.* Él podía perdonar a los que se sentían forzados a desobedecer la ley para evitar el sufrimiento o las dificultades. También era clemente con los que caían en la degeneración; pero con los que caían en el pecado de la soberbia, Jesús no mostraba piedad. Después de todo, la soberbia había sido el pecado por el que primeramente Satanás había tenido entrada en la humanidad. En consecuencia, tanto en el Antiguo como en el Nuevo Testamento, la ira de Dios se dirige con más frecuencia a aquellos que hacen uso de sus dones para su propio beneficio o magnificencia. Los escribas y los fariseos ofendieron a Cristo precisamente porque se rehusaban, a sabiendas, a ayudar a la gente que se encontraba por debajo de ellos.

A los apóstoles inclusive, Jesús les advirtió de no abusar de su poder. En su parábola sobre los siervos descarriados que dejaron de trabajar cuando el amo se había marchado, a los siervos menos importantes se los dejó ir con un castigo ligero, pero los capataces, que habían recibido mayores responsabilidades, recibieron una severa paliza. (*Lc* 12,47-48). En otras palabras, aquellos que tienen poder rendirán cuentas en forma más estricta, que aquellos que no lo tienen y obran mal. Por ende, los que tienen poder y tienden a sentirse mas satisfechos con sus vidas son los que están más expuestos al peligro de recibir la sentencia de Dios (*Lc* 12,48).

La medicina de la Confesión es el antídoto perfecto para las heridas que nuestra propia soberbia puede infligir en nuestras almas. Durante la Confesión nos llenamos de humildad. Al hacerlo, repudiamos nuestros pecados personales. Este repudio es la forma en la que "tomamos nuestra medicina" para ser sanados. Cristo se ofrece a sí mismo como medicina para los que sufren las consecuencias del pecado personal, repartiendo su gracia a través de la Iglesia, y a través de la persona del sacerdote, quien toma su lugar.

Al confesarnos escuchamos al doctor y "tomamos la medicina recetada." Esta medicina nos cura porque es real. En nuestra condición de seres físicos estamos hechos de materia y nos relacionamos con el mundo por medio de nuestros sentidos físicos. Como seres se nos forma por costumbre y aprendemos mejor con la ayuda de la rutina y de los rituales, al igual que con los objetos simbólicos como el agua, el vino, el pan y el aceite. ¡Dios nos hizo así! Cristo no vino para acabar con los diversos rituales del Antiguo Testamento. Más bien vino para avivarlos, de tal manera que pudiésemos experimentar un encuentro real con el Dios vivo. Esto es exactamente lo que pasa en la Confesión. Podríamos no *sentir* necesariamente la presencia directa del Espíritu Santo al confesarnos, pero Él está allí, dándonos la gracia necesaria para reconciliarnos con Dios. Podemos saber esto porque nuestra fe es parte de la confesión unificada y es testimonio de Su Iglesia, y aceptamos nuestro arrepentimiento individual como la manera que Dios nos brinda de reconciliarnos con Él.

San Pablo llamó a todos a llenarse de humildad y reconciliarse con Dios a través de Jesucristo y de los embajadores de su Iglesia:

> Porque en Cristo estaba Dios reconciliando al mundo consigo, no tomando en cuenta las transgresiones de los hombres, sino poniendo en nosotros la palabra de la reconciliación. Somos pues, embajadores de Cristo, como si Dios exhortara por medio de nosotros. En nombre de Cristo os suplicamos: ¡reconciliaos con Dios! (*2Cor* 5,19-20).

Sigamos el consejo de Pablo y reconciliémonos con Dios.

Los Primeros Padres de la Iglesia
sobre la Confesión

San Clemente de Roma (92 d.C.), Carta a los Corintios (v. 1, 26a)

Por cualesquiera que nuestras transgresiones hayan sido, y por lo que sea que hayamos hecho por los ataques del adversario, oremos para que seamos perdonados... Porque es mejor para un hombre confesar sus errores en vez de endurecer su corazón.

La Didajé o La Enseñanza de los Doce Apóstoles (140 d.C.): (v. 1, 3).

Confiesa tus ofensas en la Iglesia, y no vayas a rezar con conciencia maligna. Este es el camino de vida.

Homilía Anónima, 150 d.C. La llamada Segunda Carta de Clemente de Roma a los Corintios (v. 1, 103)

Arrepintámonos entonces, mientras estemos en este mundo, de cualquier maldad que hayamos realizado en la carne, de tal manera que podamos ser salvados por el Señor, mientras aún tengamos tiempo para arrepentirnos. Porque después de haber partido de este mundo ya no será posible confesarse, ni habrá oportunidad alguna de arrepentimiento.

Tertuliano (155 d.C./160 - 240/250), Sobre el Arrepentimiento (v. 1, 315)

La confesión es todo esto, para que pueda estimular el arrepentimiento; para que pueda honrar a Dios por miedo al peligro; para que pueda, por su propio pronunciamiento contra el pecador, tomar el lugar de la indignación de Dios; para que pueda, por una mortificación temporal, no diré frustrar pero si expurgar, los eternos castigos. Por eso, si bien ésta abaja al hombre, lo ensalza; si bien lo cubre de suciedad, más aún lo limpia; si bien condena, absuelve. En la medida en que no os perdonéis a vosotros mismos más, créanme, ¡Dios os perdonará a vosotros!

(v. 1, 316)

Presumo que están más preocupados por el pudor que por la salvación, como aquellos que contraen una enfermedad en las partes más vergonzosas de su cuerpo y evitan que sea del conocimiento del médico; y perecen así junto con su propia vergüenza. ¿Porqué huís de vuestros compañeros de desdicha como lo haríais de aquellos que se burlan? El cuerpo no es capaz de sentir bienestar cuando uno de sus miembros tiene problemas. Necesariamente debe afligirse como un todo y unirse para trabajar buscando una solución.

(v. 1, 317)

Si estáis inclinados a retraeros de la confesión, tomad en cuenta el infierno que esta apaga en vuestros corazones, e imaginad primero la magnitud de la falta, de tal manera que no vaciléis en hacer uso del remedio. ¿Qué pensaríais de ese almacén de fuego eterno, si en alguno de sus agujeros de humo se levantase tal presión de llamas, que las ciudades circundantes, o ya no existen, o estarían esperando diariamente la destrucción? Las montañas más grandes se parten en pedazos al nacimiento de su fuego eterno... ¿Quién no tomará estos castigos ocasionales inflingidos sobre las montañas como ejemplos del juicio inminente? ¿Quién no estará de acuerdo en que dichas centellas no son otra cosa que unos cuantos proyectiles y dardos lanzados al azar desde un centro inimaginablemente grandioso? Por ende, si sabéis que despúes del apoyo inicial del Bautismo del Señor, hay aún en la confesión una segunda reserva contra el infierno, ¿Porqué desertáis de vuestra salvación? ¿Porqué dudáis en acercaros a lo que sabéis os sanará?

Afraates el Filósofo Persa (280 - 345 d.C.), *Tratados* (v. 1, 685)

Cualquiera que haya sido herido en batalla no debería mostrarse renuente a ponerse en las manos de un médico sabio, porque fue vencido y perdió la batalla...Vosotros médicos, entonces, que sois discípulos de un ilustre Médico, no debéis negar la curación a aquellos que necesitan ser curados. Y si alguien descubre sus heridas frente a vosotros dadle el remedio del arrepentimiento. Y a aquel que se avergüence de hacer de conocimiento su debilidad, alentadle para que no se esconda de vosotros. Y cuando se haya revelado a vosotros, no lo hagáis público, no sea que por esto los inocentes sean considerados culpables por nuestros enemigos y por aquellos que nos odian.

San Ambrosio de Milán (333 - 387 d.C.), *Penitencia* **(v. 2, 1297).**

Las cosas que son imposibles para los hombres son posibles para Dios. Dios puede, cuando lo desea, perdonar nuestros pecados, incluso los que nosotros consideramos que no pueden ser perdonados. Por ende, para Dios es posible darnos lo que creemos imposible de obtener... De la misma manera parecía imposible que los pecados fuesen perdonados a través de la penitencia; sin embargo Cristo concedió esta virtud a los apóstoles, y por sus apóstoles ha sido trasmitida al ministerio de los sacerdotes.

San Agustín de Hipona (354 - 430 d.C.) *Sermones* **(v. 3, 1494)**

Si queréis que Dios perdone, debéis confesar. El pecado no puede quedar sin castigo. Es indecoroso, impropio e injusto que el pecado quede sin castigo. Por ende, como el pecado no debe quedar sin castigo, que sea castigado por vosotros, no sea que vosotros seáis castigados por él. Sed los jueces de vuestro pecado, no su patrón. Id y poned un tribunal frente a vosotros mismos y poned vuestra culpa frente a vosotros mismos. No la pongáis detrás de vosotros, o Dios la pondrá frente a vosotros.

San Agustín de Hipona (354 - 430 d.C.) *Lucha Cristiana* **(v. 3, 1579)**

No escuchemos a los que niegan que la Iglesia de Dios puede perdonar todos los pecados. Son realmente desdichados, porque no reconocen a Pedro como la piedra, y se rehúsan a creer que las llaves del reino de los cielos, que perdieron de sus propias manos, le han sido entregadas a la Iglesia.

Los primeros Padres de la Iglesia sobre la naturaleza del pecado en general

Hermas (140/155 d.C.), *El Pastor* (v. 1; 86a)

"Permíteme comprender ya que soy muy bobo, y no comprendo absolutamente nada." Él me respondió y dijo: "Yo gobierno el arrepentimiento y permito comprender a todo aquél que se arrepiente. ¿Realmente no te das cuenta que ese mismísimo arrepentimiento es la comprensión? El arrepentirse es una gran comprensión. Porque el pecador comprende que ha obrado maliciosamente ante Dios; porque el acto que ha llevado a cabo entra en su corazón, y él se arrepiente y ya no obra maliciosamente; más bien, hace el bien en abundancia, y humilla su alma y la somete a tortura porque pecó. Podéis ver, entonces, que el arrepentimiento es una gran comprensión."

(v. 1, 90)

Y el pastor me respondió y dijo: "Todos los que se arrepientan con el corazón entero, se purifiquen a sí mismos de toda la maldad antes mencionada, y no añadan nada más a sus pecados anteriores, recibirán del Señor una cura para sus pecados anteriores, siempre y cuando no posean pensamientos ambiguos en cuanto a estos mandamientos; y vivirán para Dios. Pero todos los que aumenten sus pecados y vivan en la lujuria de este mundo, se condenarán a sí mismos a la muerte."

San Justino Mártir (100/110 - 165 d.C.) *Primera Apología* (v. 1, 123)

Si la raza humana no tuviese el poder de elegir libremente el dejar el mal y optar por el bien, entonces los hombres no podrían ser responsabilizados por sus actos, sean cuales fueren estos. Sin embargo probaremos ahora, que ellos caminan erguidos o tropiezan, por libre elección... Dios no hizo al hombre como los otros seres, como los árboles y las bestias cuadrúpedas por ejemplo, que no pueden llevar a cabo nada por libre elección. El hombre tampoco merecería recompensa o alabanza alguna, si no escogiese el bien por sí mismo; tampoco merecería castigo si obrase maliciosamente, ya que no sería malo por elección, y no podría ser distinto a como nació. El profético Espíritu Santo nos enseñó esto, cuando a través de Moisés, nos dejó saber que Dios le habló de la siguiente manera, al hombre que creó primero: "Mira el bien y el mal, frente a ti. Opta por el bien."

San Teófilo de Antioquia (191 d.C.) *A Autolicus* (v. 1, 184)

De hecho (Dios) no hizo (al hombre) mortal, ni inmortal por naturaleza, porque si Dios lo hubiese hecho inmortal desde el principio, lo habría hecho un Dios. De la misma manera, si lo hubiese hecho mortal, podría parecer que la causa de su muerte es Dios. No lo hizo entonces ni mortal, ni inmortal, pero como dijimos anteriormente, lo hizo capaz de ser cualquiera de ellos. Por ende, si se inclinase por el lado de la inmortalidad, siguiendo el mandamiento de Dios, recibiría de Dios la recompensa de la inmortalidad, y se convertiría en Dios. Sin embargo, si optase por el lado de la muerte, desobedeciendo a Dios, se convertiría el mismo en sí, en la causa de la muerte. Porque Dios hizo al hombre libre y con capacidad de autodeterminación.

San Ireneo (140 - 202 d.C.), *Contra los herejes* (v. 1. 244a-225)

Pero, este hombre (del cual he estado hablando) es Adán, a decir verdad, el primer hombre creado... Nosotros, sin embargo, somos todos de él; y como somos de él, hemos heredado su título...

Resistiendo el impulso desenfrenado de la carne, porque había perdido su disposición natural y su mente de niño, y había llegado a conocer el mal, (Adán) se contuvo a sí mismo y a su mujer cual brida de continencia, temiendo a Dios y esperando su llegada, expresando algo así como: "A pesar de que he perdido por desobediencia el manto de santidad que tenía del Espíritu, reconozco que soy digno de dicho cubrimiento, el cual no brinda comodidad, sino más bien pica e irrita el cuerpo."

Minucius Félix (135 d.C.), *Octavio* (v. 1, 273)

Vosotros castigáis los crímenes una vez cometidos. Con nosotros, es pecado incluso pensar en un crimen. Vosotros teméis a los testigos. Nosotros le tememos incluso a nuestra propia conciencia, de la cual no podemos escapar. Finalmente, las cárceles se encuentran llenas de vuestra gente; pero no hay cristianos allí, salvo que su crimen sea su religión.

San Ireneo (140 - 202), *Contra los herejes* (v. 1, 239)

Así como en el Nuevo Testamento la fe del hombre en Dios se incrementa con la adición del Hijo de Dios, por la que el hombre se convierte en partícipe de Dios, también hay un incremento de la diligencia en nuestras vidas, ya que se nos ordena no solo abstenernos de nuestros actos maliciosos, sino incluso de los pensamientos en sí, y de la conversación maliciosa, el lenguaje vacío, y las palabras indecentes. Así también se incrementa la penalidad de los que no creen en la Palabra de Dios, menospreciando su venida, y cuya atención se concentra en el pasado; porque la palabra no es simplemente temporal, sino eterna.

Tertuliano (155/160 - 240/250), *El Testimonio del Alma* (v. 1, 286)

Finalmente, en cada instancia de la vejación, el desprecio, y el aborrecimiento, pronunciáis el nombre de Satanás. Es a él a quien llamamos el ángel de la maldad, el autor de cada error, el corruptor del mundo entero, por el cual el hombre fue embaucado en el mismo principio, para que quebrantase el mandamiento de Dios. A causa de su trasgresión, el hombre fue entregado a la muerte; y la raza humana entera, que fue infectada por su pecado, fue convertida en la trasmisora de la condena.

Lactancio (250 - 317 d.C.), *Instituciones Divinas* (v. 1, 641)

Por ende, está claro que el conocimiento del bien y del mal es un aspecto, pero la virtud es otro; porque puede existir el conocimiento sin virtud... La virtud no es el conocimiento del bien y del mal. Más bien la virtud radica en hacer el bien y no el mal. El conocimiento, sin embargo, está de hecho unido a la virtud con tal sabiduría, que el conocimiento precede a la virtud y la virtud sigue al conocimiento. El conocimiento carece de valor sino le sigue la acción.

San Pedro Crisólogo (405 - 450 d.C.), *Sermones* **(v. 3, 2176)**

Hombre, no desesperes. Mira, todavía ha quedado para ti un medio para satisfacer a tu Piadosísimo Acreedor. ¿Quieres ser perdonado? ¡Ama entonces! "El amor cubre una inmensidad de pecados." ¿Qué peor crimen existe, que la negación? y sin embargo, Pedro pudo incluso borrar su negación con amor tan solo, cuando el Señor, para probarle, le dijo: "¿Pedro, me amas?" Entre todos los preceptos de Dios, el amor tiene el primer lugar.

Estudio Bíblico sobre la Confesión – Escrituras citadas en el capítulo

Sal 46,11, *Sal* 68,34-35, *Flp* 2,10-11 – Dios como juez del mundo.

Lev 5,5-6, *Lev* 26,40-41, *Dan* 9,20, y *Stg* 5,16 –Somos llamados a confesar nuestros pecados.

Rom 10,9, *1 Tim* 6,12, y *Heb* 10,23 – El "confesar" también significa declarar a Cristo; estamos llamados a hacer confesiones "oficiales" de nuestra fe.

Num 5,7 – Ofrecer sacrificios es parte de nuestro verdadero arrepentimiento. En el Antiguo Testamento se manifiesta por medio de ofrendas por los pecados.

Is 1,11-12, *Sal* 51,18-19, y *Heb* 10,4 – Los antiguos sacrificios no son suficientes. No tienen poder de retirar el pecado.

Mc 7,8 – Jesús condena los rituales *vacíos*, es decir la "tradición humana."

Mt 8,4 – Jesús exige que los leprosos sean purificados con el ritual apropiado.

Mt 18,15-20 – Este pasaje en su totalidad pone énfasis en la autoridad de la Iglesia para manejar las disputas.

Is 40,3 y *Mt* 3,3 – San Juan Bautista cumple el papel de Elías al llamar a todos al arrepentimiento para prepararse para la venida de Cristo.

Mt 3,7-10 – "Por ello todo árbol que no dé buen fruto será cortado y arrojado al fuego."

Jn 20,19-23 – "Recibid el Espíritu Santo. A quiénes perdonéis los pecados, les quedan perdonados; a quienes se los retengáis, les quedan retenidos."

Mt 28,20 – "Y he aquí que yo estoy con vosotros todos los días hasta el final del mundo."

Gen 3,12-13 y *Gen* 4,9-10 – Dios le exige a Adán y a Caín que se confiesen.

2Sam 12,13 – Dios obliga al Rey David a confesarse.

Gen 3,21-24; 4,1-3 – Si bien Adán y Eva deben dejar el Jardín, después de la Confesión de Adán fueron ubicados y bendecidos con niños.

Gen 4,15-16 – Después de la confesión de Caín, Dios le promete que nadie le quitaría la vida.

2Sam 12,13 – Después de la confesión del Rey David, Dios afirma que ha borrado sus pecados.

Jn 4,18 – Jesús le dice a la mujer del pozo, sobre sus pecados: "Has tenido cinco esposos."

Mt 16,23 – "¡Quítate de mi vista, Satanás!" Jesús reprocha a Pedro.

Jn 21,17 – Jesús le da la oportunidad a Pedro de compensar su anterior traición.

Lc 23,41-43 – Jesús recompensa al buen ladrón por su confesión.

Jn 3,19-21 – "Pero el que obra la verdad, va a la luz, para que quede de manifiesto que sus obras están hechas según Dios."

1Cor 2,16 – Se nos otorga la "mente de Cristo."

Heb 4,12 - El espíritu de discernimiento de Cristo es "más cortante que espada de dos filos, que penetra hasta la división entre alma y espíritu, articulaciones y médulas, y discierne sentimientos y pensamientos del corazón."

Ap 22,3-4 – Nuestras lágrimas de pena y arrepentimiento, se convertirán un día en regocijo, cuando nos encontremos finalmente ante el trono de Cristo, con la conciencia limpia.

Mt 12,34-35 – "El hombre bueno, del buen tesoro saca cosas buenas y el hombre malo, del tesoro malo saca cosas malas."

Mt 15,18-20 – Cristo explica que los rituales o la carencia de estos no contaminan; más bien, las acciones y pensamientos que vienen de dentro de nosotros son los que nos contaminan.

Mt 5,22 – "Todo aquel que se encolerice con su hermano, será reo ante el tribunal... y el que le llame 'renegado', será reo de la gehenna del fuego."

Mc 13,33; 14,38 – Deberíamos estar en guardia y rezar en todo momento.

Ap 2,7 – "Al vencedor le daré a comer del árbol de la vida que está en el Paraíso de Dios."

Rom 6,16 – San Pablo enseña que toda vez que pecamos, somos esclavos de nuestros pecados.

Lc 16,10 –"El que es fiel en lo insignificante, lo es también en lo importante; y el que es injusto en lo insignificante, lo es también en lo importante."

1Jn 5,16-17 – El pecado mortal y el pecado venial.

1Cor 11,27-30 – Nadie debería acercarse a la comunión sin arrepentirse de sus pecados.

Mt 5,23-24 – No deberíamos acercarnos a Dios sin habernos reconciliado con nuestro prójimo.

1Cor 12,31; 13,4 – El amor es la nueva ley y la nueva alianza.

Mt 12,18 y *Jn* 10,14-17 – Cristo declara que aquellos que se sienten perdidos son los más queridos por su corazón. Son las "ovejas descarriadas" que Él ha venido a buscar y rescatar a toda costa.

Jn 8,10-11 – Cristo perdona a la mujer sorprendida cometiendo adulterio; le dice que "no peque más."

Lc 15,7 – "Os digo que, de igual modo, habrá más alegría en el cielo por un solo pecador que se convierta, que por noventa y nueve justos que no tengan necesidad de conversión."

Mc 2,17 – "No necesitan médico los que están fuertes, sino los que están mal; no he venido a llamar a justos, sino a pecadores."

Lc 15,11-32 – Parábola del hijo pródigo.

Jn 3,17 – "Dios no ha enviado a su Hijo al mundo para juzgar al mundo, sino para que el mundo se salve por Él."

Is 42,3 – "Caña quebrada no partirá, / y mecha mortecina no apagará."

Mc 2,1-12 – El relato del paralítico: Los Fariseos se ofenden cuando Jesús afirma tener autoridad para perdonar los pecados.

Jn 1,29 – "He ahí el Cordero de Dios, que quita el pecado del mundo."

2Cro 5,14, *Sal* 86,5, y *Dan* 9,19 – Dios perdona al humilde.

Mt 26,65-66 – Jesús fue llevado ante el Sanedrín, acusado de blasfemia, y sentenciado a muerte.

Mt 9,7 – Las multitudes sienten temor porque Dios le concedió a los seres humanos la autoridad para perdonar pecados.

Jn 20,21, 23 – A través de los apóstoles, Jesús le da a la Iglesia la autoridad para perdonar pecados. Les dice: "A quiénes perdonéis los pecados, les quedan perdonados; a quienes se los retengáis, les quedan retenidos."

Lc 12,47-48 – Aquellos con mayor conocimiento y autoridad serán medidos con estándares más altos.

2Cor 5,19-20 – Como embajadores de Dios, llamamos a todos a la reconciliación con Dios.

El Purgatorio:
El fuego del amor de Dios

A lo largo de nuestra vida, el plan de Dios invita a cada uno de nosotros a alcanzar la perfección, a su imagen y semejanza. Él nos da la gracia que necesitamos para cumplir con nuestros deberes y mostrar verdadera caridad con la gente que nos rodea. A razón de nuestra debilidad y nuestra falta de fe con frecuencia necesitamos de su perdón, por lo que hacemos o dejamos de hacer. Si tuviésemos que morir todos hoy, muchos de nosotros no estaríamos preparados para colocarnos ante el trono de Dios con la conciencia perfectamente limpia. Este capítulo se concentra en lo que sucede a las almas que fallecen en estado de imperfección. En su visión apocalíptica del cielo, San Juan nos dice: nada profano entrará en ella, ni los que cometen abominación y mentira, sino solamente los inscritos en el libro de la vida del Cordero (*Ap* 21,27). Sabemos que el cielo se encuentra en un estado de perfecta armonía, acuerdo y aceptación de Dios, por lo que nadie puede existir en él, a no ser que esté completamente purificado de cualquier vínculo con el pecado, incluyendo el pecado venial. Es por esto, que debe haber un estado intermedio de existencia, en el cual las almas pueden ser preparadas para obedecer perfectamente a Dios antes de entrar al cielo.

Algunos cristianos no aceptan la doctrina del purgatorio, afirmando que las almas de los que han sido salvados han pasado por una transformación instantánea y sin dolor, la cual las ha limpiado de todo pecado. Según esta afirmación, las almas de los muertos no necesitan de nuestras oraciones: ya se encuentran en el cielo disfrutando de la paz perfecta, o de lo contrario, han sido condenadas a pasar la eternidad en el infierno. La Iglesia Católica, en cambio, se mantiene fiel a la tradición judía y de los inicios del cristianismo (de origen judío): Dios ha reservado un lugar o estado del ser para aquellos que mueren con residuos de pecado en sus almas.

El Antiguo Testamento hace referencia a este lugar con la palabra *Sheol*.[1] Tanto los justos como los pecadores descendían allí después de la muerte. El concepto de lo que Sheol era, no estaba del todo claro. Los antiguos escritores bíblicos no se imaginaban a Patriarcas como Abraham y Jacob siendo enviados al infierno, pero tampoco podían hacerse la idea que alguno de ellos fuese lo suficientemente perfecto como para coexistir con Dios en el cielo. Más bien, una vida posterior a la vida terrenal, gris y aún más misteriosa, como el *Hades* griego, parecía más razonable.

Los hebreos, por eso, aceptaban que sus pecados les hacían desmerecer la vida eterna con Dios. Sin embargo, podían hallar consuelo en la profecía del Rey David:

> Tan lejos como está el oriente del ocaso,
>   aleja él de nosotros nuestras rebeldías (*Sal* 103,12).

La gente podría no haber entendido como (o cuando) Dios nos separaría tan radicalmente de nuestros pecados. Es ahora que entendemos que el sacrificio de Cristo cumplió esta profecía.

Para los primeros cristianos, la muerte y la resurrección de Cristo también esclarecieron mucho del misterio que había entorno al concepto del Sheol del Antiguo Testamento. Cristo debe haber revelado a los apóstoles que descendió al Sheol apenas falleció, porque San Pedro relata este evento en una de sus epístolas, explicando que el propósito del descenso de Cristo fue "predicar a los espíritus encarcelados, en otro tiempo incrédulos..." (*1Pe* 3,19-20). Después de muchos siglos de discusión, la Iglesia comenzó a referirse a este estado de purificación con el término "purgatorio" (de la voz latina *purgatio*, que significa "limpieza.")

Algunos objetan la doctrina del purgatorio porque la palabra no se menciona explícitamente en las Escrituras. Estos mismos críticos,

---

[1] *Sheol* era un término general para referirse al lugar de los muertos; no tenía la connotación de un lugar de purificación, si bien en *2Mac* 12 se muestra que la idea del purgatorio estaba presente de manera implícita.

sin embargo, aceptan fácilmente las doctrinas de la Trinidad y de la Encarnación, incluso aunque estas palabras tampoco se mencionen. Es verdad que ni Cristo ni los apóstoles dijeron específicamente: "Algunos de los que mueran deberán sufrir en el purgatorio antes de que puedan ir al cielo." Pero así como la Iglesia ha inferido en las doctrinas de la Trinidad y de la Encarnación, partiendo de la esencia de todas las Escrituras y de la Tradición viva de la Iglesia, también ha podido inferir en la doctrina del purgatorio.

Para empezar, la doctrina del purgatorio esta basada en algunas creencias judeocristianas básicas, tales como la inmortalidad del alma y la necesidad de rezar por los muertos. Desde los tiempos del Antiguo Testamento, rezar por los muertos ha sido considerado "un pensamiento santo y piadoso" (*2Mac* 12,45). Los primeros cristianos rezaban por sus muertos, según dan evidencia las oraciones escritas en las catacumbas romanas de los primeros siglos, y las escrituras de los primeros Padres de la Iglesia. Sin duda, las pruebas bíblicas halladas empiezan con el hecho de que los judíos y los cristianos siempre han rezado oraciones de intercesión por y entre sí, y por los que han fallecido. Abraham por ejemplo, le pidió a Dios que no destruyera las ciudades de Sodoma y Gomorra, en nombre de los rectos que él pensaba que podían estar viviendo allí (*Gen* 18,23-33). Moisés también rezó ante Dios, y las personas creían tanto en él, que en las Escrituras se relata como le pidieron que intercediese por ellas: "Habla tú con nosotros, que podremos entenderte, pero que no hable Dios con nosotros, no sea que muramos" (*Ex* 20,19). Más adelante, cuando la gente de Israel disgustó a Dios, al reclamar su deseo de tener un rey como las otras naciones, le pidieron a Samuel que interceda por ellos (*1Sam* 12,17,19). Basándonos en la respuesta de Samuel, sabemos que él consideraba que la oración era una obligación sagrada:

> Por mi parte, lejos de mí pecar contra YAHVÉ dejando de suplicar por vosotros y de enseñaros el camino bueno y recto (*1Sam* 12,23).

Las Escrituras también relatan como el profeta Job ofreció oraciones de intercesión por el bien de sus hijos. Al asumir que sus hijos habían pecado, Job simplemente comprendió de manera bondadosa y practica, la naturaleza humana y su tendencia a ser presa del pecado:

> Solían sus hijos celebrar banquetes en casa de cada uno de ellos, por turno, e invitaban también a sus tres hermanas a comer y beber con ellos. Al terminar los días de estos convites, Job les mandaba a llamar para purificarlos; luego se levantaba de madrugada y ofrecía holocaustos por cada uno de ellos. Porque se decía: "Acaso mis hijos hayan pecado y maldecido a Dios en su corazón." Así hacía Job siempre (*Job* 1,4-5).

La practica judía de ofrecer oraciones de intercesión entre sí y por los otros, va más allá de la muerte. En esta tradición de rezar por los muertos, hallamos la evidencia más fuerte del lugar temporal de existencia que Dios ha preparado para aquellos que han sido juzgados y hallados justos, pero que no se encuentran preparados para el cielo. Estas son las almas más beneficiadas por las oraciones y los sacrificios ofrecidos por aquellos que aún siguen vivos. El libro de los Macabeos, de hecho ofrece evidencia contundente que demuestra que los judíos rezaban por sus muertos. Los eventos relatados casi al final del segundo libro, ocurrieron alrededor de 150 años antes de Cristo, cuando los judíos se encontraban intentando liberar su nación del control extranjero. Después de una de sus batallas, los judíos comenzaron a enterrar a sus soldados caídos. A medida que los cuerpos eran examinados, parecía ser que Dios había permitido que estos soldados muriesen en batalla, porque habían estado llevando consigo amuletos paganos: "sagrados para los ídolos de Jamnia", debajo de sus túnicas, durante la batalla (*2Mac* 12,40). Si bien estaba prohibido a los judíos utilizar dichos amuletos, este pecado no se consideraba motivo de condena, por lo que los hombres de Macabeo se pusieron a rezar inmediatamente y le pidieron a Dios que perdonase los pecados de los hermanos fallecidos (*2Mac* 12,40). Judas Macabeo también abogó por los muertos, al pedirle a cada soldado que ofreciera dinero, además de oraciones:

Después de haber reunido entre sus hombres cerca de 2.000 dracmas, las mandó a Jerusalén para ofrecer un sacrificio por el pecado (*2Mac* 12,43).

El autor de este libro histórico alaba después el acto de expiación por los muertos que Macabeo lleva a cabo y afirma la creencia judía en una existencia posterior a la vida, que es inequívocamente semejante al purgatorio:

> Obrando muy hermosa y noblemente, pensando en la resurrección. Pues de no esperar que los soldados caídos resucitarían, habría sido superfluo y necio rogar por los muertos; mas si consideraba que una magnífica recompensa está reservada a los que duermen piadosamente, era un pensamiento santo y piadoso. Por eso mandó hacer este sacrificio expiatorio en favor de los muertos, para que quedaran liberados del pecado. (*2Mac* 12,43-46).

Incluso hasta nuestros días, los judíos continúan practicando la tradición de rezar por los muertos. En esta tradición (conocida como *Kaddish* en hebreo), los judíos creyentes lolevan ofrendas a la sinagoga y recitan oraciones especiales por los muertos cada día, durante un año.[2]

Con dicha evidencia sobre el purgatorio claramente afirmada en el libro de los Macabeos, ¿Cómo podría alguien que cree en las Escrituras seguir dudando de esta doctrina? Usualmente existe la duda, porque la totalidad del libro de los Macabeos les ha sido ocultada a aquellos que se encuentran buscando la verdad. Si bien este libro de la Biblia puede encontrarse en todas las traducciones católicas y ortodoxas de la Biblia, muchas versiones protestantes lo omiten, conjuntamente con otros siete libros considerados "apócrifos" (es decir "no canónicos" o de "autenticidad cuestionable.")

Al rechazar estos libros, los eruditos protestantes siguen el ca-

---

[2] No está del todo claro, si el Kaddish tiene la misma intención de intercesión que las oraciones católicas por los fallecidos.

non del Antiguo Testamento, definido por el concilio de Jamnia en el año 90 d.C. Los judíos decidieron retirar estos libros de la colección de lo que ellos consideraban ser "escrituras inspiradas," al considerarlos simples relatos históricos. (Algunos han señalado que los judíos de ese concilio, habrían buscado borrar el libro de los Macabeos de su canon porque contenía alabanzas profusas para los romanos, que acababan de destruir Jerusalén en el año 70 d.C. (*1Mac* 8). Es importante destacar sin embargo, que *en el tiempo de Cristo, estos siete libros eran considerados Escrituras.*

Este conjunto de escritos se llamaba "Septuaginta" (cuyo significado es "setenta"), a raíz del vínculo con la historia tradicional de los setenta eruditos judíos, a los que originalmente se les atribuye haber traducido las Escrituras hebreas al griego. Esta historia relata que si bien cada traductor fue encerrado en una habitación hasta que culminase la traducción por si solo, cada uno terminó con la misma exacta traducción, palabra por palabra.[3] El dicho popular: "setenta hombres en setenta días", describió su trabajo, dándole el mismo prestigio otorgado a la versión hebrea de las Escrituras.

Este fue el famoso canon de Escrituras rechazado por los líderes judíos del siglo primero.[4] Estos rechazaron siete libros de la Septuaginta (incluyendo el libro de los Macabeos) porque aparentemente no pudieron hallar manuscritos hebreos originales. (Se han hallado varios manuscritos hebreos originales desde entonces, con el descubrimiento de los pergaminos del Mar Muerto, que se remontan al tiempo de Cristo). Otra razón por la cual, en parte, el consejo de eruditos judíos de Jamnia decidió rechazar estos libros, fue porque los cristianos utilizaban ciertos pasajes de estos para probar que Cristo era el Mesías. A pesar de la decisión tomada por los judíos del siglo primero, *la Iglesia Católica no retiró estos libros.* Jesús nunca cuestionó parte alguna de las Escrituras, por lo que la Iglesia no vio

---

[3] "Septuaginta" *The International Standard Bible Encyclopaedia*, ed. G. W. Bromily, vol. 4 (Grand Rapids, Mich.: W. B. Eerdman's, 1990), 400–408.

[4] *Canon* significa "lista oficial." En este caso se refiere a la lista oficial de libros que pertenecen a la Biblia.

necesario dudar de su juicio. Después de todo, Jesús vino para ser la culminación de todas las Escrituras, y si Él aceptó lal Septuaginta, entonces tiene sentido que su Iglesia siga el ejemplo.

La decisión de retirar los libros de los Macabeos, al igual que otros "libros apócrifos" de la versión protestante de la Biblia fue tomada por Martín Lutero. *Él tomó la decisión en el siglo dieciséis.* Lutero trató de seguir la misma línea de razonamiento de los judíos del siglo primero, pero el verdadero propósito de la exclusión de esos libros era retirar cualquier evidencia de las creencias católicas a las que buscaba oponerse, incluyendo la doctrina católica del purgatorio. Antes que Lutero decidiese por sí solo que estos libros "apócrifos" sean eliminados, estos venían siendo aceptados como Escrituras Sagradas, por más de mil años.

El primer desafío de Martín Lutero a las enseñanzas de la Iglesia Católica, fue el tema del purgatorio. Lutero vivió en un tiempo en el que la Iglesia se había rendido con mucha frecuencia a las exigencias de los líderes seculares, que deseaban que sus amigos y allegados gobiernen la Iglesia. Muchos de estos líderes religiosos tenían poco interés en la fe y más bien se concentraban principalmente en controlar las propiedades y riquezas de la Iglesia. Durante el tiempo de Martín Lutero (1500–1600), la Santa Sede con frecuencia le otorgaba permiso a algunos obispos y curas para vender una "indulgencia" en una región dada, a cambio de una parte de las ganancias.[5] En vez de alentar al laicado a rezar y llevar a cabo actos de caridad por los miembros fallecidos de sus familias, algunos sacerdotes charlatanes hacían "ofertas especiales" que "garantizaban" la liberación de los seres queridos del purgatorio, a cambio de grandes sumas de dinero.

Lutero, con razón, se vio ofendido al ser testigo de dicha corrupción, pero su respuesta al problema fue atacar la verdadera doctrina de la Iglesia, en vez de la práctica corrupta. En vez de presionar para acabar con esta práctica corrupta, Lutero adujo que toda la doctrina

---

[5] La Santa Sede, se refiere a los administradores del Vaticano, en este contexto.

católica del purgatorio en conjunto, era falsa. y afirmó que nadie podía reducir el sufrimiento de los muertos, que nuestras oraciones no podían ayudar a aquellos destinados al infierno, y que los elegidos para el reino de los cielos eran llevados allí inmediatamente después de la muerte. En cuanto a los justos, que murieron con pecados veniales en sus almas, Lutero aducía que Dios simplemente los declaraba perfectos y cubría sus pecados con la sangre de Jesús. Lutero incluso comparó las almas de los justos del cielo, con heces de vaca que habían sido cubiertas de nieve.

Hoy en día, casi ningún protestante acepta la idea radical que afirma que los pecadores pueden entrar al cielo con pecados en sus almas. Sin embargo, continúan rechazando las enseñanzas de la Iglesia sobre el purgatorio. Según se mencionó anteriormente, los Protestantes predican que las almas de los justos pasan por una transformación instantánea y libre de sufrimiento, que deja su alma sin mancha alguna y preparada para el cielo. Ellos objetan la idea del purgatorio, porque consideran que esta doctrina lleva a la gente a pensar que puede ganarse su propio camino al cielo, sin embargo, no es esto lo que la Iglesia Católica predica. Así como la aceptación inicial de Cristo en nuestras vidas se hace posible por la gracia de Dios, de la misma manera nuestra limpieza final en el purgatorio es una aplicación de la gracia que Cristo obtuvo para nosotros. Fiel a Cristo, la Iglesia enseña que no podemos hacer nada sin la ayuda de Dios. Incluso en el sufrimiento que soportamos por el bien de nuestra purificación, Dios nos ayuda.

Los críticos del purgatorio, citarán siempre la promesa de Cristo al buen ladrón en la cruz: "Yo te aseguro: hoy estarás conmigo en el Paraíso" (*Lc* 23,43). Ellos consideran que este pasaje es una prueba consistente de que el purgatorio no existe, ya que Cristo deja claro que el ladrón irá al Paraíso ese mismo día. Lo que debe reconocerse, sin embargo, es el contexto dentro del cual se expresan estas palabras. Jesús estaba muriendo en la cruz. No era el momento adecuado para explicar detalles doctrinales. Su propósito era darle a ese hombre moribundo la firme seguridad de que sus pecados le eran perdonados y que su alma estaba salvada. Cristo le prometió el paraíso a este pecador, para que las generaciones futuras aprendieran la lección de memoria: Dios nos perdonará incluso si nos encontramos a pocos suspiros del final.

La historia explica que incluso Jesús, cuando murió, no fue al cielo inmediatamente. Más bien, fue a un lugar conocido como "el Seno de Abraham", en donde los justos esperaban la redención de Cristo antes de poder entrar en el cielo (cf. *Lc* 16,23). Ya que Cristo prometió al ladrón: "Hoy estarás conmigo", podemos asumir que el buen ladrón se dirigió con Él a este lugar de preparación para el cielo. En el Credo de los Apóstoles, expresamos esta creencia sobre el viaje de Cristo al purgatorio, cuando decimos: "Fue crucificado, muerto y sepultado, y descendió a los infiernos." No nos referimos a que Cristo descendió al infierno de los condenados, en donde las almas muertas ni merecían, ni deseaban recibirlo. Más bien, nos referimos al lugar al que descendió usando el término "infierno." Originalmente, esta palabra tenía un sentido muy amplio, al igual que la palabra *Sheol*, del hebreo, o el *Hades* griego, que hacía referencia al mundo de los muertos en general.

La primera epístola de San Pedro hace mención a este evento, tradicionalmente conocido como "el descenso a los infiernos":

> Pues también Cristo, para llevarnos a Dios, murió una sola vez por los pecados. Muerto en la carne, vivificado en el espíritu. En el espíritu fue también a predicar a los espíritus encarcelados, en otro tiempo incrédulos... (*1Pe* 3,18-20).

En este pasaje queda claro que Jesús se dirigió a un lugar de detención en el reino espiritual. Una vez allí, cual pastor buscando ovejas descarriadas, llamó a las almas que se encontraban esperando y las llevó a casa. Podemos suponer que Jesús estuvo en el purgatorio, porque se describe que los espíritus habían cambiado y se habían vuelto más obedientes al Señor que antes. San Pedro nos relata que Cristo "les predicó," lo que muestra que las almas detenidas en esta "prisión" no eran estáticas, sino más bien dinámicas. Estas se podían beneficiarse al oír la palabra, al igual que el pueblo de Nínive se beneficio al oír la palabra de Jonás, cuya experiencia de tres días dentro del estómago de una ballena representó anticipadamente la experiencia de tres días de purgatorio que Cristo vivió (*Jon* 2,1-2; 3,5; *Mt* 12,41). Aquellos preocupados por la perspectiva del purgatorio, deberían sentirse tranquilos con que, antes de ascender a su Padre en los cielos, Cristo eligiese ir a la morada de los muertos, para hacerles llegar la verdad que podía liberarlos.

San Pedro no fue el único en las Escrituras del Nuevo Testamento, en referirse a este lugar de detención espiritual como una "cárcel." Cristo también hace uso del término "cárcel" para describir el lugar de penitencia para aquellos que no salden sus pecados antes de morir:

> Ponte enseguida a buenas con tu adversario mientras vas con él por el camino; no sea que tu adversario te entregue al juez y el juez al guardia, y te metan en la cárcel. Yo te aseguro: no saldrás de allí hasta que no hayas pagado el último céntimo (*Mt* 5,25-26).

Salvo que uno esté dispuesto a reducir este párrafo a un simple consejo sobre finanzas, se entiende que el "acusador" en esta advertencia, es nuestra conciencia, y el "juez" es el Señor, el cual nos llevará a juicio cuando muramos. La "cárcel" debe referirse al purgatorio y no al infierno, porque de lo contrario no hubiese mencionado la posibilidad de ser liberado (es decir, pagando hasta el último centavo de sufrimiento). También existen pruebas de la existencia del purgatorio en otro pasaje de las Escrituras, en el que Cristo advierte a los discípulos que cualquiera que hable en contra del Espíritu Santo no será perdonado:

> Y al que diga una palabra contra el Hijo del hombre, se le perdonará; pero al que la diga contra el Espíritu Santo, no se le perdonará ni en este mundo ni en el otro (*Mt* 12,32).

Si bien Cristo no hace referencia explícita al purgatorio en este pasaje, si menciona que los pecados cometidos contra el Espíritu Santo no serán perdonados en la siguiente etapa. Que Cristo afirme esto implica que otros pecados pueden ser y serán perdonados en el siguiente etapa. De esto se trata el purgatorio.

Unas de las pruebas más contundentes sobre el purgatorio, que hay en las Escrituras, se encuentra en la carta de San Pablo a los Corinitos. Pablo describe a las almas de los salvados como obras que han sido colocadas sobre el cimiento de Cristo (*1Cor* 3,11). Algunas de estas obras, sin embargo, no soportarán totalmente la prueba del juicio de Dios:

> La obra de cada cual quedará al descubierto; la manifestará el Día, que ha de revelarse por el fuego. Y la calidad de la obra de cada cual, la probará el fuego. Aquél, cuya obra, construida sobre el cimiento, resista, recibirá la recompensa. Mas aquél, cuya obra quede abrasada, sufrirá el daño. Él, no obstante, quedará a salvo, pero como quien pasa a través del fuego (*1Cor* 3,13-15).

La promesa de Pablo es importante: algunos se salvarán "como si pasaran a través del fuego" (*1Cor* 3,15). Como algunos habrán realizado muy poco para Dios, padecerán la pérdida de todo lo que erróneamente valoraron. *Pero serán salvados igualmente.* ¿De qué otra forma podría entenderse este pasaje, sino como evidencia de la doctrina del purgatorio?

Otra pregunta que puede extraerse de este pasaje es porqué el purgatorio ha sido asociado con fuego. ¿Porqué la purificación se da a través del fuego? ¿Porqué no agua, luz o viento?

Tanto en el Antiguo como en el Nuevo Testamento, la presencia de Dios ha sido asociada con fuego, un fuego que algunas veces destruye y otras veces revela, ilumina, o expresa su presencia. Por ejemplo, Dios se le apareció por primera vez a Moisés en forma de ángel de fuego, dentro de una zarza en llamas, que ardía sin consumirse (*Ex* 3,2). A medida que Dios hacía su solemne promesa de liberar a los esclavos hebreos, la zarza en llamas servía para transmitir un *mensaje de libertad.* Más adelante, cuando Dios apareció en el desierto en forma de columna de fuego, esa la noche, el fuego no solo sirvió para alentar a la gente con una promesa de protección, además indicó el camino hacia la Tierra Prometida. ("de modo que pudiesen marchar de día y de noche" (*Ex* 13,21). En el Nuevo Testamento, El Espíritu Santo descendió sobre los apóstoles en forma de lenguas de fuego:

> De repente vino del cielo un ruido como el de una ráfaga de viento impetuoso, que llenó toda la casa en la que se encontraban. Se les aparecieron unas lenguas como de fuego que se repartieron y se posaron sobre cada uno de ellos; quedaron todos llenos del Espíritu Santo... (*Hch* 2,2-4).

Las llamas de fuego que no se consumen simbolizan la verdad, el poder, y la presencia de Dios impartida sobre los discípulos, para que estos puedan construir la Iglesia y proclamar el evangelio hasta el final de los tiempos. El fuego se posó sobre sus cabezas como una unción sacramental del mismo Dios, un signo visible de su presencia entre ellos.

Cuando Jesús dijo, en el Evangelio de Lucas: "He venido a arrojar un fuego sobre la tierra y ¡cuánto desearía que ya estuviera encendido!" estaba refiriéndose al fuego de la purificación (*Lc* 12,49). Él sabía que nadie podría ser lo suficientemente purificado como para entrar al cielo, hasta que Él culminase su sacrificio en la cruz, por eso las dos ideas se juntan en sus pensamientos hablados:

> He venido a arrojar un fuego sobre la tierra y ¡cuánto desearía que ya estuviera encendido! Con un bautismo tengo que ser bautizado y ¡qué angustiado estoy hasta que se cumpla! (*Lc* 12,49-50).

La sangre de Cristo lavó de una vez y por todas la maldición que Satanás echó sobre la familia humana, cuando el Señor fue bautizado en la cruz. Si bien muchos cristianos aceptan este hecho, hay algunos que van un paso más allá y afirman que como Cristo ya obtuvo nuestra salvación, no hay más trabajo por hacer. Esto no es verdad. Si ya todo estuviera hecho, entonces Pablo nunca nos hubiese instado a llevar a cabo nuestra parte, al decir: "Trabajad con temor y temblor por vuestra salvación" (*Flp* 2,12). Además, la experiencia de cargar con nuestra propia cruz en la vida diaria deja claro que Cristo no ha terminado con nosotros aún. Por eso, tomando en cuenta cuantos de nosotros morimos con "algunos negocios pendientes" que tratar, tiene mucho sentido pensar que el purgatorio es como una suerte de escuela final, para los que la necesitan. El purgatorio culmina el trabajo de aplicar a cada alma la gracia que Cristo obtuvo para nosotros, y la mejor manera de describir ese trabajo es con una experiencia ígnea.

El proceso de purificación se describe como una sensación de fuego. La gente puede sentir el fuego de la presencia divina en distintas formas, dependiendo del estado de su alma. Para aquellos que rechazan y odian a Dios, y están concentrados en su propio egoísmo, la presencia de Dios es un amargo malestar. Esta es la razón por la cual el fuego del infierno ha sido comparado con la visión Beatífica, pero vista con los ojos de Satanás.

La presencia de Dios en aquellos que lo aceptan, causa diversas sensaciones. Hay, por supuesto, el reconocimiento de su pureza, su amor y su belleza, sin embargo, de la misma manera, se experimenta un dolor causado por el reconocimiento del grado al que aún nos encontramos capturados en deseos egoístas.[6] Esta percepción causa cierta humillación y vergüenza. Nuestro padecer en el purgatorio nace de nuestra humildad y de nuestro horror, ante la visión de nuestra pecaminosidad, vista desde la perspectiva de Dios.

Cuando hayamos sido finalmente purificados y hayamos culminado totalmente la expiación de nuestros pecados, entonces la presencia de Dios no traerá consigo la más mínima pena. En este momento, sentiremos su fuego de manera distinta, como un amor intenso y apasionado, una suerte de pureza desenfrenada. El fuego del amor de Dios será una inmensa belleza, expresada de innumerables maneras, y participaremos de ellas.

---

[6] El sufrimiento del purgatorio ha sido siempre presentado como algo distinto al sufrimiento del infierno; el CIC se refiere a este únicamente en cuanto a ser una purificación (núm. 1030–32.)

La Libertad no es gratuita

No debemos basarnos exclusivamente en la imagen del fuego para poder entender porque el purgatorio es el remedio perfecto para el alma ensuciada con el pecado. El purgatorio también puede entenderse como la purificación de nuestra libre voluntad. A través de las Escrituras, podemos ver la fuerza de la libre voluntad. Esta, fue el primer regalo recibido por la humanidad, que ha sido preservado por Dios en cada uno de nosotros a lo largo de los años. Cuando Moisés habló a su pueblo en nombre de Dios, reafirmó la supremacía de nuestra libre voluntad, al darnos a escoger si deseamos rechazar o servir a Dios:

> Mira, pongo hoy ante ti vida y felicidad, muerte y desgracia. Si escuchas los mandamientos de YAHVÉ tu Dios que yo te prescribo hoy, si amas a YAHVÉ tu Dios, si sigues sus caminos y guardas sus mandamientos, preceptos y normas, vivirás y multiplicarás; YAHVÉ tu Dios te bendecirá en la tierra a la que vas a entrar para tomarla en posesión. Pero si tu corazón se desvía y no escuchas, si te dejas arrastrar a postrarte ante otros dioses y a darles culto, yo os declaro hoy que pereceréis sin remedio... (*Deut* 30,15-18).

El regalo de la libre voluntad otorgado por Dios, nos hace responsables de todo lo que hacemos. Pablo explica este punto al escribir que aquellos que busquen "gloria, honor, e inmortalidad, a través de la perseverancia en el bien" recibirán vida eterna (*Rom* 2,7). Para los indóciles a la verdad, en cambio, habrá "cólera e indignación" (*Rom* 2,8).

Esta advertencia tiene mucho sentido, porque cuando pecamos le estamos entregando nuestra libertad al diablo, en bandeja de plata. Mientras más pecamos, menos libertad tenemos. Así como eventualmente los adictos pierden su capacidad de autocontrol, también perdemos el control cuando permitimos que la tentación nos venza. Desde esta perspectiva, la realidad del infierno es entendida mejor como la pérdida total de la voluntad propia. Cuando Cristo advirtió: "Porque quien quiera salvar su vida, la perderá", se refería al fenómeno del pecado que lleva a la esclavitud (*Lc* 9,24).

La profundidad del amor de Dios por nosotros no podría manifestarse más en estas situaciones, ya que en vez de dejarnos perecer, según merecemos, Dios nos brinda toda la gracia adicional que necesitamos para volver una vez más al estado de libertad. Esto es lo que Pablo quería decir, cuando escribió: "pero donde abundó el pecado, sobreabundó la gracia..." (*Rom* 5,20).

El purgatorio, por ende, es otra expresión adicional del amor y la piedad de Dios. Conociendo nuestra debilidad general y el hecho de que muchos de nosotros necesitaríamos más de una vida entera para culminar nuestra santificación, Dios nos ha entregado un lugar donde podemos recuperar nuestra libertad. Una vez que hayamos aceptado el sufrimiento requerido para poder asegurarnos una vez más el regalo original de la voluntad propia otorgado por Dios, entonces estaremos en condición de amarle y servirle en perfecto regocijo.

Es por muchas razones, entonces, que la Iglesia católica rechaza la idea que afirma que los pecados de una persona pueden ser simplemente "borrados" a la hora de la muerte, como si Dios fuese en contra de su propia ley de causa y efecto. El creer que los pecados de una persona pueden ser simplemente borrados en un instante carente de sufrimiento, revela un entendimiento poco profundo de la naturaleza del pecado y del efecto que este tiene en nuestras almas. Cada pecado que cometemos constituye un rechazo a Dios y un rechazo a su autoridad. Con nuestras acciones y pensamientos pecaminosos, estamos declarando que la ley y el plan de Dios no son lo suficientemente buenos para nosotros, y que tenemos nuestras propias leyes y planes, que consideramos mejores. ¿Cómo puede una actitud pecaminosa como esta ser cambiada instantáneamente sin trabajo o sufrimiento alguno de nuestra parte?

Como hemos podido ver, el pecar, es abusar en forma desagradable y falsa, de nuestra libre voluntad. Por ello, toda persona que en estado pecaminoso busque entrar al cielo, tendrá que confrontar el hecho de tener la voluntad aún nublada por algún tipo de atracción por el pecado. Así como las personas que practican una dieta estricta pueden sentir una urgente necesidad por ciertas comidas que no deberían comer, muchos de nosotros a la hora de la muerte, estaremos aún ligados o atraídos por ciertos pecados, sean estos por comisión u omisión. Deberíamos ver al purgatorio, por ende, como un acto de la más profunda piedad, por parte de Dios. Sabiendo que muchos de nosotros estamos aún ligados a nuestros pecados cuando morimos, Dios purifica nuestra voluntad, de tal manera que no tengamos deseo alguno de hacer o tener algo dañino o egoísta.

La experiencia del purgatorio debe incluir sufrimiento porque escoger a Dios debe ser realmente nuestra propia decisión. Al entregarnos el peso del sufrimiento, traído por nosotros mismos por nuestra conducta egoísta, Dios nos da la oportunidad de mostrarle que estamos realmente arrepentidos por las cosas que hemos hecho o dejamos de hacer, a lo largo de nuestra vida, y de esta manera, si bien es Cristo que lleva a cabo la limpieza, de todas formas el sufrimiento nos enseña el verdadero efecto del pecado. Nos aclara lo que el pecado es realmente, de tal forma que este pierde todo su atractivo. El sufrimiento del purgatorio, es entonces, como el sufrimiento de un drogadicto o un alcohólico en recuperación. Podemos experimentar dolor y pena por nuestros pecados, pero estamos agradecidos por ser liberados. Sentimos esperanza incluso a medida que sufrimos las consecuencias de nuestros pecados y como resultado de esto, no solo crecemos en gracia, sino también en carácter. San Pablo describe este otro propósito del sufrimiento, en su carta a los Romanos:

> Más aún; nos gloriamos hasta en las tribulaciones, sabiendo que la tribulación engendra la paciencia; la paciencia, virtud probada; la virtud probada, esperanza, y la esperanza no falla, porque el amor de Dios ha sido derramado en nuestros corazones por el Espíritu Santo que nos ha sido dado (*Rom* 5,3-5).

La purificación por la que las almas pasan en el purgatorio no es tanto asignada por Dios, ya que es solicitada por cada alma. San Juan escribe que aquellos que deseen estar ante la presencia de Dios, saben que deberán purificarse primero:

> Queridos, ahora somos hijos de Dios y aún no se ha manifestado lo que seremos. Sabemos que, cuando se manifieste, seremos semejantes a él, porque le veremos tal cual es. Todo el que tiene esta esperanza en él se purifica a sí mismo, como él es puro (*1Jn* 3,2-3).

Nuestro deseo de ser hechos puros nuevamente

El Rey David rogó una vez para que su purgatorio sea en la tierra. A pesar de la cercanía a Dios de la que gozó, David cayó en grave pecado cuando cometió adulterio con Betsabé, causando la muerte de su esposo Uriah (*2Sam* 11,4, 15). Incluso cuando David finalmente confesó y se arrepintió de su pecado, no experimentó el retorno de la bondad de Dios sin haber pasado antes por un gran sufrimiento. El hijo pequeño de Betsabé enfermó, y David entendió que esto era el resultado del pecado que había cometido:

> David suplicó a Dios por el niño; hizo David un ayuno riguroso y entrando en casa pasaba la noche acostado en tierra. Los ancianos de su casa se esforzaban por levantarle del suelo, pero el se negó y no quiso comer con ellos (*2Sam* 12,16-17).

Podemos entender, por el Salmo de David, que este aceptó voluntariamente el castigo de Dios, para que la gracia le sea restaurada una vez más:

> Lávame a fondo de mi culpa,
>   y de mi pecado purifícame.
> Rocíame con el hisopo, y seré limpio,
>   lávame, y quedaré más blanco que la nieve.
> Crea en mí, oh Dios, un corazón puro,
>   un espíritu firme dentro de mí renueva;
> no me rechaces lejos de tu rostro,
>   no retires de mí tu santo espíritu.
>   (*Sal* 51,4, 9, 12-13).

No podemos comprender la bienaventuranza de las almas que se encuentran en el cielo, pero en esta vida experimentamos, por lo menos, un reflejo de ese regocijo venidero. Deberíamos estar por eso, dispuestos a dar la cara al juicio y la penitencia de Dios, con la misma actitud de David. Podemos en esta vida, rezar diariamente: "Haz lo que sea Señor, para que mi alma se una a Ti, porque ninguna pena es lo suficientemente grande en comparación con la gloria de tu presencia."

"Hoy ha llegado la salvación a esta casa" (*Lc* 19,9).

Esta conversión de corazón y sumisión a la corrección también se encuentra en la historia de Zaqueo, el principal recaudador de impuestos. Si bien todos sabían que Zaqueo era deshonesto, codicioso y egoísta, Jesús quedó impresionado cuando vio que Zaqueo había subido a un árbol para poder verle cuando pasaba por Jericó. Ese mismo día Jesús se dirigió a su casa y oyó una magnánima confesión de culpa y arrepentimiento, de parte de Zaqueo:

Zaqueo, puesto en pie, dijo al Señor: "Daré, Señor, la mitad de mis bienes a los pobres; y si en algo defraudé a alguien, le devolveré el cuádruplo" (*Lc* 19,8).

> Zaqueo debe haber visto en Jesús la esperanza de salvación, sino, ¿por cuál otra razón se habría sometido tan benignamente a aquellos que había ofendido? Como David, Zaqueo aceptó su penitencia con honor y gratitud. Él sabía que recibir el favor de Dios valía todo precio, y esto es exactamente lo que Zaqueo recibió cuando Jesús le dijo: "Hoy ha llegado la salvación a esta casa" (*Lc* 19,9).

En muchas de las historias de los santos, encontramos el mismo entusiasmo mostrado por Zaqueo, que estuvo dispuesto a pagar cualquier precio para poder entrar al cielo. Muchos de los mártires cristianos de la etapa inicial, por ejemplo, cantaban canciones de alabanza y agradecimiento, incluso cuando estaban siendo llevados a los leones, porque estaban convencidos de la gloria que les esperaba al final de su juicio.

Un juicio similar espera a cada alma destinada a sufrir por un tiempo en el purgatorio. Sin embargo, sería mejor pasar por esos juicios mientras estamos vivos, y aceptar nuestra parte del sufrimiento en esta vida, sin quejas. San Pablo enseñó que los sufrimientos de esta vida deberían ser aceptados, a la luz de todo lo bueno que estos pueden lograr:

> Por eso no desfallecemos. Aun cuando nuestro hombre exterior se va desmoronando, el hombre interior se va renovando de día en día. En efecto, la leve tribulación de un momento nos produce, sobre toda medida, un pesado caudal de gloria eterna (*2Cor* 4,16-17).

Además de aceptar el regocijo y el pesar de esta vida con la misma gratitud, podemos compensar nuestros pecados mostrando piedad y perdón cuando sea posible. Cuando Pedro le preguntó a Cristo cuantas veces se debería esperar que una persona perdone al prójimo, Cristo le respondió que debería estar preparado para perdonar "setenta y siete" veces, y luego explicó porqué (*Mt* 18,21-22). El Señor relató la parábola del rey que quería ajustar cuentas con todos sus siervos (*Mt* 18,23-35). Un siervo, que debía una gran suma de dinero se arrojó ante el rey y suplicó clemencia.

El rey sintió tanta lástima por el hombre que, en vez de darle más tiempo para pagar, le perdonó el total de la deuda. Más adelante, el mismo siervo se encontró en la situación en la que un compañero, también siervo, le debía una pequeña cantidad de dinero. A diferencia del rey, que tuvo compasión y canceló la deuda, el siervo gritó y se enfureció, insistiendo en que se le pague. Cuando el otro siervo pidió un poco de tiempo para colectar el dinero, se negó a oírle e hizo que le arrojaran a la cárcel.

Al oír esta injusticia, los otros siervos se dirigieron al rey para protestar por la conducta desaforada del siervo cuya deuda había sido perdonada. El rey lo llamó y le pidió una explicación. El siervo no tenía explicación alguna. Entonces el rey le reprendió por su falta de compasión:

Su señor entonces le mandó llamar y le dijo: "Siervo malvado, yo te perdoné a ti toda aquella deuda porque me lo suplicaste. ¿No debías tú también compadecerte de tu compañero, del mismo modo que yo me compadecí de ti?" Y encolerizado su señor, le entregó a los verdugos hasta que pagase todo lo que le debía (*Mt* 18,32-34).

Que Dios demande que una persona sufra "hasta que pague todo lo que le debe" sugiere una vez más, un lugar de confinamiento posterior a la muerte pero anterior al ingreso al cielo. (Recordemos como Pedro utilizó esta idea cuando describió a nuestro Señor yendo a predicar a las almas en "prisión" (*1Pe* 3,19). Todos estos pasajes muestran que si no tenemos piedad con los otros, entonces Dios exigirá total justicia por cada pecado que cometamos. Es por esta razón que Jesús termina la parábola del Siervo sin entrañas con una severa advertencia:

Esto mismo hará con vosotros mi Padre celestial, si no perdonáis de corazón cada uno a vuestros hermanos (*Mt* 18,35).

La misericordia que esperamos recibir de Dios, tenemos que ponerla en practica nosotros mismos primero. Santiago reiteró este punto cuando dijo: "la misericordia se siente superior al juicio" (*Stg* 2,13). Esto debería ser de gran consuelo para aquellos que se sienten agobiados por sus pecados; porque la compasión y la piedad que ellos muestren con otros, puede mitigar parcialmente el juicio en su contra:

"Porque tendrá un juicio sin misericordia el que no tuvo misericordia; pero la misericordia se siente superior al juicio" (*Stg* 2,13).

En la oración del Padre Nuestro, Jesús prometió que Dios mostraría clemencia si nosotros hacemos lo mismo:

Que si vosotros perdonáis a los hombres sus ofensas, os perdonará también a vosotros vuestro Padre celestial; pero si no perdonáis a los hombres, tampoco vuestro Padre perdonará vuestras ofensas (*Mt* 6,14-15).

El amor es la virtud final que satisface la justicia y llama a la misericordia. San Pedro escribió: "El amor cubre multitud de pecados" (*1Pe* 4,8). Es el remedio universal para el pecado. Cuando se encontraba visitando la casa de un colector de impuestos, Jesús miró con ternura a la mujer que se encontraba lavando sus pies con lágrimas, y Él expresó la misma idea con igual elocuencia: "Quedan perdonados sus muchos pecados, porque ha mostrado mucho amor" (*Lc* 7,47). Así es que la espada de la justicia puede ser envainada por el perdón, y el amor que mostramos por otros puede curar nuestro propio quebrantamiento.

> Ante todo, tened entre vosotros intenso amor, pues el amor cubre multitud de pecados (*1Pe* 4,8).

El Juicio frente al espejo

Está claro que el sistema de justicia que adoptemos será el mismo que Dios adoptará con nosotros (*Lc* 6,38). Ninguno de nosotros es Jesucristo, y ninguno de nosotros puede juzgar al otro; sin embargo, al practicar el perdón y la piedad, mostramos que somos hijos e hijas del Padre, y que queremos ser perfectos, como Él.

> Dad y se os dará; una medida buena, apretada, remecida, rebosante pondrán en el halda de vuestros vestidos. Porque con la medida con que midáis se os medirá (*Lc* 6,38).

Imitando a Cristo, entonces, nosotros perdonamos; y en este proceso, nos preparamos para recibir el perdón nosotros mismos:

> No juzguéis, para que no seáis juzgados. Porque con el juicio con que juzguéis seréis juzgados, y con la medida con que midáis se os medirá (*Mt* 7,1-2; cf. *Rom* 2,1, 3).

La severidad de nuestro juicio en el purgatorio dependerá de la calidad que hayamos mostrado en caridad y clemencia a lo largo de nuestra vida. Dios reparte perfecta justicia.

A través de sus enseñanzas sobre el perdón, Jesús demostró que lo que deseaba era la curación del pecador y no su "pago en retribución" por los daños causados. Las retribuciones solo sirven para engatusar los corazones de aquellos que se encuentran aún endurecidos frente a su perfecta ley de amor. Dios quiere que nuestros corazones sean como el suyo, y esta es la razón por la cual desea que amemos a nuestros prójimos así como nos amamos a nosotros mismos. Para deshacerse totalmente del egoísmo no se necesita más que una verdadera y total conversión de corazón.

Gradualmente, a través de la lucha diaria en nuestras vidas, nos amoldamos a la imagen de Cristo, y al igual que nuestro Salvador, que murió en la cruz para asegurar nuestra redención, nosotros debemos también "morir en nosotros mismos" para cosechar los frutos de la salvación. Sin embargo, Dios no abandona en los oscuros confines del universo a aquellos que morimos antes de "morir en nosotros mismos". En su compasión, nos hace pasar a través del purgatorio, en donde nuestras manchadas investiduras bautismales pueden ser purificadas, para luego ir al cielo.

Los primeros Padres de la Iglesia
sobre el Purgatorio

Tertuliano (211 d.C.), *La Corona* **(v. 1, 367)**

Ofrecemos sacrificios por los muertos en los aniversarios de sus nacimientos.

Tertuliano (213 d.C.), *La Corona* **(v. 1, 382)**

Verdaderamente ella reza por su alma y pide que Él pueda, mientras espera, hallar descanso; y que pueda compartir en la primera resurrección, y cada año, en el aniversario de su muerte, ella ofrece el sacrificio.

San Cirilo de Jerusalén (315 - 386 d.C.), *Lecturas Catedráticas* **(v. 1, 852, 853)**

Hacemos mención también de los sagrados padres y obispos que ya duermen, y, para hacerlo simple, de todos aquellos que entre nosotros ya duermen; porque creemos que será de enorme beneficio para las almas de aquellos por los que realiza la petición... y es mi deseo persuadiros con una ilustración, ya que me es sabido que muchos andan diciendo: "Si un alma parte de este mundo en pecado, ¿cómo es que se beneficia de ser recordada en oración?" Pues bien, si un rey vetase a ciertas personas que le han ofendido, y aquellos que intercediesen por estas fabricasen una corona y se la ofreciesen, en favor de los que están siendo castigados, ¿no otorgaría este una remisión de sus faltas? De la misma manera, nosotros también le ofrecemos oraciones a Él, por aquellos que ya duermen, aunque sean pecadores. Nosotros no fabricamos una corona, pero ofrecemos a Cristo, que se sacrificó por nuestros pecados; y de esa manera, propiciamos al Dios benevolente, tanto para ellos como para nosotros.

San Gregorio de Niza (383 d.C.), *Sermón sobre los Muertos* (v. 2, 1061)

Después de partir, saliendo del cuerpo, él... encuentra que no puede compartir la divinidad hasta que haya sido purgado del inmundo contagio de su alma, por el fuego purificador.

San Epifanio de Salamis (315 - 403 d.C.), *Panacea contra todas las herejías* (v. 2, 1109)

Más aún, en cuanto a mencionar los nombres de los muertos, ¿qué hay en ello, que es sumamente útil? ¿Qué es más oportuno y excelente, para aquellos que aún se encuentran aquí, que creer que los que partieron realmente viven, y que no se han desvanecido en la nada, y que más bien existen y están vivos al lado del Maestro? ... son también útiles las oraciones rezadas en favor de ellos, incluso aunque estas no hagan retroceder todos los cargos de culpabilidad impuestos sobre ellos. Además son también útiles, porque con frecuencia tropezamos en este mundo, sea voluntaria o involuntariamente, y por ende, estas son un recordatorio para hacer las cosas mejor.

San Juan Crisóstomo (334/354 - 407 d.C.), *Homilías sobre la Epístola a los Filipenses* (v. 2, 1206)

¡Lloremos por los incrédulos! ¡Lloremos por aquellos que no se diferencian un ápice de ellos!, ¡aquellos que por ende van sin iluminación, sin el sello! Ellos realmente merecen nuestro lamento, nuestras lágrimas... lloremos por aquellos que mueren en sus riquezas, y que con todas ellas no prepararon consuelo alguno para sus propias almas... lloremos por ellos, ayudémosles con el máximo de nuestra capacidad, pensemos en la forma de ayudarlos... rezando por ellos e invitando a otros a rezar por ellos, dándole constantemente limosna a los pobres, en favor de ellos.

San Agustín de Hipona (354 - 430 d.C.) *Explicaciones de los Salmos* (v. 3, 1467)

Señor... límpiame en esta vida y hazme tal que no tenga necesidad del fuego corrector, que es para aquellos que son salvados, pero como quien pasa a través del fuego... porque está dicho: "Él, no obstante, quedará a salvo, pero como quien pasa a través del fuego," y como se dice que él quedará salvo, poco se piensa en ese fuego. Sin embargo, si bien seremos salvados por el fuego, ese fuego será más severo que cualquier sufrimiento en la vida de un hombre.

Sermones (v. 3, 1513)

Los nombres de los mártires se leen en voz alta en aquél lugar, en el altar de Dios, en donde no se ofrecen plegarias por ellos. No obstante, se ofrecen plegarias por los fallecidos, que son recordados. Porque es un error rezar por un mártir, a cuyas plegarias debemos encomendarnos.

(v. 3, 1516)

Sin embargo, mediante las oraciones de la Santa Iglesia, y por el sacrificio salvador y las limosnas dadas para sus espíritus, no cabe duda que los muertos son ayudados, para que el Señor pueda tratarlos más piadosamente de lo que sus almas merecen. Porque la Iglesia en su totalidad cumple con esta práctica, que fue transmitida por los Padres: que ella rece por aquellos que murieron en la comunión del Cuerpo y la Sangre de Cristo, cuando son conmemorados en su lugar propio, en el sacrificio mismo; y el sacrificio es también ofrecido en su memoria, en su nombre.

Defensa del Génesis frente a los maniqueos (v. 3, 1544)

El hombre que no haya cultivado la tierra y haya permitido que esta se infeste de hierba mala, tiene en su vida la maldición de su tierra, en todas sus labores, y después de esta vida tendrá, o el fuego del purgatorio, o la penitencia eterna.

Estudio Bíblico sobre el Purgatorio – Escrituras citadas en el Capítulo

Ap 21,27 – Nada profano entrará en el cielo.

Sal 103,12 – "Tan lejos como está el oriente del ocaso / aleja él de nosotros nuestras rebeldías."

1Pe 3,19-20 – Cristo fue a "predicar a los espíritus encarcelados, en otro tiempo incrédulos..."

Gen 18,23-33 – Abraham intercede, en favor de los rectos que podrían estar viviendo en Sodoma y Gomorra.

Ex 20,19 – Dijeron a Moisés: "Habla tú con nosotros, que podremos entenderte, pero que no hable Dios con nosotros, no sea que muramos."

1Sam 12,17.19 – Más adelante, cuando la gente de Israel disgustó a Dios, reclamando su deseo de tener un rey como las otras naciones, le pidieron a Samuel que interceda por ellos.

1Sam 12,23 – Samuel consideraba que la oración era una obligación sagrada.

Job 1,4-5 – Job ofrece sacrificios en nombre de sus hijos.

2Mac 12,42-45 – Los hombres de Macabeo rezan en favor de sus compañeros caídos. Judas hace una colecta y la envía a Jerusalén para ofrecer un sacrificio en su nombre. Rezar por los muertos es considerado "un pensamiento santo y piadoso."

Lc 23,43 – Cristo le promete el paraíso al buen ladrón.

Jon 2,1-2; 3,5 y *Mt* 12,41 – La experiencia de Jonás de tres días dentro del estómago de una ballena prefiguró la experiencia de tres días de purgatorio de Cristo.

Mt 5,25-26 – Cristo nos advierte de saldar cuentas en esta vida, porque en la siguiente, no saldremos de prisión hasta que no hayamos pagado hasta el último céntimo.

Mt 12,31-32 – Cristo afirma que quien blasfeme contra el Espíritu Santo, no se le perdonará ni en esta era ni en la venidera.

1Cor 3,11 - Pablo nos dice que Cristo es la base sobre la cual construimos.

1Cor 3,13-15 – "Él, no obstante, quedará a salvo, pero como quien pasa a través del fuego."

Ex 3,2 y *Ex* 13,21-22 – La presencia de Dios descrita como fuego.

Hch 2,2-4 – El Espíritu Santo, en Pentecostés, aparece en forma de lenguas de fuego.

Lc 12,49 – "He venido a arrojar un fuego sobre la tierra y ¡cuánto desearía que ya estuviera encendido."

Deut 30,15-18 – Dios establece la Ley de la Vida y la Ley de la Muerte ante los israelitas y les pide escoger la vida.

Rom 2,7-8 – Pablo promete vida eterna a aquellos que perseveren en actos de bondad. Para los incrédulos, sin embargo, habrá "cólera e indignación."

Lc 9,24 – "Porque quien quiera salvar su vida, la perderá..."

Rom 5,20 – Pablo escribió: "Pero donde abundó el pecado, sobreabundó la gracia..."

Rom 5,3-5 – El dolor del sufrimiento purificador es bueno para nosotros y nos amolda a Cristo.

1Jn 3,2-3 – "Seremos semejantes a él, porque le veremos tal cual es."

2Sam 11,4, 15 y *2Sam* 12,16-17 – David soportó un gran sufrimiento a razón de sus pecados.

Sal 51,4.9.12-13 – "Rocíame con el hisopo... / lávame, y quedaré más blanco que la nieve. David confía en Dios para que lo purifique.

Lc 19,8 - Zaqueo se compromete a restituir, diciendo al Señor: "Daré, Señor, la mitad de mis bienes a los pobres; y si en algo defraudé a alguien, le devolveré el cuádruplo."

Lc 19,9 – Jesús responde a Zaqueo diciéndole: "Hoy ha llegado la salvación a esta casa..."

2Cor 4,17 – "La leve tribulación de un momento nos produce, sobre toda medida, un pesado caudal de gloria eterna."

Mt 18,21-22 y *Mt* 18,23-25 – Jesús explica que somos perdonados según perdonamos. Relata la parábola del maestro y su siervo, el cual le debía una gran cantidad de dinero.

Mt 18,32-34 – El siervo es entregado a los torturadores hasta pagar el total de la deuda.

Mt 18,35 – "Esto mismo hará con vosotros mi Padre celestial, sino perdonáis de corazón cada uno a vuestro hermano."

Stg 2,13 – "La misericordia se siente superior al juicio."

Mt 6,12.14-15 – "Somos perdonados según perdonamos."

1Pe 4,8 – "El amor cubre multitud de pecados."

Lc 7,47 – "Por eso te digo que quedan perdonados sus muchos pecados, porque ha mostrado mucho amor."

Mt 7,1-2, *Rom* 2,1, 3 y *Lc* 6,38 – El sistema de justicia que adoptemos será el mismo que Dios adoptará con nosotros. Se nos medirá con la medida que nosotros midamos.

La Bienaventurada Virgen María

María es la Madre de Jesús, y la Madre de todos nosotros (Martín Lutero, Sermón, Navidad de 1529).

La veneración a María está profundamente inscrita en el corazón humano (Martín Lutero, Sermón, Septiembre 1, 1522).

Pero la otra concepción, es decir la infusión del alma, se cree piadosa y adecuadamente, fue sin pecado, de tal forma que mientras el alma estaba siendo infusa, al mismo tiempo era lavada del pecado original y adornada con los dones del Señor, para recibir el alma sagrada que estaba siendo, así, infusa. Y de esta manera, en el preciso momento en que ella empezó a vivir, se encontraba libre de todo pecado (Martín Lutero).[1]

Martín Lutero creía lo que la Iglesia Católica le enseñó sobre María. Estas creencias representaban 1,500 años de reflexión cristiana sobre ella, basadas en las Escrituras. Lutero no consideró que el abandonar la Iglesia madre, finalmente conlleva también a abandonar a María madre, reduciendo su papel al de un simple "envase" utilizado alguna vez por Dios. La reducción de dicho papel se refleja perjudicialmente en Dios y daña nuestra relación con Jesús. ¿Cómo podemos llamar a su padre "nuestro Padre", sino podemos llamar "nuestra madre" a su madre? Su presencia fomenta una relación íntima dentro de la familia de la Iglesia, permitiéndonos amar a Dios infinito.

¿Sería posible para alguno de nosotros entender algo, si se nos pusiera frente a frente con el Todopoderoso e infinito Dios? ¿No quedaría cualquier persona completamente anonadada? Un hindú encararía este planteamiento diciendo que la individualidad de una

---

[1] Martín Lutero, *Luther's Works, Weimar Edition*, traducido por J. Pelikan (Concordia: St. Louis, 1957) Vol. 4, 694.

persona se pierde en Dios. Podría decir que así como una sola gota de lluvia se pierde en el océano, una persona individual se disuelve en Dios cuando ingresa al "cielo"[2] Como cristianos, no podemos expresar nuestra unión con Dios de esta manera. Nosotros creemos que el espíritu humano individual es distinto al de Dios. ¿Cómo puede entonces un individuo estar en contacto con Dios y sin embargo mantener el sentido de sí mismo? Dios responde a esto con la maternidad.

Al llevar a cabo la creación, Dios nos brindó la maternidad, la esencia de la femineidad. La creó para albergar nuestro contacto con Él, pero por razón de la caída, esta no puede albergar a Dios perfectamente. A través de María, Dios restaura la maternidad y la lleva a una perfección incluso mayor a la que tenía antes de la caída. ¿Cómo se da esto? Antes de responder a esta pregunta, debemos ver primero, que Dios le dio a la maternidad, el propósito de conectarnos a Él en naturaleza, en humanidad, y en nuestras familias.

Un niño o niña, en su fascinación por las figuras de colores de las alas de una mariposa, aprende algo sobre la belleza de Dios presente en los detalles. La madre Naturaleza presenta esta pequeña porción de la belleza de Dios, sin abrumar al niño con la Belleza Total de Dios.[3] Si la mariposa se alimenta del néctar de una flor, la mente del niño percibirá, de alguna manera, la forma en la que todos los seres vivientes están conectados entre sí, en una comunidad. A partir de esto, ese niño o niña puede ser guiado hacia el entendimiento del lugar y el papel especial que él o ella tiene en la creación de Dios.

La naturaleza por sí sola, sin embargo, está incompleta, porque el agua, las piedras, los árboles, y los animales no pueden responder concientemente a Dios. La naturaleza fue culminada cuando Dios

---

[2] Los hindúes llaman "nirvana" al cielo, pero este no tiene semejanza alguna con el concepto cristiano de cielo.

[3] Para ver algunos ejemplos de la personificación de una creación femenina, ver la cita de Hermas, que inicia el capítulo sobre la Iglesia. Ver también el capítulo 24 del libro del Eclesiástico (Sirácida.)

introdujo en ella una imagen de sí mismo que pudiera conocerle y responderle. Creó a los seres humanos. La conformación de una humanidad unificada tenía por objeto responder a la belleza de Dios de manera consciente. La presencia de la humanidad, la parte conciente de la naturaleza, eleva a la naturaleza a la categoría de madre, la cual es conciente de quien es su esposo y puede responder a su amor. Nuestros gobiernos, nuestras leyes, y nuestros lenguajes deberían mostrar comunión con Dios, con nosotros mismos y con los demás. Nuestros hogares, nuestros lugares de trabajo y nuestros parques, deberían devolver esa belleza de Dios, presente en la naturaleza, a través de la adoración. El arte, la literatura y la música deberían celebrar la comunión de amor con la Trinidad.

De esta manera, la humanidad hace posible una relación de amor entre Dios y la creación. Además, Dios cuidó también de proveer lo necesario para todo ser humano individualmente. Él nos dio a cada uno un padre y una madre humana, cuyo matrimonio debería reflejar en todos nosotros como individuos, en forma personal, el amor entre Dios y la creación.[4]

En esta relación, la madre representa nuestro hogar. Esta representación es literal, ya que un bebé venidero realmente vive dentro de la madre y toma su carne y su vida de ella. Después del nacimiento, sin embargo, la madre continúa siendo un hogar. Nuestra madre nos da un papel especial: Un papel que representar, un lugar que ocupar. La madre es como Dios para un niño, antes de que este tenga la edad suficiente para darse cuenta de que existen más cosas. En su humanidad, una madre lleva a Dios en sí y se lo presenta al hijo de tal forma que este pueda entender. La madre nos enseña y nos nutre. Ella nos hace parte de la familia enseñándonos las reglas y la forma como se hacen las cosas en nuestra familia. Ella representa el carácter distintivo de la familia con ciertas comidas, con cierto lenguaje y

---

[4] Esta representación se hace posible porque Dios se hace hombre en Jesucristo. Jesucristo es Dios, y la Iglesia es la nueva creación restaurada, su esposa (*Ef* 5,25–27.32; *Ap* 21,2.9.) Por ello, todo matrimonio cristiano da testimonio del amor existente entre Cristo y la Iglesia.

manera de hablar, ciertos tipos de ropa, costumbres, canciones, etc. Ella realiza todo esto dentro del contexto de la obediencia, el amor, y la devoción a nuestro Padre, que es su esposo. De esta manera, ella concentra todo su detallado trabajo en hacer un hogar para su familia y sus hijos, en su recorrido hacia el objetivo final de unirse con Dios, a través de su esposo. Nuestra vida familiar debería así, mostrarnos a Dios, de manera *personal*.

La verdadera maternidad nos enseña tres cosas: Nos enseña quien es Dios, nos enseña a cada uno de nosotros quiénes y qué somos, y nos enseña cómo relacionarnos con Dios adecuadamente. Como la maternidad es nuestra conexión con Dios, la caída dañó esa conexión. Esta se encuentra dañada en su naturaleza, porque a pesar de la belleza, también vemos el terror. Al igual que un ciervo bebé, cuando está imposibilitado de escapar del león. Esta conexión se daña cuando la sociedad humana se quiebra con conflictos y guerras, o cuando las madres abandonan a sus hijos por "cosas más importantes."

El pecado, en todas estas formas, dañó la capacidad de los seres humanos de tener una relación personal con Dios. Los seres humanos empezaron a adorar a la creación en sí, como si fuese un Dios (panteísmo), e incluso a sus propios deseos pervertidos, en forma de diferentes diosas y dioses. El cristianismo restauró la verdadera religión, y predica que la creación caída debe ser renovada y debe hacerse nuevamente inmaculada, como el cuerpo de Cristo, para ser el hogar y esposa de Dios.

Dios ha llevado a cabo esta nueva y perfecta conexión con Él, a través de María, manifestando su gracia en la impecabilidad, dedicación total, y maternidad de nuestra madre. El Señor unificó a la creación y a la humanidad cuando el Espíritu Santo cubrió a María. De esta manera, afirmó, en la persona de María, la dignidad de ambos. A través de ella y en ella, nace una nueva creación en el cuerpo de Cristo, se forma una nueva sociedad en la comunidad celestial (que la Iglesia en la tierra intenta imitar), y a cada uno de nosotros le es dada una madre común, dentro de la familia de Dios.

María se ha convertido en el rostro humano de la creación, así como Cristo se ha convertido en el rostro humano de Dios. Así como la maternidad hace posible conocer a Dios, María hace posible nuestra relación personal con Jesucristo. ¿Qué implica esta relación personal y cómo hace María que esta sea posible?

Muchos consideran que una relación personal con Cristo no implica tener la necesidad de formar parte de la Iglesia, pero eso es como un dedo que pretende estar conectado directamente a la cabeza, sin tener conexión alguna con la mano, el brazo, el hombro y el cuello. Además, un dedo solo, no tiene propósito alguno distinto al del cuerpo, y no puede tener algún tipo de relación con la Cabeza si está separado del cuerpo. Cada parte es llevada por (o se alberga en) el cuerpo, y obtiene su sangre vital (el Espíritu Santo) del cuerpo. El cuerpo es la madre de cada parte. Una relación personal perfecta solo puede concretarse en un cuerpo perfecto.

En su cuerpo inmaculado y por su perfecta devoción y amor, María provee el modelo de perfección para el cuerpo de Cristo, es decir, la Iglesia como la Nueva Creación. El agua del bautismo, el pan de la comunión, el aceite de la confirmación, la santidad del matrimonio humano, todos nos restablecen a cada uno de nosotros, personalmente. Somos restaurados al ser conectados a Cristo en una nueva sociedad humana (la Iglesia) conectada ella misma a Cristo en una nueva Creación (la carne proveniente de María, que Cristo ofreció a su Padre en la cruz). "Estar salvado" significa unidad perfecta con Cristo en la Iglesia. Debido al pecado, sin embargo, la unión y perfección de este cuerpo es posible en la tierra, únicamente por medio de la cruz.

La Iglesia, por ello, nos señala la Cruz de Cristo para lograr esta unidad perfecta. Así como nuestras madres terrenales lavan nuestros cuerpos con agua cuando somos niños, así nuestra madre celestial lava nuestros pecados con la sangre de Cristo y con sus lágrimas. Allí, en la cruz, cada uno de nosotros está unido a Él como miembro de una familia, en un lazo de amor.

El amor consumado entre un esposo y su esposa, dentro del matrimonio, genera una familia. De la misma manera, la familia de Dios está basada en el fuerte lazo de amor que Cristo expresó en la cruz. La cruz es el lecho de matrimonio de Cristo, y el Señor consumó nuestro matrimonio con Él, allí.

Es fácil decir: "Creo en Cristo", pero muchos contradicen esto buscando una relación con Dios, separada del cuerpo de Cristo, haciéndolo para escapar a las dificultades que se manifiestan cuando las personas intentan hacer las cosas en conjunto. El resistir, e incluso perdonar las faltas de otros, al igual que obedecer a aquellos con mayor autoridad (incluso aunque prefiriésemos no hacerlo), es parte de estar relacionado a Dios como familia mientras nos encontramos en la tierra. La relación existente entre unos y otros dice si Dios se encuentra presente entre nosotros o no. Cuando nos comunicamos con Cristo a través del uno al otro, y cuando intercedemos el uno por el otro, dándonos a Cristo entre nosotros mismos, *no estamos cubriendo o perdiendo de vista a Cristo*. Por el contrario, nos estamos uniendo más profundamente a Él y entre nosotros, por medio del Espíritu Santo. Cuando recordamos que Jesús nos dio una madre común en María, justo antes de morir en la cruz, sentimos su apoyo en nuestro esfuerzo por la unidad.

La creación caída nos permite darle un vistazo a la maternidad, a través de la naturaleza, la sociedad, y nuestras propias madres terrenales. Jesús restauró y perfeccionó la sociedad humana, al darle a todos los seres humanos una madre común en María. Somos una familia nuevamente. Él restauró y perfeccionó la maternidad personal al darle a María como madre individual, a cada creyente.

Ahora pedimos al lector que se prepare para realizar un poco de trabajo, a medida que exploramos el papel de María, a través de las Escrituras. Empezaremos con cinco aspectos que muestran que la maternidad se cumple en María y que la maternidad de la Iglesia deriva del papel que María desempeña, como madre nuestra:

1. María: "Hija de Sión" e imagen de la Iglesia
2. María, la Nueva Eva
3. María, el Arca de la Alianza
4. La fe y el amor de María
5. María, madre de la Iglesia

Después, revisaremos el análisis bíblico de la Iglesia, sobre los siguientes aspectos:

1. La perpetua virginidad de María
2. La concepción de María sin pecado original
3. La asunción de María a los cielos

Estas tres doctrinas nos explican como la maternidad, en la nueva creación, es llevada a la perfección en María.

1. María: "Hija de Sión"
e Imagen de la Iglesia

Lucas intencionalmente hace alusión a María como la Nueva Sión. La palabra "Sión," en el Antiguo Testamento, personifica al pueblo de Dios en su papel de novia. Originalmente, Sión fue la fortaleza que el Rey David tuvo que conquistar para tomar Jerusalén (*2Sam* 5,7). En ese lugar, el Rey Salomón (el hijo del Rey David), construyó el Templo. El significado de la palabra "Sión" incluyó, más adelante, no solo el templo, sino también Jerusalén e Israel, como pueblo de Dios. Para los cristianos, Sión significa el nuevo Israel, la Iglesia (*Heb* 12,22).

En el Antiguo testamento se utiliza los términos "Sión" e "Hija de Sión" para describir al pueblo de Israel personificado como novia virgen que le pertenece al Señor. El profeta Isaías los utilizaba con frecuencia:

Por amor de Sión no he de callar,
 por amor de Jerusalén no he de estar quedo:
Hasta que salga como resplandor su justicia,
 y su salvación brille como antorcha.

Porque como se casa joven con doncella,
 se casará contigo tu edificador:
Y con gozo de esposo por su novia
 se gozará por ti tu Dios (*Is* 62,1, 5).

El Evangelio de Lucas presenta a María como la culminación y realización de la Sión ideal, la cual había estado esperando la venida del Mesías, y que ahora lo ha recibido en su seno. El anuncio del Arcángel Gabriel a María hace eco a un texto del Antiguo Testamento del profeta Sofonías. Esta profecía sobre la venida del Mesías, le era familiar a todos. Lucas incluyó detalles, con el propósito de recordarle a los oyentes esta profecía de Sofonías, incluida en el Antiguo Testamento,[5]

---

[5] René Laurentin, La verdad de la Navidad más allá de los Mitos, trans. Michael Wrenn et al. (Petersham, Mass.: St. Bede's, 1986) 20-21. El símbolo ★ indica dónde se ha utilizado la traducción de Laurentin del versículo bíblico

Sofonías 3,14 – 17★	**Lucas 1,28 - 33★**
¡Grita alborozada, hija de Sión! lanza clamores, Israel, celébralo alegre de todo corazón, ¡ciudad de Jerusalén! YAHVE, Rey de Israel, está en medio de ti... no tengas miedo, Sión... YAHVE tu Dios,	 Alégrate, llena de gracia, el señor está contigo! No temas, María...
está en medio de ti...	vas a concebir en el seno y vas a dar a luz un hijo al que pondrás por nombre
un poderoso salvador... YAHVE, Rey de Israel, está en medio de ti...	Señor-salvador (Ye-shu) Y reinará sobre la casa de Jacob

Tomemos en cuenta que el nombre "Jesús" (pronunciado Ye-shu en Hebreo, que significa Señor-salvador) evoca la palabra "salvador." Nótese como la frase de Lucas "en tu seno" evoca la frase "está en medio de ti." Estos paralelos no se dan cuando el ángel anuncia el nacimiento de Juan Bautista a su padre Zacarías:

Los asteriscos (★) indican el uso de la traducción de Laurentin

Lucas 1,13★	**Lucas 1,31★**
Isabel tu mujer	Vas a concebir
	en el seno
te dará	y vas a dar a luz
un hijo	un hijo
a quien pondrás	al que pondrás
por nombre	por nombre
Juan	Jesús (Ye-shu)

¿Porqué se incluyó la frase "en el seno" en la anunciación a Maria, y no así en el anuncio a Zacarías? Lucas la puso allí para llevar la atención a la profecía de Sofonías: "El Rey de Israel, YAHVE, *está en medio de ti*" (*Sof* 3,15).

La alusión que Lucas hace a Sofonías confirma que María no es únicamente la Madre del Salvador, sino también la Madre del pueblo de Dios. La descripción que él hace de ella, concuerda con la visión final que Isaías tuvo de la Madre Sión, y sus hijos:

¿Quién oyó tal?
  ¿Quién vio cosa semejante?
¿Es dado a luz un país en solo un día?
  ¿O nace un pueblo todo de una vez?
Pues bien, tuvo dolores y parió
  Sión a sus hijos (Isaías 66,8).

2. María, la Nueva Eva

Está concordancia no es difícil de captar: Si Cristo es el Nuevo Adán, según dice San Pablo en Romanos 5, entonces María es la Nueva Eva. Así como Eva cooperó con Adán en la caída, María cooperó con Cristo en nuestra redención. Así como Eva es la madre de todos según la carne, María es la madre de todos en la nueva creación.

Dios perfeccionó a Eva y le dio un nombre que significa "Madre de todos los vivientes." Eva no pudo vivir a la altura del honor de su nombre, por lo que la gracia de Dios nos brindó otra madre que si podría. Las siguientes son algunas comparaciones entre Eva y María: Eva fue creada sin pecado.

> Y dijo Dios: "Hagamos al ser humano a nuestra imagen, como semejanza nuestra" (*Gen* 1,26).

María fue concebida sin pecado.

> Y entrando le dijo: "Alégrate llena de gracia" (*Lc* 1,28).[6]

Eva es nuestra madre por medio de la carne.

> El hombre llamó a su mujer "Eva" (vida), por ser ella la madre todos los vivientes (*Gen* 3,20).

María es nuestra madre a través de Cristo.

> Pero a todos los que la recibieron les dio poder de hacerse hijos de Dios, a los que creen en su nombre; los cuales no nacieron de sangre, ni de deseo de carne, ni de deseo de hombre, sino que nacieron de Dios. (*Jn* 1,12-13).

> Luego le dice al discípulo: "Ahí tienes a tu madre" (Juan 19,27).

> "Fue hecho el primer hombre, Adán, alma viviente"; el último Adán, espíritu que da vida... El primer hombre salido de la tierra, es terrestre; el segundo, viene del cielo. (*1Cor* 15,45-47).

Eva desobedeció a Dios y no creyendo en Él, comió el fruto.

> Y como viese la mujer que el árbol era bueno para comer, apetecible a la vista y excelente para lograr sabiduría, tomó de su fruto y comió... (*Gen* 3,6).

María obedeció a Dios y creyendo en Él, dio gran fruto.

> Dijo María: "He aquí la esclava del Señor; hágase en mí según tu palabra" (*Lc* 1,38).

---

[6] *Revised Standard Version, Catholic Edition*, ed. Luther Weigle (Nashville, Tenn.: Thomas Nelson Publishers, 1966). La traducción de este verso perteneciente a la *Revised Standard Version* será utilizada en este capítulo.

Bendito es el fruto de tu vientre (*Lc* 1,42).

El pecado (es decir, la muerte) vino al mundo por medio de Eva.

Gen 3,6-24 (Este nos habla de la caída de Adán y Eva).

La salvación (es decir, la vida) vino al mundo por medio de María.

Él será grande, se le llamará Hijo del Altísimo y el Señor Dios le dará el trono de David, su padre; reinará sobre la casa de Jacob por los siglos y su reino no tendrá fin. (*Lc* 1,32-33).

Mientras Eva permitió que su cuerpo se convierta en la fuente de la muerte y corrupción de sus hijos, María permitió que su cuerpo sirva como hogar especial de Dios, para que la gracia y la vida entrasen en las almas de sus hijos. María dio a luz a un hijo, y se convirtió entonces en la madre del mundo entero, a través de él. En el siglo dos, San Ireneo, obispo de Lyon, describió estos contrastes entre María y Eva, con notable claridad:

El nudo de la desobediencia fue desatado por la obediencia de María. Lo que la Virgen Eva había atado con incredulidad, la Virgen María desató con la fe (Jurgens, v. 1, 224).

Desde el tiempo de los apóstoles hasta ahora, la Iglesia ha seguido meditando sobre el misterio del papel de "Nueva Eva" que María cumple.

El Evangelio de Juan también presenta paralelos que muestran a Cristo como el Nuevo Adán y a María como la Nueva Eva. Esta obra maestra de la literatura presenta gran cantidad de significados y simbolismos paralelos. María aparece en dos secciones del Evangelio. Primero, aparece en el episodio del matrimonio en Cana. Este evento se da en el mero inicio del ministerio de Jesús. En segundo lugar, aparece en la crucifixión, cuando finaliza el ministerio del Señor en la tierra. Examinemos la relación entre estas dos escenas.[7]

---

[7] Para una revisión más detallada de este tema, remitirse al libro *Jesus and His Mother*, André Feuillet, traducido por Leonard Maluf (Still River, Mass., St. Bede's, 1984.)

La Celebración de las Bodas de Caná y la Cruz

Juan 2,1-5, 11

Tres días después se celebraba una boda en Caná de Galilea y estaba allí la madre de Jesús. Fue invitado también a la boda Jesús con sus discípulos. Y no tenían vino, porque se había acabado el vino de la boda. Le dice a Jesús su madre: "No tienen vino." Jesús le responde: "¿Qué tengo contigo yo mujer? Todavía no ha llegado mi hora." Dice su madre a los siervos: "Haced lo que Él os diga" (*Jn* 2,1-5).

Así, dio Jesús comienzo a sus señales. Y manifestó su gloria, y creyeron en él sus discípulos (*Jn* 2,11).

Juan 19,25 - 28

Junto a la cruz de Jesús estaban su madre y la hermana de su madre, María, mujer de Clopás, y María Magdalena. Jesús, viendo a su madre y junto a ella al discípulo a quien amaba, dice a su madre: "Mujer, ahí tienes a tu hijo." Luego dice al discípulo: "Ahí tienes a tu madre." Y desde aquella hora el discípulo la acogió en su casa.

Después de esto, sabiendo Jesús que ya todo estaba cumplido, para que se cumpliera la Escritura, dice. "Tengo sed."

Estos dos pasajes conectan al Génesis con la Crucifixión y la Resurrección. El Evangelio de Juan nos conecta con el Génesis en forma inmediata, empezando con las palabras: "En el principio" y desde 1,1, hasta 2,1 relata eventos que se dan durante un periodo de seis días.[8] Estos seis días nos recuerdan los seis días de la creación que terminaron con la caída de Adán y Eva. También se anuncia la crucifixión de Cristo, el sexto día de la semana. Juan relata que el matrimonio de Caná se lleva a cabo el "tercer día," lo que presagia la Resurrección del Señor, de entre los muertos, a los "tres días."

---

[8] Los primeros capítulos del Evangelio de Juan, cubren esta serie de seis días de la siguiente manera: (Día Uno: 1,1); (Día Dos: 1,29); (Día Tres: 1,35); (Día Cuatro: 1,43); (Días Cuatro, Cinco, y Seis: 2,1.) La frase "en el tercer día" de 2,1, inicia su cuenta, incluyendo el día cuatro de 1,43. Esta misma formula se utiliza para decir que Cristo resucitó al "tercer día," Domingo, aunque haya sido crucificado un Viernes, que era el sexto día de la semana. Nótese que 1,39 no cuenta como el "siguiente día."

Cuando María le dijo a Jesús: "No tienen vino", Jesús le respondió de manera bastante inusual: "¿Qué tengo contigo yo mujer? Todavía no ha llegado mi hora." Su intención no fue la de faltar el respeto a María, porque Jesús no rompería el mandamiento "Honrarás a tu padre y a tu madre." Si bien Jesús utilizó esta frase cuando se dirigió a otras mujeres (*Jn* 4,2), la diferencia, por supuesto, está en que María es su madre. ¿Por qué utilizó la palabra "mujer" en este contexto?

Jesús se dirige a su madre de esta manera inusual porque *su propósito* era que todos recordasen otros pasajes de la Biblia en los que se hace uso de la palabra "mujer." Uno de estos pasajes se encuentra más adelante, en el Evangelio de Juan. El Señor llama "mujer" a María una vez más, justo antes de morir en la cruz, y "la hora" que menciona, se refiere también a la hora de su crucifixión: "Ha llegado la hora de que sea glorificado el Hijo de hombre...

Y ¿qué voy a decir? '¡Padre, líbrame de esta hora!' Padre, ha llegado la hora" (*Jn* 12,23.27; 17,1). En Caná, Jesús llama "mujer" a María y le dice que su hora no ha llegado aún. En la crucifixión, llegada su hora, la llama "mujer" nuevamente. Jesús hace esto para rememorar la profecía dada a Eva, en la que Dios la llama "mujer" y le dice que su linaje pisará la cabeza de la serpiente:

> Enemistad pondré entre tú y la mujer,
> y entre tu linaje y su linaje:
> él te pisará la cabeza mientras
> acechas tú su calcañar (*Gen* 3,15).

Jesús llamó "mujer" a María porque Él era el linaje que pisaría la cabeza de la serpiente. Al decir esto, enfatizó el papel cooperativo de María, en nuestra redención. Ya que la frase "mi hora" hace referencia al momento de la crucifixión, Jesús denotó que María, la Nueva Eva, cooperaría con Él en la redención.

Que María sea la nueva Eva, no implica que esté relacionada a Cristo, a modo de esposa. El paralelo entre el Nuevo Adán y la Nueva Eva se limita a su papel de madre cooperativa. Nos convertimos en sus hijos espirituales cuando nos convertimos en hermanos y hermanas de Cristo; a Cristo no lo llamamos nuestro "Padre." Jesús dejó esto claro para todos, cuando dijo a su apreciado discípulo: "Ahí tienes a tu madre", y luego, a su madre: "Mujer, ahí tienes a tu hijo" (*Jn* 19,26, 27). Jesús no estaba interesado simplemente en el cuidado de su madre. La única razón por la cual Juan escribió el evangelio, fue que lleguemos a creer y seamos salvados (*Jn* 20,30-31). Por eso, Juan no habría incluido este detalle en el Evangelio, a no ser que fuese de interés para todo creyente. Queda claro por el contexto, que su discípulo se convierte en hijo de María, y ella en su madre espiritual. Entonces, el discípulo tipifica a todos los discípulos de Cristo. La "mujer" del Génesis, y el hecho de que Cristo haga uso de la palabra "mujer" tanto en el episodio de Caná como en la Crucifixión, definitivamente presentan a María como cooperadora en la misión de Cristo.[9] El siguiente es un resumen de los paralelos entre Adán y Eva, del Evangelio de Juan:

Comparando el matrimonio en Caná y la Crucifixión

Similitudes

"Jesús está presente"
"La Madre de Jesús está presente"
"Los Discípulos están presentes"
Término "Mujer" utilizado
Abundancia de Gracia
"No tienen vino" / "Tengo sed" (ver *Jn* 2,3, 19,28)
Matrimonio en el sexto día / Crucifixión también en el sexto día (Viernes)
El Nuevo Adán / La Nueva Eva le dan nacimiento espiritual a nuevos hijos:
En Caná, los discípulos creen; en la Cruz, Juan se convierte en el hijo de María.

---

[9] Así como en la Trinidad el Hijo se asemeja al Padre, en la creación, la Iglesia se asemeja a María. La Iglesia es el cuerpo de Cristo y, si bien su cuerpo vino de María exclusivamente, la Iglesia es una nueva realidad. Este misterio puede ser comparado con el de la Trinidad. Existe una unión, pero también existe una distinción.

Contrastes

Las Bodas en Caná	En la Crucifixión
El Inicio del Ministerio	Fin del Ministerio
La Primera Señal	Última Señal
El mejor vino en abundancia	Un poco de vinagre
Todavía no ha llegado mi "hora"	Ha llegado la "hora"
(Coronas de gloria para el matrimo-nio)[10]	Coronas de dolor
El Agua y el Vino como símbolo	Agua y Sangre como comple-mento Pena
Regocijo	Jesús manifiesta su gloria a través
Jesús manifiesta su gloria a través de milagro	de crucifixión

3. María, el Arca de la Alianza

Los hebreos cargaban consigo objetos sagrados cuando andaban por el desierto después del éxodo. El más sagrado de ellos era el Arca de la Alianza (*Ex* 25,10, *Num* 14,44). El Arca era una caja de madera grande, revestida de oro puro, la cual podía ser transportada por varios sacerdotes. Dios le ordenó a Moisés hacerla. En el Arca, Moisés colocó los tres elementos más preciados en su posesión, Las tablas de piedra con los mandamientos de la Ley que Dios le dio a Moisés, un poco de maná en remembranza de la comida celestial que comieron en el desierto, y el cetro de Aarón, que simbolizaba el verdadero sacerdocio. Estos eran la vida misma del pueblo. Lo más preciado de todo era la presencia de Dios protegiendo el Arca y morando en ella. El Arca era colocada en la tienda del encuentro, y sobre el Arca, Dios manifestaba su presencia adoptando la forma de una nube misteriosa que cubría y llenaba el lugar con su gloria.

La Nube cubrió entonces la Tienda del Encuentro y la gloria de

---

[10] El novio y la novia eran coronados en las ceremonias de matrimonio Judías, antes de la destrucción del templo, en el año 70 d.C. (Ver *Ct* 3,11; *Is* 61,10.) (Ver también *Ap* 12,1 para la coronación de la Iglesia y de María.)

YAHVÉ llenó la Morada. Moisés no podía entrar en la Tienda del Encuentro, pues la Nube moraba sobre ella y la gloria de YAHVÉ llenaba la Morada (*Ex* 40,34-35; cf. *Ex* 25,22; *Ex* 30,6; *Lev* 16,2).

El Arca era tan sagrada que habían estrictas prohibiciones para que no sea tocada (*Num* 4,15-20). Estuvo relacionada con muchos milagros (*Jos* 3, 4, 6). Los hebreos llevaban el Arca con ellos a las batallas y recibían protección especial de Dios contra sus enemigos (*Num* 10,35). Fue eventualmente colocada en el Lugar Santísimo del templo, pero se extravió durante el cautiverio babilónico (587 a.C.) El libro de los Macabeos contiene una profecía que señala que esta sería encontrada cuando Dios "vuelva a reunir a su pueblo y le sea propicio" (*2Mac* 2,7).

El evangelio de Lucas señala que María cubre y culmina el sentido del Arca del Antiguo Testamento. Los elementos preciados del Arca (la ley, el maná y el cetro) eran solo una sombra de la realidad de Dios presente en María. Jesús, en ella, cubre y culmina el sentido de la Ley y se convierte en el pan verdadero del cielo y en el verdadero gran sacerdote.[11] Jesús es concebido en María cuando el Espíritu Santo la cubre con su sombra.

El Ángel Gabriel le dice a María: "El Espíritu Santo vendrá sobre ti y el poder del Altísimo te cubrirá con su sombra; por eso el que ha de nacer será santo y será llamado Hijo de Dios" (*Lc* 1,35). Nótese que la presencia divina la cubre y también la llena, de tal manera que el fruto de su vientre sea el Señor Jesucristo, el Hijo de Dios que se manifestará. De la misma manera, el Éxodo 40,34-35 habla de la nube sagrada que cubre el lugar del Arca, circundándola y llenándola con la Divina presencia, de tal manera, que se manifiesta la gloria del Señor.[12] La Madre del Señor empieza de esta manera a ser identificada con la nueva y perfecta Arca de la

---

[11] Jesús nació en Belén, que significa «casa del pan.» Él se entrega a sí mismo como alimento de vida para el mundo.

[12] Lucas utiliza exactamente la misma palabra griega para «cubrir» que la Septuaginta utiliza para describir la presencia de Dios sobre el Arca de la Alianza. La Septuaginta era una versión griega de las Escrituras hebreas que

Alianza, el tabernáculo viviente de la presencia Divina. El Arca de la Alianza perdida ha reaparecido ahora. María se convierte en el Arca viviente que lleva al Señor, el cual le dará vida y salvación a todos los pueblos.

Lucas confirma la relación entre el Arca y María, citando a 2 Samuel 6,2, en donde el Arca de Dios está siendo transferida a Jerusalén por el Rey David. La siguiente comparación muestra algunos detalles paralelos de ambas narraciones.[13]

fue popular en los siglos anteriores y posteriores al nacimiento de Cristo.

[13] R. Laurentin, 56–59. El asterisco (★) indica cuando esta siendo utilizada la traducción de un verso bíblico, propia de Laurentin.

2 Samuel 6,2★	**Lucas 1,39★**
Se levantó David y partió con todo el pueblo que estaba con él a Belén de Judá para subir desde allí el Arca de Dios.	Se levantó María y se fue con prontitud a la región montañosa a una ciudad de Judá.
6,9	**1,43★**
¿Como voy a llevar a mi casa el arca de YAHVÉ?	y ¿de dónde a mí que la madre de mi Señor venga a mí?
6,14	**1,44**
David danzaba y giraba con todas sus fuerzas ante YAHVÉ.	San Juan Bautista "saltó de gozo" apenas llegó a sus oídos la voz de María
6,11	**1,56**
El arca de YAHVÉ estuvo en casa de Obededón ...tres meses.	María permaneció con ella (Isabel) unos tres meses.

La descripción que Lucas hace de María, en su papel de la Nueva Arca, hubiese sido interesante y emocionante para los judíos del tiempo de Cristo. Esto es porque el Judaísmo anhelaba el retorno de la presencia de Dios que el Arca representaba. El libro de los Macabeos expresa este anhelo cuando relata como Jeremías ocultó el Arca y profetizo:"Este lugar quedará desconocido hasta que Dios vuelva a reunir a su pueblo y le sea propicio" (*2Mac* 2,7).

El Apocalipsis de San Juan continua con el paralelo entre María y el Arca, incluso de manera más explícita. En este, la visión de Juan atrae la atención, al mostrar que el Arca escondida por Jeremías, ¡es encontrada!*:*

Y se abrió el Santuario de Dios en el cielo, y apareció el arca de su alianza en el Santuario... Una gran señal apareció en el cielo, una Mujer, vestida del sol, con la luna bajo sus pies, y una corona de doce estrellas sobre su cabeza[14] (*Ap* 11,19; 12,1).

Este verso inicia la referencia que Juan hace a la narración del Génesis sobre la mujer y la serpiente. Juan vincula la reaparición del Arca a "la mujer", porque desea que comprendamos que la profecía de Macabeos se ha cumplido en "la mujer" que es la verdadera Arca de la Alianza con Dios (*2Mac* 2,7).

4. La Fe y el Amor de María

¿Quién se habría imaginado que Dios escogería una joven adolescente para cooperar con su plan de salvación? Ella vivía en Nazaret, entre los marginados de la civilización hebrea, y no tenía riquezas, posición, o poder. Nada que atrajese la atención del mundo.

Sin embargo, el cielo entero contuvo la respiración durante la anunciación, esperando su consentimiento. Ella fue "bendita entre todas las mujeres" por la gracia de Dios, sin embargo, Dios le dio libertad para creer en el ángel y expresar su amor por Él, aceptando el mensaje que el ángel traía.

Lucas conecta el acto de fe de María, con Abraham, el hombre de la fe. Lo vuelve a hacer, una vez más, haciendo uso de referencias paralelas entre Abraham y María, tomadas de las Escrituras: Primero, Gabriel le dice que ha hallado gracia delante de Dios:

---

[14] Nótese que el estar «vestida del sol» hace que la Mujer sea dorada, así como el Arca, que era un objeto dorado y brillante. Además, ninguna de las Escrituras estaba originalmente dividida en capítulos. Esta división se dio en la Edad Media. Aparentemente, la conexión entre el arca y la mujer se perdió cuando los capítulos 11 y 12 fueron delineados

Génesis 18,3[15]
Señor mío, si te he caído en gracia

Lucas 1,30
Has hallado gracia delante de Dios
Segundo, hay una pregunta
similar de asombro:

Génesis 18,12-13
¿Puede nacer un hijo para un
hombre de cien
años de edad? ¿O puede Sara dar
a luz a los noventa?

Lucas 1,34
¿Cómo será esto, puesto que no
conozco varón?
Tercero, hay una afirmación del
poder de Dios:

Génesis 18,14
¿Es que hay nada milagroso para
YAHVÉ?

Lucas 1,37
Porque ninguna cosa es imposible
para Dios.

Al igual que Abraham, María acoge la promesa. Ella acepta totalmente la palabra de Dios y concibe. En ese momento ella se convierte en la primera creyente del Nuevo Testamento, y en la madre y ejemplo de todos los creyentes de la Iglesia, así como Abraham, que fue el padre y ejemplo de los creyentes del Antiguo Israel. Los últimos dos versos del Magníficat reflejan la misma idea:

Acogió a Israel, su siervo,
   acordándose de la misericordia
como había anunciado a nuestros padres,
   en favor de Abraham y de su linaje por los siglos (*Lc* 1,54-55)

Así como Israel es el siervo, María es la esclava. Todo lo prometido por Dios a Abraham, a los patriarcas, y a todas las anteriores generaciones, se ve cumplido en María. Abraham fue nuestro padre en la fe porque fue a través de él que dios nos hizo su promesa. María se convirtió en nuestra madre en la fe porque fue a través de su fe que la promesa fue cumplida, Jesús se hizo hombre. Por esta razón la fe de todo Cristiano depende de la fe de María. Solo

---

[15] Genesis 18,3 fue tomada de *The New Jerusalem Bible (Nueva Biblia de Jerusalén)*. Gen. ed. Henry Wansbrough (Garden City, N.Y.: Doubleday, 1985).

podemos "aceptar" a Cristo, porque María, por su fe, lo aceptó en un principio. Isabel, inspirada por el Espíritu Santo, rindió tributo a la fe de María cuando dijo:

Bendita tú entre las mujeres y bendito el fruto de tu seno; y ¿de dónde a mí que la madre de mi Señor venga a mí? Porque, apenas llegó a mis oídos la voz de tu saludo, saltó de gozo el niño en mi seno. ¡Feliz la que ha creído que se cumplirían las cosas que le fueron dichas de parte del Señor! (*Lc* 1,42-45).

En este episodio Lucas contrasta la fe de María con la de Zacarías, quien fue enmudecido por el ángel cuando expresó dudas sobre lo que este le había dicho (*Lc* 1,5-20). Poco después del saludo de Isabel, María expresó su propia fe en una oración, a la que llamamos el "Magnificat":

Engrandece mi alma al Señor
    y mi espíritu se alegra en Dios mi salvador
Porque ha puesto los ojos en la humildad de su esclava,
    por eso desde ahora todas las generaciones me llamarán bien-
    aventurada,
Porque ha hecho en mi favor maravillas el Poderoso,
    Santo es su nombre (*Lc* 1,46-49).

El "Magnificat" hace muchas alusiones a eventos del Antiguo Testamento, especialmente a las oraciones pronunciadas por Judit y Ana (Jdt 16,13-17; *1Sam* 2,1-10). La oración de María abarcaba todo lo que Dios había hecho por su pueblo. La gracia de Dios completó y culminó el judaísmo, en María. Esta religión, en su inmaculada impecabilidad, finalmente encontró un templo adecuado para que Dios more en él. Ahora, si bien María celebró lo que Dios había hecho por ella, su vida en adelante no fue fácil. Era una adolescente soltera y embarazada. Si José no se hubiera casado con ella, probablemente hubiese sido apedreada.

Pero el matrimonio con José, incluso, no acabó con los problemas. Tuvieron que huir a Egipto. Mientras se encontraban allí, vivieron como refugiados en una tierra extraña. Cuando finalmente retornaron, María tuvo que soportar las habladurías a sus espaldas. Incluso Jesús tuvo que soportar referencias disimuladas respecto a su "ilegitimidad" (*Jn* 8,41). Estas habladurías continuaron en círculos no cristianos incluso después de la resurrección. Con todo y esto, María crió a su hijo e hizo todo lo prescrito por la Ley (*Lc* 2,39,41). Ellos hacían un largo peregrinaje de cuatro días a Jerusalén, cada año. Bajo su cuidado maternal, Jesús progresaba en "sabiduría, en estatura y en gracia ante Dios y ante los hombres"(*Lc* 2,52).

María siguió a Jesús durante su ministerio. Ella se encontraba allí cuando este empezó, en Caná, e incluso dio lugar a que Jesús empezase a manifestar su gloria. La respuesta y la actitud que María mostró durante este matrimonio mostraron su total creencia y confianza (*Jn* 2). Ella dijo a los siervos de Caná:"Haced lo que Él os diga" (*Jn* 2,5). Esto corresponde perfectamente con lo dicho al ángel Gabriel: "He aquí la esclava del Señor; hágase en mí según tu palabra" (*Lc* 1,38). Su declaración, en Caná, merece gran honor porque muestra su enorme fe. Ella ordena a los siervos confiar en Jesús. Sus palabras no solo prueban que es la madre físicamente, sino también una creyente, una mujer de profunda fe.

En este episodio, la fe de María es puesta de manifiesto. Cuando ella le solicita un favor especial a Jesús, Él le concede el deseo y realiza su primer milagro público. La cantidad de vino creada es sorprendente, entre cien y doscientos galones, mucho más de lo que necesitaban, especialmente porque los invitados ya habían estado bebiendo "hacía buen rato." Este milagro representa el simbolismo del vino utilizado por los profetas Amós y Joel, quienes escribieron sobre la superabundancia de los tiempos mesiánicos: "Sucederá aquel día que los montes destilarán vino" (*Jl* 4,18 cf. 2,23 −24; *Am* 9,13-14). Según se menciona en el capítulo sobre la Trinidad, el vino simboliza el obsequio del espíritu (la vida nueva en Dios) y representa la redención, a través de la sangre de Cristo. La abundancia y calidad del vino reflejan la plenitud de la gracia y la bondad de la bendición de Dios. Juan nos dice que la señal dada por Cristo en Caná "reveló su gloria", también descrita por él como "una gloria igual a la del único hijo del Padre" (*Jn* 2,11; 1,14). Finalmente, Juan también indica que este milagro (llevado a cabo por la intersección de María) hizo que los discípulos creyeran en Él por primera vez (*Jn* 11).

Durante el ministerio de Cristo, María sentía cierta inquietud por Él, pero a diferencia de sus "hermanos", ella creía (*Mc* 3,32). Jesús a su vez, presentó la fe de María como un ejemplo para nosotros. Cuando una mujer de la multitud le dice a Jesús: "¡Dichoso el seno que te llevó y los pechos que te criaron!" Jesús le responde: "Dichosos más bien los que oyen la Palabra de Dios y la guardan" (*Lc* 11,27-28). Al decir esto, Jesús hace eco a Isabel: "¡Feliz la que ha creído que se cumplirían las cosas que le fueron dichas de parte del Señor!" (*Lc* 1,45).

5. María, Madre de la Iglesia

La mujer, cuando va a dar a luz, está triste, porque le ha llegado su hora; pero cuando ha dado a luz al niño, ya no se acuerda del aprieto por el gozo de que ha nacido un hombre en el mundo (*Jn* 16,21).

Jesús dijo esto a sus apóstoles cuando les vio acongojados, a raíz de su crucifixión, ya cercana, pero la idea también se aplica a la angustia que María soportó durante la Crucifixión. Fue en esta, que a María le llegó la hora de darnos a luz. Lucas nos presenta este hecho, haciendo mención a una profecía hecha por Simeón, cuando Jesús era un bebe. Cuando María se encontraba en el Templo con Jesús, Simeón se dirigió a ella con una solemne profecía:

Este está puesto para caída y elevación de muchos en Israel, y para ser señal de contradicción - ¡y a ti misma una espada te atravesará el alma! - a fin de que queden al descubierto las intenciones de muchos corazones (*Lc* 2,34-35).

Sus palabras hacen mención al hecho de que Cristo sería clavado (traspasado) en la cruz y a la profecía de Zacarías:

Derramaré sobre la casa de David y sobre los habitantes de Jerusalén un espíritu de gracia y de oración; y mirarán hacia mí. En cuanto a aquél a quien traspasaron, harán lamentación por él como lamentación por hijo único, y le llorarán amargamente como se llora amargamente a un primogénito (*Zac* 12,10).

Es el costado abierto de Cristo, que nos trae gracia y oración (*Zac* 12,10). Mirad, viene acompañado de nubes, todo ojo le verá, hasta los que le traspasaron, y por él harán duelo todas las razas de la tierra. Sí. Amén. (*Ap* 1,7). El corazón de María es también clavado (traspasado) cuando ella presencia la muerte de su hijo, y su corazón clavado, o nos daba la vida o se contradecía a sí mismo. María había sufrido antes, pero en la cruz recibió el golpe final. De la profundidad de su fiel pesar y su compasión vino la vida. María y Cristo compartieron, intima e inseparablemente, en la creación de la Iglesia. Sus dolores de parto se retratan en la visión de Juan, cuando este escribe:

> Está encinta, y grita con los dolores del parto y con el tormento de dar a luz (*Ap* 12,2)

Por el contexto queda claro que los dolores de parto de María están relacionados con la crucifixión, y no con el nacimiento de Cristo en Belén. El Hijo es inmediatamente llevado a Dios. El siguiente versículo muestra que Jesús no era el único hijo espiritual de María. Mas bien todos los que siguen los mandamientos de Dios y mantienen el testimonio de Jesús, son sus hijos:

> Entonces despechado contra la Mujer, el Dragón se fue a hacer la guerra al resto de sus hijos, los que guardan los mandamientos de Dios y mantienen el testimonio de Jesús. (*Ap* 12,17)[16]

Jesús confirma que María es la madre de todos ellos, en la cruz, cuando le dice: "Mujer, ahí tienes a tu hijo" y luego dice al discípulo: "Ahí tienes a tu madre" (*Jn* 19,26-27). María es la madre de la Iglesia, por lo tanto.

María no es nuestra madre en espíritu solamente, sino también

---

[16] Existe cierta controversia con respecto a la identidad de la mujer del capítulo 12 del Apocalipsis. Los eruditos bíblicos modernos dicen que repre-

en la carne santificada de Cristo. Nos convertimos en parte del cuerpo de Cristo, a través del sacramento del Bautismo. Seguimos creciendo en él, a través de la comida espiritual que la Eucaristía es. Ya que estos elementos nos hacen un solo cuerpo con Él, su madre debería convertirse en nuestra madre también. Ya que compartimos en la misma carne, estamos unidos en la misma madre. El papel de madre nuestra, que María cumple, niega toda forma de expresión que la presente como una simple herramienta utilizada por Dios.

María, nuestra madre, es el Arca de Yahvé. La Nueva Sión acoge al nuevo pueblo de Dios completando y culminando el antiguo tipo. María, la judía virgen, enlaza lo antiguo a lo nuevo. Ella es la imagen joven, renovada, del antiguo Israel, que pertenece a un nuevo orden en la creación: El orden de la gracia.

La gracia de Dios llenó a María, y ella creyó y confió en Él. Se convirtió en nuestra madre en la fe, y en la primera testigo de Cristo en el mundo. Ella aceptó lo que el ángel le dijo. Se convirtió en la primera testigo de Cristo cuando visitó a Isabel. El Espíritu Santo salió de ella e inspiró tanto a Isabel, como a Juan Bautista (*Lc* 1,41). María predicó el evangelio por primera vez, cuando recitó el Magníficat a Isabel. Ella se mantuvo en la fe para siempre, de allí en adelante. El episodio de Caná demostró cuanto creía ella en Cristo, antes de que su ministerio empezase, y durante la Crucifixión, se mantuvo fiel, incluso aunque muchos de sus discípulos habían sido dispersados.

María es nuestra madre en el Espíritu porque ella es el Templo del Espíritu Santo. El Espíritu Santo viene a nosotros por medio de este Templo, nuestra madre. Gabriel le dijo que concebiría en

---

senta a la Iglesia y no a María. Esta posición carece de fundamentos sólidos. Es inconcebible que un escritor del siglo uno, que vivió en el mismo tiempo que la Madre de Jesús, pudiese hablar sobre una mujer dando a luz a Cristo, sin tomar en cuenta a la Madre de Jesús. El nacimiento también podría hacer referencia a la resurrección de Jesús. Juan (o algún miembro de su comunidad) escribió sobre la presencia de María en la Cruz, en el Evangelio. Esto, y el hecho de que María haya vivido con Juan, harían muy difícil de creer que María no sea la mujer del Apocalipsis 12.

su vientre. Entonces el Espíritu Santo la cubrió, colmándola con la presencia de Dios. En el capítulo uno de Hechos, El Espíritu Santo cubre a su descendencia mientras ella se encuentra en el seno de la Nueva Iglesia.

Pentecostés fue un momento adecuado para que el Espíritu descendiese sobre la comunidad, porque era la festividad en la que se celebraba los primeros frutos de la cosecha. En Pentecostés, los apóstoles, sus hijos en la fe, rodearon a María. El descenso del Espíritu Santo sobre ellos, los convirtió en los primeros frutos de entre sus hijos. Satanás lucha contra estos hijos, pero a María se le da un lugar seguro en el desierto (*Ap* 12,14). Este hecho rememora el episodio en el Monte Sinaí, en el que Dios formó una comunidad con los Israelitas, al darles los Diez Mandamientos (*Ex* 40).

La Virginidad Perpetua de María

La primera pregunta que la gente hace sobre esta enseñanza Católica es:

¿Si María no tuvo otros hijos, porqué la Biblia menciona que Jesús tenía "hermanos" (o hermanas)? (Mt 13,55 y Mc 6,3).

Para sorpresa de algunos, Martín Lutero respondió esta pregunta, indicando que los "hermanos" de Jesús eran en realidad sus primos:

> Cristo... fue hijo único de María, y la Virgen María no dio a luz más hijos aparte de Él... "hermanos" quiere decir "primos" en este caso, ya que las Escrituras Sagradas y los judíos llaman hermanos a los primos (Martín Lutero, *Sermones sobre Juan*).[17]

¿Porqué Martín Lutero, quien tomó su autoridad de la "Sola Scriptura", creía que María era una virgen perpetua, cuando la Biblia

---

[17] Martín Lutero, *Luther's Works, Weimar Edition*, traducido por. J. Pelikan (Concordia: St. Louis, 1957) vol. 22, 214–215.

parece decir lo contrario? Las palabras "hermano" o "hermana" en el idioma arameo, hablado en el tiempo de Cristo, tienen un significado más amplio que el que tienen en español. En arameo no existe una palabra individual para el término "primo."[18] La palabra "hermano" (o "hermana") es utilizada para cualquier tipo de pariente, sean primos o primos segundos, cuñados, tíos o sobrinos. Lo mismo sucede en el hebreo. La Biblia nos demuestra esto cuando hace referencia a Abraham y a su sobrino Lot.

En el libro del Génesis 12,5 y 14,12, leemos claramente que Lot es el hijo del hermano de Abraham. Sin embargo, en Génesis 13,8 y 14,14 nuevamente vemos claros ejemplos de cómo se menciona a Lot como hermano de Abraham: al oír Abraham que su hermano (Lot) había sido hecho cautivo... [19] Esto prueba que la Biblia utiliza la palabra "hermano" en un sentido más amplio.[20] Partamos de aquí para tomar en cuenta mayor evidencia que de muestra que los "hermanos" de Cristo eran en realidad sus primos.

El siguiente cuadro muestra como dos de esos "hermanos del Señor" aparecen en las Escrituras como "Santiago y Joset" o "Santiago y José", según sea el Evangelio de Marcos o el de Mateo. Tanto Marcos como Mateo identifican más adelante a estos hermanos, como los hijos de *otra* María; su madre *no* es María la madre de Jesús.

---

[18] El arameo es un lenguaje semita similar al hebreo. Este fue el lenguaje hablado en Palestina, una vez conquistada esta área por los arameos, en el siglo VI a.C. Jesús y los apóstoles hablaban este lenguaje. Este es el lenguaje que Cristo utilizaba para dirigirse a las masas cuando les enseñaba.

[19] Para esta explicación, la versión del Rey Santiago es la mejor en ilustrar el uso literal de la palabra "hermano."

[20] Si bien las palabras de Cristo fueron posteriormente escritas en Griego, los escritores Griegos del Evangelio siguieron la práctica Semita de llamar a todo aquél que tuviese una relación con Cristo, hermano o hermana. Él se convirtió en el «mayor de muchos hermanos.» Los Cristianos continúan esta usanza Semita en nuestros días.

Marcos 6,3	**Marcos 15,40**
¿No es éste el carpintero, el hijo de María y hermano de *Santiago, Joset*, Judas y Simón? ¿Y no están sus hermanas aquí entre nosotros?	Había también unas mujeres mirando desde lejos, entre ellas, María Magdalena, María la madre de *Santiago el menor y de Joset*, y Salomé.
Mateo 13,55	**Mateo 27,56**
¿No es éste el hijo del carpintero? ¿No se llama su madre María, y sus hermanos *Santiago, José*, Simón y Judas? Y sus hermanas, ¿no están todas entre nosotros?	Entre ellas estaban María Magdalena, María la madre de *Santiago y de José*, y la madre de los hijos de Zebedeo.

¿Cómo sabemos con seguridad que María la madre de Jesús no era también la madre de "Santiago y José"? Primero, en la cultura semita, una mujer es comúnmente identificada como la madre de su primogénito. Por ende, si Santiago y José realmente eran hermanos menores de Jesús, ni Marco ni Mateo hubiesen insultado a Jesús, refiriéndose a su madre común como la "madre de Santiago y José." Más bien, se hubiesen referido a ella como "María la madre de Jesús, Santiago y José." En conclusión, las personas mencionadas como hermanos de Jesús, eran hijos de una María que no era la madre de Jesús.

El Evangelio de Juan incluso nos brinda mayor evidencia de que la madre de "Santiago y José" era en realidad una "hermana" (o prima) de María la madre de Jesús. Juan identifica a tres Marías diferentes en la cruz, y como ya sabemos por Marcos y por Mateo, que la madre de Santiago y José se llamaba María (y que esta María se encontraba presente al momento de la crucifixión), debemos por ende concluir que la madre de Santiago y José es la misma persona que aquella a la que Juan se refiere como "María, mujer de Clopás":

Junto a la cruz de Jesús estaban su madre y la hermana de su madre, María, mujer de Clopás, y María Magdalena (*Jn* 19,25).

Otros dos puntos adicionales nos llevan a la misma conclusión: Que Jesús era el hijo único de María. Primero, no se menciona vez alguna, en todas las Escrituras, que haya otros hijos e hijas de María. Solo se menciona a los "hermanos" y "hermanas" de Jesús. Segundo, en la cruz, Jesús entrega a María, como madre, al apóstol Juan (Juan 19,26). Esto hubiese sido un insulto para sus hermanos de sangre si los hubiese tenido. Además, Juan 19,27 nos dice: "Y desde aquella hora el discípulo la acogió en su casa." Si María tenía otros hijos, se habría quedado con ellos; Juan no la hubiese acogido en su casa.

El Evangelio de Mateo, ¿Acaso no indica este que José tuvo relaciones con María después que Jesús nació? ¿De que otra manera se puede explicar Mateo 1,25, la parte que dice: "Y no la conocía hasta que ella dio a luz un hijo, y le puso por nombre Jesús"?

Este pasaje no ofrece prueba alguna al respecto, pero causa confusión, porque Mateo hace uso de la palabra "hasta." La palabra "hasta" no necesariamente indica lo que sucedió después. Por ejemplo, en Mateo 28,20, Jesús les dice a sus apóstoles: "Yo estoy con vosotros siempre, *hasta* el fin del mundo" (enfatizado). ¡Esto no implica que Jesús ya no fuese a estar con ellos *después* del fin del mundo! Mateo utilizó la palabra "hasta", para dar énfasis al hecho de que Jesús fue concebido por el Espíritu Santo y no por la semilla de José, ya que él no tuvo relaciones con María en momento alguno anterior al nacimiento de su hijo. Mateo no estaba intentando dar indicación alguna de lo que sucedió *después* de que ella diera a luz.

Un último punto debe ser observado. María es la culminación del Arca de la Alianza, y es por tanto, más sagrada que la Antigua Arca. Dios dejó bien clara la santidad del Arca, con lo que pasó a Uzzá:

Extendió Uzzá la mano hacia el arca de Dios y la sujetó porque los bueyes amenazaban volcarla. Entonces la ira de YAHVÉ se encendió contra Uzzá: allí mismo le hirió Dios por este atrevimiento y murió allí junto al arca de Dios (*2Sam* 6,6-7).

José conocía esta historia sobre el Arca. También sabía quien y que representaba María, por que sabía quien era el padre de Jesús. ¿Puede, persona razonable alguna, proponer que aunque José supiese todo esto, hubiese considerado alguna vez, extender su mano a María, en forma carnal?

En Lucas 2,7 dice: "Ella dio a luz a su hijo *primogénito*" (enfatizado). ¿No significa esto que Jesús fue el primer hijo y que María tuvo otros después?

No. En la cultura hebrea, el término "primogénito" no implica que existan otros hijos. Es un título honorario dado al primer hijo, incluso si es hijo único. Un "primogénito" tenía privilegios especiales en autoridad, responsabilidad, herencia, y sucesión, según la tradición y la ley:

"Conságrame todo primogénito, todo lo que abre el seno materno entre los israelitas. Ya sean hombres o animales, míos son todos" (*Ex* 13,2).

¿Es realmente importante que María haya tenido otros hijos o no?

Sí. La virginidad consagrada es un símbolo de total dedicación, pureza y devoción al reino (*Mt* 19,12). Lo más importante de todo, es que alienta la creación de hijos espirituales. Los que tienen hijos según la carne también pueden tener hijos espirituales, pero estos nacen según la proporción de la devoción. La total consagración de amor, de María, le permitió albergar hijos espiritualmente, de manera proporcional. Al darlo todo, ella lo recibió todo. Nos referimos a ella como nuestra madre precisamente porque ella se convirtió en madre espiritual de todos los cristianos, en la cruz. Más aún, María es la imagen de la Iglesia, la cual no tiene "mancha ni arruga ni cosa parecida" (*Ef* 5,27). Así como la celestial Jerusalén (la Iglesia) es nuestra madre (*Gal* 4,26), María también lo es (*Jn* 19,27, *Ap* 12,2.17). En el Génesis, vemos que Eva se convirtió en madre de todo lo viviente según la carne. El orden de la carne está muriendo. Nada en María está muriendo. María es la Nueva Eva, que se convirtió en madre de todos los seres vivientes de la creación. Decir que María tuvo otros hijos según la carne no solo desmerece su total devoción a Jesús, sino, lo que es más importante aun, niega el papel vital que ella tuvo en dar a luz a los hijos de Dios, en su vínculo con el sacrificio salvífico de Cristo, en la cruz. Corresponde que la madre de Dios, sea madre de Él únicamente.

La Inmaculada Concepción

Mucha gente confunde la doctrina de la Inmaculada Concepción con la concepción de Jesús por medio del Espíritu Santo. No son lo mismo. La doctrina de la Inmaculada Concepción se refiere a la concepción de María en el vientre de su madre, Ana. Si bien Ana la concibió en la forma usual, Dios evitó que María se viese afectada de manera alguna por el pecado original de Adán y Eva.

Algunos objetan este argumento, aduciendo que esto significaría entonces, que María no necesitaba un salvador. La respuesta a esta objeción es que Dios dio su gracia a María porque Él pudo *ver la venida* redentora de Cristo *en el futuro*. La gracia de Dios se encontraba ya activa en el mundo, antes de la redención de Cristo. El hecho de que Cristo viniese después de María no tendría porque preocupar al Señor, porque Él se encuentra fuera del tiempo. Si Jesús no se convirtió en nuestro salvador hasta su muerte en la cruz, entonces ¿Por qué habría sido Juan Bautista, un nonato de seis meses, tocado por el Espíritu Santo, saltando de gozo en el seno de Isabel? Así mismo, ¿Cómo podrían Elías y Moisés haber aparecido con Cristo, en el Monte Tabor, si los méritos de la redención de Cristo no les hubiesen permitido aparecer antes de la crucifixión?

Dios no tendría una madre que haya sido tocada por Satanás, bajo ninguna circunstancia. María era totalmente pura. Su libre voluntad estaba siempre en total armonía con la voluntad de Dios. Ella tuvo una relación especial con Dios desde el principio. Toda la creación de Dios se vio afectada por el pecado, y toda fue dañada de alguna manera; María es la única excepción. Ella se convirtió en la conexión entre Dios y su creación.

Las palabras pronunciadas por Gabriel: "*Chaire kecharitomene*" son reveladoras (*Lc* 1,28). San Jerónimo tradujo esta frase griega así: "Ave María, llena de gracia."[21] Sin embargo, según indica el griego original, el Ángel Gabriel realmente no hizo uso de su nombre. Más bien, se dirigió a ella así: "Alégrate, llena de gracia", dándole un título. El significado de su nuevo título estaba claro: María se encontraba libre de pecado. Fue perfeccionada por la gracia, en su concepción, y se mantuvo llena de esa gracia de Dios, a lo largo de toda su vida. La Biblia no necesita decir explícitamente "María fue concebida sin pecado original" así como una mujer hermosa no necesita cargar un cartel que diga "Soy hermosa."

La Asunción de María

No existen reliquias de María. La Iglesia posee y venera los huesos de muchos apóstoles y de los primeros mártires y santos. Nadie guardó los huesos de María, porque no había huesos que

---

[21] En este episodio Gabriel hace uso de la palabra "Gracia" dos veces. En español, hubiese sido "¡Gracia, Oh Llena de Gracia!" De esta forma, le estaba dando a María un título especial. Al hacer esto, estaba haciendo referencia a Zacarías 4,7, episodio en el cual un ángel relata como Zerubabel colocaría la piedra final, el coronamiento que culminaría el Templo. Los vítores "Gracia, Gracia!" acompañan la llegada del coronamiento para culminar el Templo. (La *Nueva Biblia Americana* traduce estos vítores como "Salve, Salve") El profeta Zacarías estaba ciertamente haciendo una conexión con el acto de Jacob en el Génesis 28,22, cuando este coloca una piedra recordatoria en el punto exacto en el que el Templo fue eventualmente construido, dándole el título de "Hogar de Dios." En el Nuevo Testamento, el ángel Gabriel utiliza la palabra "Gracia, Gracia" como un título para María, porque ella hace posible la llegada del

guardar aquí en la tierra.

Las Escrituras muestran que algunas personas, además de Jesús, fueron llevadas al cielo corporalmente. La resurrección general de los cuerpos de todos se dará en la segunda venida de Jesús, sin embargo, algunas personas han sido inmediatamente elevadas a la gloria:

> Pero Jesús, dando de nuevo un fuerte grito, exhaló el espíritu. En esto, el velo del Santuario se rasgó en dos, de arriba abajo; tembló la tierra y las rocas se hendieron. Se abrieron los sepulcros, y muchos cuerpos de santos difuntos resucitaron. Y, saliendo de los sepulcros después de la resurrección de él, entraron en la Ciudad Santa y se aparecieron a muchos (*Mt* 27,50-53).[22]

En el Antiguo Testamento encontramos clara evidencia de otras asunciones al cielo. El libro del Génesis, por ejemplo, relata la historia de un hombre justo, llamado Henoc, el padre de Matusalén:

> Henoc anduvo con Dios, y desapareció porque Dios se lo llevó (*Gen* 5,24).

Esta historia del Génesis también es relatada en los libros Sirácida y Sabiduría, del Antiguo Testamento, en donde se nos dice: "Nadie fue creado en la tierra igual a Henoc, pues él fue arrebatado de la tierra" (*Eclo* 49,14; 44,16; *Sab* 4,10). También en el Nuevo Testamento Pablo hace referencia a la asunción de Henoc, como una recompensa por haber complacido a Dios (*Heb* 11,5-6). Estas citas muestran que los Hebreos creían en la posibilidad de una asunción corporal para aquellos que Dios amaba de manera especial.

En el Antiguo Testamento se describe una asunción incluso más dramática, en el segundo libro de los Reyes (*2Re* 2,10-12). En esta, el profeta Eliseo se encuentra presente cuando su maestro Elías es

---

coronamiento del judaísmo, Jesucristo. La carne que ella brinda es el "Templo" que el Verbo de Dios habitará para formar el cuerpo de Cristo.

[22] El termino «aparecerse» en este caso, significa manifestarse a la gente como una visión celestial. Esto quiere decir que la gente vio a los santos resucitados, con un aspecto glorificado.

llevado a lo alto:

> Iban caminando mientras hablaban, cuando un carro de fuego
> con caballos de fuego se interpuso entre ellos; y Elías subió al
> cielo en el torbellino. Eliseo le veía y clamaba: "¡Padre mío, padre
> mío! ¡carro y caballos de Israel!" (*2Re* 2,11-12).

Nuestra Bendita Madre también merecía recibir este honor. Fue
la primera y perfecta discípula de Jesús, y sus méritos sobrepasa-
ron incluso los de los patriarcas y profetas. Sin embargo, al igual
que todos los otros privilegios otorgados a María, la asunción
no estaba destinada a ella sola. María era *una de nosotros*, y su
asunción se celebra como una victoria para todos los creyentes,
y como una señal para el futuro.

> Y cuando este ser corruptible se revista de incorruptibilidad y
> este ser mortal se revista de inmortalidad, entonces se cumplirá
> la palabra que está escrita:
>
> > La muerte ha sido devorada en la victoria.
> > ¿Dónde está, oh muerte, tu victoria?
> > ¿Dónde está, oh muerte, tu aguijón?
>
> El aguijón de la muerte es el pecado; y la fuerza del pecado, la
> Ley. Pero ¡gracias sean dadas a Dios, que nos da la victoria por
> nuestro Señor Jesucristo! (*1Cor* 15,54-57).

La resurrección de los muertos marcará la restauración final
y perfecta de la gracia y dignidad que fueron nuestra herencia
desde el principio. De hecho, recibiremos incluso más gracia,
porque Cristo vino para establecer una nueva creación mucho
mayor que cosa alguna que Adán y Eva pudiesen haber imaginado. Por el sacrificio y Resurrección de Cristo, hay un Hombre
Nuevo en los cielos. Por la cooperación y la Asunción de María,
la Nueva Mujer nos asegura que el cielo nuevo y la nueva tierra,
serán lugares para humanos. No nos serán extraños. No seremos
espíritus separados del cuerpo. Más bien, nuestras vidas tendrán
relación con quienes fuimos y lo que fuimos en la tierra. Dios
tomará nuestras identidades pecaminosas y retirará todas las

manchas de pecado y sufrimiento de ellas. Una vez purificadas, recibiremos cuerpos nuevos y glorificados, preparados para el cielo. Esta gloria celestial espera a aquellos que aman a Cristo. Su madre, que es también la nuestra, estará allí para darnos la bienvenida a casa.

La devoción por la Virgen María

Los nativos americanos siempre han considerado que la tierra es su madre. Los católicos sabemos exactamente lo que ellos sienten, porque nosotros vemos a María de la misma manera. Es más, sabemos que cuando Cristo reunió a la familia humana a través de la maternidad común en María, también empezó a restaurar toda la creación material para que albergue su presencia corporal. Por esta razón la Iglesia puede usar agua para el Bautismo, aceite para la Confirmación, piedra y madera para sus altares, y pan y vino para la Comunión: a través de la maternidad de la creación, Cristo se hace a sí mismo físicamente presente para nosotros devolviendo al cosmos a su llamado original.

María, además, nos protege evitando que adoremos a la creación como a un Dios. De hecho, ella nos guarece y evita que adoremos a todo Dios falso, porque ella es el templo consagrado del único Dios verdadero. Verla a ella mientras adoramos a Dios, nos segura que estamos unidos al Cristo verdadero.

Necesitamos esto, porque los falsos conceptos sobre la maternidad y sobre Dios nos guían rápidamente por el mal camino. Las visiones corruptas de la gente sobre la maternidad son casi siempre abrumantes. Un hombre podría verse inspirado por el maravilloso legado de su país, y estar dispuesto a morir por él. Esta pasión por el país propio es realmente una forma de reverencia por la maternidad. Esto es bueno. Sin embargo, este mismo hombre, podría malograr la pureza de su lealtad si hablara de colocar cercas y disparar ráfagas a los forasteros ilegales. Las personas que piensan de esta manera niegan que tanto ellos, como los "forasteros," tienen en María una madre común.

Un joven, perteneciente a un equipo que ha ganado un campeonato podría realmente apreciar el sacrificio, la dedicación y el trabajo de equipo que implicó ganar. Podría sentir profundo respeto por la ceremonia en la que su equipo recibe el trofeo ganador. Sin embargo este mismo joven no pensaría jamás en hacer el mismo sacrificio por su futura esposa, la que supuestamente es su gloria mayor. Ni siquiera honraría su ceremonia de matrimonio. En cambio, podría siempre tratar a las mujeres (incluso a su propia mujer) irrespetuosamente, como si el tener relaciones con una mujer fuese simplemente otra forma de diversión.

De la misma manera, una mujer joven, que puede ver claramente que está mal talar bosques, matar ballenas, o quitarle las alas a una mariposa, no tendría problema alguno con que un abortista desmiembre a un no nato. Ella reconoce que la naturaleza es sagrada, pero no se permite a sí misma ver lo sagrado de la humanidad. Irónicamente, en nuestros días, la defensa del aborto se enmascara con el "feminismo", aunque sea una total negación a todo lo femenino. Tomemos en cuenta lo que las primeras feministas decían sobre el aborto:

> Si nosotras consideramos que las mujeres son tratadas como una propiedad, es degradante que tratemos a nuestros hijos como una propiedad a ser desechada, cuando lo consideremos pertinente.
>
> —Elizabeth Cady Stanton, en una carta a Julia Ward Howe, Octubre 16, 1873. Extracto del diario de Howe, Biblioteca de la Universidad de Harvard.

> ¿Culpable? Sí. No importa cual sea el motivo: amor fácil, o el deseo de librar del sufrimiento al inocente nonato. La mujer que comete dicho acto es terriblemente culpable. Agobiará su conciencia en vida, agobiará su alma en la muerte; Pero, eso sí, ¡es tres veces culpable el que la llevó a la desesperación que la impulsó a cometer el crimen!
>
> —Susan B. Anthony en su publicación "*The Revolution*", Julio 8, 1869.

Comparemos lo que las primeras feministas enseñaban sobre el aborto, con lo dicho por la Madre Teresa en nuestro tiempo:

> Si aceptamos que una madre pueda matar incluso a su propio hijo, ¿Cómo podemos decirle a otras personas que no se maten entre sí? ...Cualquier país que acepte el aborto no enseña a su pueblo a amar, sino más bien a utilizar cualquier forma de violencia para obtener lo que desean.[23]

—Madre Teresa

Las primeras feministas, a diferencia de algunas feministas modernas, sentían devoción por la maternidad. La Madre Teresa aprendió la maternidad de su madre católica, que era devota de la Virgen María. A través de la devoción a María se enseña maternidad y femineidad, y su mensaje puede curar nuestras aflicciones. El respeto a María restaura nuestro respeto por la naturaleza y por nuestros propios cuerpos. Nos enseña a reconocer la presencia de Jesucristo en nuestro prójimo. No podemos ser devotos de María y de los santos del cielo y seguir creyendo que nuestra relación con Dios es simplemente una cuestión privada.[24]

Una relación privada e invisible con Dios es buena. Pero no sino crece y no se convierte en algo más, podemos terminar separados de Dios fácilmente. María y los santos nos enseñan que Dios está presente en su creación. Una vez entendido esto, no podemos destruir la belleza de la naturaleza sin razón alguna, ni matar a un niño que aún no ha nacido. No podemos ver al sexo como una simple forma de diversión, y no podemos ignorar a un extraño hambriento que pasa cerca nuestro por la calle. Como María nos muestra la presencia de Cristo en todos estos aspectos, podemos decir con seguridad que "una relación personal con Jesucristo" empieza con la devoción a nuestra Madre María.

---

[23] Madre Teresa de Calcuta, "Whatsoever You Do," National Prayer Breakfast (Washington, D.C., 3 Feb 1994.) Ver también "Still, Small, Voice," de Peggy Noonan, *Crisis* 16, no. 2 (Feb. 1998): 12–17.

[24] Por favor ver el Apéndice F para una explicación de las oraciones a los santos.

Los primeros Padres de la Iglesia
sobre la Madre de Dios

San Ignacio de Antioquia (110 d.C.), *Carta a los Efesios* (v. 1,42)

Porque nuestro Dios, Jesucristo, fue concebido por María, de acuerdo al plan de Dios: de la semilla de David, es verdad, pero también del Espíritu Santo. Él nació y fue bautizado, para que con su sumisión, purifique el agua. La virginidad de María, el que diese a luz, e incluso la muerte del Señor, estuvieron ocultos del príncipe de este mundo: tres misterios proclamados a viva voz, pero forjados en el silencio de Dios.

San Justino Mártir (100/110-165 d.C.), *Diálogo con Trifón el Judío* (v. 1, 141)

Porque Eva, virgen e inmaculada, concibió la palabra de la serpiente, y cargó con la desobediencia y la muerte. Pero la Virgen María recibió fe y regocijo cuando el ángel Gabriel le anunció la gran noticia: El Espíritu del Señor se posaría sobre ella y el poder del Altísimo la cubriría, razón por la cual, el Santísimo nacido de ella es el Hijo de Dios. Ella respondió: "Hágase en mí según tu palabra."

San Ireneo (140-202 d.C.), *Contra los herejes* (v. 1, 224)

En consecuencia, María fue considerada obediente, por decir: "He aquí Señor, tu esclava; Hágase en mí según tu palabra." Eva, por el contrario, fue desobediente; y cuando aún era virgen, no obedeció. Al igual que ella, que aún era virgen en aquel tiempo, si bien tenía a Adán por esposo, ...por haber sido desobediente, fue ella la causa de su muerte y la de toda la raza humana; entonces también María, desposada a un hombre, sin embargo virgen aún, por ser obediente, fue ella la causa de su salvación y la de toda la raza humana... De esta manera, el nudo de la desobediencia de Eva fue desatado por la obediencia de María. Lo que la virgen Eva había atado con incredulidad, la Virgen María desató con fe.

San Ireneo (140-202 d.C.), *Contra los herejes* (Liturgia de las Horas, Viernes, 2ª semana de Adviento)

El enemigo no podría haber sido derrotado si su verdugo no hubiese nacido de una mujer, porque fue a través de una mujer que obtuvo su dominio sobre el hombre, en el principio, estableciéndose como su adversario. Es por ello que el Señor se proclama Hijo del Hombre, el que renueva en sí, a aquél primer hombre, del cual la raza nacida de una mujer se formó; así como por la derrota de un hombre nuestra raza cayó en la esclavitud de la muerte, por la victoria de un hombre fuimos alzados a la vida nuevamente.

Tertuliano (155/160-240/250 d.C.), *La Carne de Cristo* (v. 1, 358)

De la misma forma, a través de una Virgen, se introdujo la Palabra de Dios, para establecer una estructura de vida. Así, lo que había sido dejado como desecho en ruina por este sexo, fue reestablecido a la salvación por este mismo sexo. Eva creyó en la serpiente; María creyó en Gabriel. Eso que una destruyó por creer, la otra, por creer, lo volvió a levantar.

Tertuliano (155/160-240/250 d.C.), *La Monogamia* (v. 1, 380)

Fue una virgen la que dio a luz a Cristo: Ella se casaría solo una vez, después de traerlo al mundo. La razón de esto, fue que ambos títulos de santidad podrían ser manifestados en el linaje de Cristo, por haber nacido de una madre que fue, tanto virgen como esposa, de un esposo.

San Efrén (306-373 d.C.), *Cantares de Alabanza* (v. 1, 711)

Esta Virgen se convirtió en Madre, preservando su virginidad; Y si bien aún era Virgen, llevaba un Niño en su vientre; Y la esclava y el trabajo de la Sabiduría del Señor, se convirtieron en la Madre de Dios.

San Efrén (306-373 d.C.), *Los Himnos Nisibenos* (v. 1, 719)

Tú solo y tu Madre
Sois más bellos que cualquier otro;
Porque no hay defecto en vosotros,
Ni mancha alguna en tu Madre,
¿Quién de mis hijos
Puede compararse en belleza a ellos?

San Atanasio (295 - 373 d.C.), *La Encarnación de la Palabra de Dios* (v. 1, 788)

El Hijo de Dios se hizo Hijo del Hombre, para que los hijos del hombre, es decir, de Adán, puedan convertirse en hijos de Dios. La Palabra engendrada por el Padre desde lo alto, inexpresablemente, inexplicablemente, incomprensiblemente y eternamente, es Él, que nace en el tiempo aquí abajo, de la Virgen María, la Madre de Dios, de tal manera que aquellos, que en principio, nacen aquí abajo, tengan un segundo nacimiento desde lo alto, es decir, de Dios.

San Ambrosio de Milán (333 - 397 d.C.), *Comentario sobre el Salmo 118* (v. 2, 1314)

Venid entonces, y buscad Vuestro rebaño, no a través de Vuestros siervos o empleados, más bien hacedlo Vosotros mismos. Levantadme en cuerpo y en la carne, la cual cayó en Adán. Levantadme no de Sara, sino de María, una Virgen no solo pura, sino también un a Virgen cuya gracia la hizo inmaculada, libre de toda mancha de pecado.

San Agustín de Hipona (354 - 430 d.C.), *Sagrada Virginidad* (v. 3, 1643-1644)

Al haber nacido de una Virgen que decidió seguir siendo Virgen, incluso antes de saber quien iba a nacer de ella, Cristo quiso aprobar la virginidad en vez de imponerla. Y quería que la virginidad sea una elección libre incluso en esa mujer, en la cual Él adoptó para Sí mismo, la forma de esclavo.

Esta mujer única es tanto Madre como Virgen, no sólo en espíritu, sino también en cuerpo. En espíritu ella es Madre, no de nuestra Cabeza, que es nuestro Salvador en Sí, (de quien, más bien, ella nació espiritualmente, ya que todos los que creen en Él, incluso incluyéndola a ella, son adecuadamente llamados hijos del novio), sino más bien, ella es simplemente la Madre Espiritual de nosotros que somos miembros de Él, porque por amor ella cooperó, para que los creyentes, que son miembros de dicha Cabeza, puedan nacer en la Iglesia. En cuerpo, claro está, ella es la Madre de esa Cabeza misma.

San Agustín de Hipona (354 - 430 d.C.), *Naturaleza y Gracia* **(v. 3, 1794)**

¿Cómo sabemos cuanta abundancia de gracia para la absolución total del pecado le fue conferida a ella, que ameritó concebir y llevar dentro al Señor, en quién no había pecado alguno?

San Gregorio de Tours (538 - 594 d.C.), *Los Ocho Libros de los Milagros* **(v. 3, 2288a)**

Habiéndose culminado el ciclo de esta vida para la Bienaventurada María, cuando sería llamada a dejar el mundo, todos los apóstoles se reunieron viniendo de sus distintas regiones, a su casa. Y cuando oyeron que ella estaba a punto de ser llevada del mundo, se quedaron con ella velando. Y así fue, el Señor Jesús vino con sus ángeles y, tomando su alma, se la entregó al Ángel Miguel y se retiró. Al alba, sin embargo, los apóstoles se llevaron su cuerpo en un anda funeral y lo pusieron en una tumba; y lo guardaron, esperando que venga el Señor. Y así fue, nuevamente el Señor estuvo allí; y habiendo recibido el cuerpo sagrado, ordenó que sea llevado en una nube al paraíso: en donde, ahora, reunificada al alma, (María) se regocija con los elegidos del Señor, y este es el goce del bien y de una eternidad que nunca acabará.

Las Enseñanzas de los
primeros reformistas protestantes

Martín Lutero 1483 - 1546 (Líder de la Reforma Protestante)
Los Trabajos de Lutero

Cristo nuestro salvador fue el fruto real y natural del vientre virginal de María... Esto se realizó sin la cooperación de hombre alguno, y ella se mantuvo virgen después de esto.

Martín Lutero Jaroslav Pelícan 21-volumen "Los Trabajos de Lutero" (San Luis, Concordia).

(En un sermón de 1527, Lutero habló sobre la impecabilidad de María, en una manera que se aproxima a la doctrina católica sobre la Inmaculada Concepción, la cual fue finalmente formulada trescientos años después, en el siglo diecinueve,) "Pero la otra concepción, es decir la infusión del alma, se cree piadosa y adecuadamente, fue sin pecado, en tal forma que mientras el alma estaba siendo infusa, al mismo tiempo era limpiada del pecado original y adornada con los obsequios del Señor, para recibir el alma sagrada que estaba siendo, así, infusa. Y de esta manera, en el preciso momento en el que ella empezó a vivir, se encontraba libre de todo pecado" (En ese entonces, virtualmente toda Sajonia era protestante).

Zwinglio 1484 - 1531 ("padre del protestantismo) *Agustín Bea, María y los Protestantes*

Creo firmemente, de acuerdo a las palabras del Evangelio, que una virgen pura trajo para nosotros al Hijo de Dios y se mantuvo virgen, pura e intacta en el alumbramiento y aún después, por toda la eternidad.

Estudio Bíblico sobre María – Escrituras citadas en el capítulo

2Sam 5,7 – Sión era la fortaleza que el Rey David tuvo que conquistar para capturar Jerusalén.

Is 52,1-5 – El profeta Isaías utiliza el título de "Sión" o "Hija Sión" para describir al pueblo de Israel, personificado como una esposa virgen que le pertenece al Señor.

Sof 3,15 y *Lc* 1,31- Cuando el ángel le dice a María. "vas a concebir en el seno...", ella cumple la profecía de Sofonías sobre Sión: "El Rey de Israel, YAHVE, *está en medio de ti*"

Lc 1,13 y *Lc* 1,31 – Se comparan las anunciaciones a Isabel y María. En el caso de Isabel, no existe un "en el seno" (o "en tu interior.")

Is 66,8 – "¿Es dado a luz un país en solo un día? / ¿O nace un pueblo todo de una vez? / Pues bien, tuvo dolores y parió / Sión a sus hijos"

Gen 1,26 y *Lc* 1,28 – Eva es creada y María es concebida sin pecado.

Gen 3,20 y *1Cor* 15,45-47 - Se dice que Adán y Eva son nuestros padres de acuerdo a la carne. Eva es "la madre de todos los vivientes."

Jn 1,12-13, *Jn* 19,27 y 1 Corintios 15,45-47 – María se convierte en madre de todos, por medio de Cristo.

Gen 3,6 – Eva desobedeció a Dios, y por no creerle, comió el fruto.

Lc 1,38-42 – María obedeció a Dios, y por creerle, dio gran fruto.

Gen 3,6-24 – El pecado (la muerte) ingresó al mundo a través de Eva.

Lc 1,32-33 – La salvación (la vida) ingresó al mundo a través de María.

Jn 2 y *Jn* 19,25-28 – Comparación de la cooperación de María con Cristo, tanto en Caná como en la cruz.

Jn 1,1 hasta 2,1 - La serie de seis días del evangelio tiene el propósito de recordarnos los seis días de la creación.

Jn 4,21 – Jesús se dirige a otras mujeres con el término "mujer", pero ninguna es su madre.

Jn 12,23.27; 17,1 – Jesús hace referencia al momento de su Crucifixión como "su hora".

Gen 3,15 – "Enemistad pondré entre ti y la mujer."

Jn 20,30-31 - Juan escogió cuidadosamente lo que escribió, para que "podamos (llegar a) creer" y seamos salvados. No incluyó detalles innecesarios.

Ct 3,11 e *Is* 61,10 – Los esposos hebreos fueron coronados durante la ceremonia de su matrimonio, cuando el Templo se alzó.

Ap 12,1 – María es coronada en el cielo.

Ex 25,10 y *Num* 14,44 – El Arca de la Alianza era sagrada y estaba consagrada al Señor.

Ex 40,34, *Ex* 25,22, *Ex* 30,6, y *Lev* 16,2 – Se describe a Dios como una nube que cubre al Arca con su sombra.

Num 4,15-20 y Jos, capítulos 3, 4 y 6 - El Arca era tan sagrada que había estrictas prohibiciones para que no sea tocada y estaba relacionada con muchos milagros.

Ex 16,33, *Num* 17,25, y *Heb* 9,3-4 – Los hebreos llevaban el Arca con ellos a las batallas y recibían protección especial de Dios contra sus enemigos.

2Mac 2,7 – El Arca Perdida será encontrada cuando "Dios vuelva a reunir a su pueblo y le sea propicio."

2Sam 6,2-14 y *Lc* 1,39-56 – Comparación entre el viaje del Arca a Judea, y el viaje de la Virgen María a Judea, que muestra que Lucas presenta a María como la culminación del Arca.

Ap 11,19-12,1 – María reemplaza la imagen del Arca en el cielo.

Gen 17,17 hasta 18,14, y *Lc* 1,30-37 – La fe de María es presentada como la culminación de la fe de Abraham.

Lc 1,46-55 – En el Magníficat, María expresa su regocijo al recibir la promesa hecha a Abraham.

Lc 1,45 – "Feliz la que ha creído las cosas que le fueron dichas de parte del Señor."

Lc 1,5-20 – Lucas contrasta la fe de María con la incredulidad de Zacarías.

Jdt 16,13-17 y *1Sam* 22,1-10 – El Magníficat de María resume las plegarias hechas en el pasado.

Jn 8,41- Jesús tuvo que soportar referencias disimuladas respecto a su "ilegitimidad."

Lc 2,39,41- Maria lo crió e hizo todo lo que estaba prescrito según la ley.

Lc 2,52 - Jesús progresaba en "sabiduría, en estatura y en gracia ante Dios y ante los hombres."

Jn 2,1-5 - "Haced lo que Él os diga."

Lc 1,38 - "Hágase en mí según tu palabra."

Am 9,13-14 y *Jl* 2,23-24; 4,18 – El superabundante vino que Jesús hizo en Caná rememora las profecías sobre la superabundancia de los tiempos mesiánicos.

Jn 2,11 y *Jn* 1,14- Esta señal "reveló su gloria", gloria que es descrita en todo momento en Juan, como "una gloria tal a la del Hijo Único del Padre", y la que hizo que los discípulos creyeran.

Mc 3,32 – La Madre y los "hermanos" de Jesús vienen a buscarlo.

Lc 11,27; cf. *Lc* 1,45 – Jesús deja claro que más que su cuerpo, fue la fe de María la que la hizo santa y bendita.

Jn 16,21 – Jesús expresa el sufrimiento soportado por María y por la Iglesia, por su crucifixión.

Lc 2,34-35 – Simen le predice a María que ella también será atravesada por una espada.

Zac 12,10 – "En cuanto a aquél a quien traspasaron, harán lamentación por él como lamentación por hijo único, y le llorarán amargamente como se llora amargamente a un primogénito."

Ap 1,17 – Jesús será visto en el cielo como un juez impresionante, inspirando temor.

Ap 12,2 – "Está encinta, y grita con los dolores del parto y con el tormento de dar a luz." Aquí se describe el sufrimiento de María en la cruz.

Ap 12,17- El Dragón, despechado contra la Mujer, da caza a sus hijos espirituales.

Lc 1,41 – El Espíritu Santo salió de María inspirando a Isabel y a San Juan Bautista.

Hch 1 – El Espíritu Santo ingresa en los apóstoles, mientras María está en el centro de ellos, en Pentecostés.

Ex 40 y *Ap* 12,14 – A María, como a la "tienda de Dios" (el Tabernáculo) le es dado un lugar seguro en "el desierto", recordando la teofanía del Monte Sinaí.

Mt 13,55 y *Mc* 6,3 – Hermanos y hermanas de Cristo.

Gen 12,5 y 14,12 – Muestran que Lot es el hijo del hermano de Abraham.

Gen 13,8 y 14,14 – Se menciona a Lot como "hermano" de Abraham (Versión del Rey Santiago).

Mc 15,40 y *Mt* 27,56 – Estos pasajes muestran que los "hermanos" de Cristo eran hijos de otra madre. De hecho, son sus primos.

Jn 19,25 – Se muestra que su madre es otra María, que es prima de la Virgen María. Se la menciona como "hermana" de la Virgen María. Esto quiere decir que ella era su prima.

Jn 19,26-27 – Jesús entrega a María para que sea la madre de Juan, mostrando que Cristo no tenía otros hermanos que fuesen hijos de María.

Mt 1,25 - "Y no la conocía hasta que ella dio a luz un hijo, y le puso por nombre Jesús."

Esto no implica que hayan habido relaciones después que naciera Jesús. (Ver la nota siguiente).

Mt 28,20 – "Yo estoy con vosotros siempre, *hasta* el fin del mundo" (enfatizado). ¡Esto no implica que Jesús ya no fuese a estar con ellos *después* del fin del mundo!

2Sam 6,23 – "Mical no tuvo hijos *hasta* que murió" (según algunas traducciones bíblicas). Esto no significa que ella tuvo hijos después de morir.

2Sam 6,6-7 – Dios hiere de muerte a Uzzá por tocar el Arca.

Lc 2,7 - "Ella dio a luz a su hijo *primogénito*" (enfatizado). Esto no significa que tuvo otros hijos. (Tomemos en cuenta la siguiente cita en la que se le da a los primogénitos un estatus consagrado especial).

Ex 13,2 - "Conságrame todo primogénito, todo lo que abre el seno materno entre los israelitas... míos son todos." El ser primogénito es un título honorario que no implica que existan otros hijos.

Mt 19,12 – La virginidad consagrada es un signo de dedicación, pureza y devoción, por amor al reino.

Ef 5,27 – María es la imagen de la Iglesia: "sin mancha ni arruga."

Gal 4,26, *Jn* 19,27, y *Ap* 12,2, 17 – Tanto María como la Iglesia, son presentadas como nuestra Madre.

Lc 1,28 – "Alégrate llena de gracia" es el título dado por el ángel a María (*Versión Estándar Revisada, Edición Católica*).

Mt 27,50-53 – Después de la muerte de Cristo en la cruz, muchos fueron resucitados de entre los muertos y se le aparecieron a la gente.

Gen 5,24, *Eclo* 44,16, y *Sab* 4,10 – "Henoc anduvo con Dios, y desapareció porque Dios se lo llevó." Esto muestra que la asunción es una idea bíblica.

Heb 11,5-6 – Pablo dice que Henoc recibió esta recompensa por complacer a Dios.

2Re 2,10-12 – Elías se va al cielo en un carro de fuego. Una vez más, Esto muestra que la idea de la asunción es bíblica.

1Cor 15,54-57 – "¿Dónde está, oh muerte, tu victoria? / ¿Dónde está, oh muerte, tu aguijón?"

Epílogo

La historia tiene un propósito. Dios no acercó a Sí al pueblo hebreo sin motivo alguno, y Él, no llena nuestros corazones y mentes con un profundo anhelo, sin razón alguna. Dios nos crea con un cuerpo y con un alma. Ambos deben ser santificados. En el mundo actual, ambos se encuentran bajo un constante ataque. En un extremo están aquellos (como los ascéticos hindúes) para los cuales el mundo material es una ilusión sin valor alguno. Ellos presentan su disciplina como medio de escape a la "trampa" de la existencia material. El suscribirse a esta creencia hace que algunos manejen su sufrimiento, tratándolo, como si este fuese en sí una ilusión. Desgraciadamente, suscribirse a esta actitud también fomenta un esfuerzo, en sí egoísta, que ignora el sufrimiento y los problemas de otras personas. Además, genera una falta global de interés en la sociedad humana y en las instituciones.

En el otro extremo, la cultura "pop" y los medios, tratan al mundo material como el todo. Este es un mundo en el que todo es importante y él es, en sí, un fin. Cuando una cantante glorifica el hecho de ser "una mujer material... viviendo en un mundo material," se incita a la gente a reducir el sentido de la vida al simple acto de deambular en lo mundanal, para satisfacer los apetitos animales. Lo único que importa es pasarla bien y sentirse bien. Jesús rechazó ambas visiones del mundo. Al convertirse en hombre y al ofrecerse a sí mismo a nosotros, por medio de la Eucaristía, Cristo elevó al mundo material, colocándolo en su lugar apropiado, para que pueda obtener la unión perfecta con Dios. Aquellos que están unidos a Dios experimentan un renacimiento:

> El viento sopla donde quiere, y oyes su voz, pero no sabes de dónde viene ni a dónde va. Así es todo el que nace del Espíritu (*Jn* 3,8).

Aquellos que nacen del Espíritu son hijos de la Iglesia (la Nueva Jerusalén). Cuando participamos en la vida de la Iglesia, estamos entrenando nuestros cuerpos y almas para obedecer a la voluntad de Dios. Una vez alcanzado este objetivo (con la ayuda de Dios, a través de los Sacramentos), Su trabajo en nosotros habrá culminado.

La intención de este libro es la de ayudar a entender y apreciar el papel de la Iglesia como Cuerpo de Cristo y fuente de salvación de todo el mundo. Todos estamos invitados a este banquete sagrado, para beber de la copa de su pasión y recibir el regalo de la vida eterna. Aquél que acepte esta invitación está siendo convertido en una "nueva creación" (*2Cor* 5,17). Para todo aquél que decida vivir en Cristo: "pasó lo viejo" y "todo es nuevo" (*2Cor* 5,17; *Ap* 21,1).

APÉNDICE A

Los Padres de la Iglesia

Los Padres de la Iglesia eran Obispos o escritores respetados, de la etapa inicial de la Iglesia y sus escritos se siguen respetando como testimonio de la Tradición sagrada. ¿Cómo decide la Iglesia, entre sus ancestros, quien es un "Padre" y quien no? En el Credo Niceno encontramos cuatro marcas, mediante las cuales la verdadera Iglesia puede ser reconocida: Es una sola, es santa, es católica y apostólica. Decidir quien es un auténtico "Padre de la Iglesia" implica hacer una prueba con estos criterios en mente.

Los escritos de un Padre de la Iglesia deben ser consecuentes con los criterios de la Iglesia única. Es decir, estos no deben contradecir el testimonio y las enseñanzas de la Iglesia. Esto no quiere decir que ningún Padre de la Iglesia haya cometido errores alguna vez. Esto quiere decir que la esencia de su trabajo debe concordar con el de los otros Padres de la Iglesia. Aceptamos como válido todo aquello que los Padres de la Iglesia dicen a una sola voz, incluso aunque esto implique rechazar el argumento o la posición específica de un Padre de la Iglesia, si contradice la posición general.

Un Padre de la Iglesia es santo en el sentido que su vida fue vivida como una expresión del Evangelio, practicó lo que predicaba, y sus escritos expresan el Evangelio de manera especial e inspiradora.

Un Padre de la Iglesia es católico. "Católico" (o católica) es un adjetivo de origen griego que significa "universal." Los Padres representan la universalidad de la Iglesia de dos maneras: Primero, presentan distintos antecedentes (y distintos periodos de tiempo), y cada uno dice las cosas a su manera. Segundo, si bien pudieron haber escrito en griego, sirio o latín, el mensaje es universalmente aplicable a todos los hombres de todos los tiempos.[1]

Finalmente, los escritos de un Padre de la Iglesia deben ser apostólicos. Esto quiere decir que lo que predican debe derivar de las enseñanzas de los apóstoles. Algunos de los Padres de la Iglesia (como Clemente de Roma) conocieron a los apóstoles personalmente, por lo que tenían una visión especial de lo que el auténtico cristianismo es. Ellos también transmitieron enseñanzas importantes que no fueron parte de las Escrituras:

> Hay además otras muchas cosas que hizo Jesús. Si se escribieran una por una, pienso que ni todo el mundo bastaría para contener los libros que se escribieran (*Jn* 21,25).

> Así pues, hermanos, manteneos firmes y conservad las tradiciones que habéis aprendido de nosotros, de viva voz o por carta (*2 Tes* 2,15).

Es así, que a través de los Padres de la Iglesia, la Tradición Apostólica nos ha sido transmitida. Los Padres de la Iglesia, o conocieron los mismísimos apóstoles, o por lo menos, estuvieron lo suficientemente cerca a la época de los apóstoles como para poder hacernos llegar parte del depósito original de fe, entregado por Cristo y el Espíritu Santo. Es usual decir que la era de los "Padres de la Iglesia" finalizó, en Occidente, con la muerte de San Isidoro de Sevilla, en el año 636 a.C., y en Oriente, con la muerte de San Juan Damasceno, en el año 749 a.C.

Cabe mencionar que no todos los escritos antiguos que son respetados han sido atribuidos a un Padre de la Iglesia específicamente. Por ejemplo, el autor del Didajé, es aún desconocido. Se afirmó que eran las enseñanzas de los doce apóstoles, de allí su nombre (*Didajé*, que significa "La Enseñanza" en Griego).[2] El Didajé es muy antiguo, fue escrito entre los años 140 y 160 d.C. Algunas de sus partes podrían incluso venir del siglo uno. Lo citamos en este libro, por

---

[1] El sirio era la lengua que hablaba Cristo, mas que en su forma más antigua, la que se hablaba en esos días, se denominó arameo.

[2] La *Didajé* fue reconocido por alguien, como un libro inspirado y formó parte del canon, hasta el Tercer Concilio de Cartago, en el año 397 d.C.

su sólida doctrina y por el hecho de que muchos de los primeros escritores cristianos lo citan.

Si bien este libro reproduce algunas citas de Tertuliano, él no es, estrictamente hablando, un Padre de la Iglesia. Tertuliano dejó la Iglesia católica, más adelante en su vida, razón por la cual se le considera un "Escritor Eclesiástico." Las citas que hemos incluido son tanto emotivas como instructivas, y fueron escritas cuando aún era miembro de la Iglesia. Lo que viene a continuación son una breves biografías de algunos de los Padres de la Iglesia que son citados la final de cada capítulo. Hemos escogido siete de los más conocidos, pero existen muchos más.

Biografías seleccionadas de los Padres de la Iglesia

Papa San Clemente de Roma (80 D. C.):

San Clemente fue el obispo de Roma alrededor del año 80 d.C. Fue el tercer sucesor de Pedro en Roma. Su carta a los Corintios fue el único de sus escritos que sobrevivió, y su carta se cita frecuentemente, como prueba de la autoridad Papal. Al escribir esta carta, el Papa Clemente invocó a su autoridad para restaurar el ministerio de los líderes de la Iglesia que los corintios habían depuesto. Este fue un caso por el cual él intervino en los asuntos internos de una iglesia ubicada fuera de su diócesis, aún cuando el Apóstol Juan todavía estaba vivo. Incluso una parte de la Iglesia de la etapa inicial tomó en cuenta esta carta, como parte de las Escrituras, durante algunos cientos de años.[3]

---

[3] Tomó seis siglos que la Iglesia en su totalidad usase la misma lista de escrituras del Nuevo Testamento, en todo el mundo. Si bien los cuatro Evangelios no fueron nunca un motivo de desacuerdo, las Iglesias en diversos lugares del mundo tenían disputas sobre si un puñado de cartas eran inspiradas o no (incluyendo el libro del Apocalipsis.) Para el siglo siete las disputas habían terminado y todos utilizaban la misma lista que tenemos hoy. Sin embargo, no fue hasta el Concilio de Trento, en el siglo dieciséis, que el canon de las Escrituras fue formalmente codificado.

San Ignacio de Antioquia (d. 110 d.C.),

San Ignacio fue obispo de Antioquia, sucediendo a San Evodio, quien a su vez sucedió a San Pedro antes de su ida a Roma. Conoció al apóstol San Juan. Durante el reino del emperador Trajano fue sentenciado a morir en la arena. En el camino de Antioquia a Roma, se le permitió escribir y enviar cartas a las distintas iglesias cristianas. Siete de ellas sobrevivieron y las citas de este libro han sido extraídas de ellas. San Ignacio de Antioquia esperaba su martirio, anticipando que se convertiría en "trigo molido por los dientes de las bestias salvajes." En sus cartas se hace el primer uso conocido del adjetivo "católico" (o católica) para describir la única y verdadera Iglesia apostólica. Es también interesante resaltar que, históricamente, la Iglesia de Antioquia fuese el primer lugar en el que se utilizó la palabra "cristiano" para describir a los seguidores de Cristo (cf. *Hch* 11,26). Es también en Antioquia que la palabra "Trinidad" aparece por primera vez escrita, ideada por San Teófilo de Antioquia, en el año 181 d.C.

San Justino Mártir (110 - 165 d.C.),

San Justino Mártir nació en Palestina, siendo de origen pagano. Cuando era joven, probó varias escuelas de pensamiento filosófico, incluyendo el Estoicismo, el Pitagorismo, el Platonismo, etc. Después de experimentar por mucho tiempo, se convirtió al Cristianismo. Se dirigió a Roma y estableció una escuela para la enseñanza del cristianismo. El, y seis compañeros, fueron decapitados en el año 165 d.C.

San Ireneo (140 - 202 d.C.),

Fue el segundo obispo de Lyon. En su juventud, fue seguidor de San Policarpo, el que a su vez fue discípulo de San Juan Apóstol. Conocido como el Pacificador, le aconsejó al Papa Víctor de Roma no incomunicar al clero de Oriente por no aceptar la formula Occidental para el cálculo de la Pascua. Es muy famoso por su tratado *Contra los herejes*, en la que refuta a las sectsa gnósticas.

San Efrén (306 - 373 d.C.),

Se le atribuyó el sobrenombre de "Lira del Espíritu Santo", por su talento para expresar la fe y la liturgia en cantares poéticos. El popularizó este género, y gano muchos conversos de sectas que utilizaban música popular para desviar a la gente de su fe. Fue el primero en utilizar melodías para los himnos religiosos y el primero en formar un coro de mujeres exclusivamente. Sus prolijas composiciones representan no solo lo mejor de la poesía religiosa, sino también lo mejor de la Teología siríaca. Su trabajo sigue siendo estudiado por sus carácter Semítico y por su orientación bíblica.

San Juan Crisóstomo (344 - 407 d.C.),

Fue contemporáneo a San Agustín. Así como San Agustín era considerado el mejor predicador de Occidente, Crisóstomo (cuyo significado era "boca de oro") era considerado el mejor de Oriente. Al igual que San Agustín, era un escritor prolífico, y muchos de sus trabajos se siguen preservando hoy. En su condición de crítico abierto de la corte del Imperio Bizantino, Crisóstomo fue enviado al exilio muchas veces. Finalmente, fue desterrado a Pityus, en la costa este del Mar Negro, muriendo en la ruta.

San Agustín de Hipona (354 - 430 d.C.)

Al igual que San Justino Mártir, experimentó libremente diversas escuelas de filosofía antes de convertirse en Cristiano. Muchos creen que las oraciones de su madre (Santa Mónica), quien sufrió mucho, trajo la gracia de la conversión a Agustín. (Ella observó alegremente su bautismo antes de morir). Fue obispo en el Norte de África en una época muy turbulenta, cuando las hordas bárbaras invadían muchas partes del Imperio Romano. Es considerado el mejor escritor y el mejor teólogo entre los Padres Occidentales, así como el más prolífico. Sus trabajos más famosos son *La Ciudad de Dios* y las *Confesiones*.

APÉNDICE B

Recuento de los Años: A.C.

2000   Prehistoria: Adán, la torre de Babel, el Diluvio, Noé

1900   La Era de los Patriarcas: Abraham, Isaac y Jacob

1800

1700

1600

1500

1400

1300

       El Éxodo: Moisés guía a los Hebreos fuera de Egipto

1200

       Jueces

1100

       Se establece el Reino: Saúl, David, Salomón

1000

       Se culmina el Templo

900   El Reino se divide en dos

800   Israel al Norte; Judea al Sur

700   La Derrota y el Cautiverio

       La caída del Reino del Norte bajo el yugo de Asiria; "Las Tribus perdidas

600   de Israel"

       La caída del Reino del Sur bajo el yugo de Babilonia; el primer templo

       es destruido

500   "El cautiverio Babilónico"

400   El retorno del cautiverio

300   Bajo el dominio de los Griegos: Alejandro el Grande

200   La Revolución de los Macabeos

100   Bajo el dominio del Imperio Romano: Pompeya conquista Palestina

0   Nacimiento de Cristo★

★(Se estima que el año real es alrededor del 4 A.C.)

D.C.

0   Ca. 30 D. C. La Crucifixión y la Resurrección de Cristo; Los Romanos destruyen el Templo, 70 D.C; 90 d.C. El Concilio judío define el canon Judío; La carta de Clemente, Ignacio de Antioquia usa la palabra "católico" (o católica)

100 132-135 La revolución Judía final no tiene éxito; Judea es nombrada "Palestina"

200

300 313 El Edicto de Milán: Constantino establece la tolerancia al Cristianismo;
325 El Primer Gran Concilio Ecuménico – Concilio de Nicea
380 El Cristianismo es declarado religión oficial del estado

400 410 Roma es saqueada. Cae el Imperio Romano de Occidente; 431 El Concilio de Éfeso afirma que María puede ser llamada "Madre de Dios";

500 451 El Concilio de Calcedonia: Se afirma que Cristo tiene dos naturalezas

600 637 Los Musulmanes capturan Jerusalén

700

800

900

1000 1054 Se formaliza la división oficial de la Iglesia de Oriente (Ortodoxa) y la Iglesia de Occidente;
1095-1291 La era de las Cruzadas

1100

1200
1225-1274 Era de Santo Tomás de Aquino
1300

1400 1453 Constantinopla cae a manos de los Turcos; el Imperio Romano de Oriente finaliza.
1492 Colón descubre el nuevo mundo

1500 1517 Martín Lutero inicia la Reforma Protestante; 1531 Aparición de la Virgen María en Guadalupe, México;1534 Enrique VIII establece La Iglesia Anglicana;1545-1563 El Concilio de Trento responde a los Protestantes

1600 1609 La Iglesia Bautista es fundada por John Smyth

1700

1800   1827 Joseph Smith funda la Iglesia Mormona. 1870 Russell funda los
        Testigos de Jehová. 1869-1870 El Primer Concilio Vaticano declara
        la doctrina de la infalibilidad Papal

1900
        1917 Aparición de la Virgen María en Fátima. 1962-1965 Segun-
        do Consejo Vaticano- permite el uso del vernáculo, instituye varias
2000   reformas

Señales y Profecías Cumplidas del Antiguo Testamento

Profecías sobre Jesucristo

ANTIGUO TESTAMENTO **NUEVO TESTAMENTO**

El Verbo como Dios

Sal 119-Cada verso de este Salmo alaba la Ley de Dios, haciendo uso de muchas palabras distintas para describirla

Is 55,11 - Así será mi palabra / la que salga de mi boca, / que no tornará a mí vacía, / sin que haya realizado lo que me plugo / y haya cumplido aquello a que la envié

Jn 1,1-3.14- En el principio existía la Palabra / y la Palabra estaba con Dios, / y la Palabra era Dios. / Ella estaba en el principio con Dios. / Todo se hizo por ella / y sin ella no se hizo nada de cuanto existe. / ...Y la Palabra se hizo carne, / y puso su Morada entre nosotros...

El Mesías nace de una Virgen, en Belén

Mi 5,1 – Mas tú, Belén-Efratá, / aunque eres la menor entre las familias de Judá, / de ti me ha de salir / aquel que ha de dominar en Israel, / y cuyos orígenes son de antigüedad, / desde los días de antaño.

Mt 2,1-5 – Nacido Jesús en Belén de Judea, en tiempo del rey Herodes... y por ellos se estuvo informando del lugar donde había de nacer el Cristo. Ellos le dijeron: "En Belén de Judea, porque así está escrito por medio del profeta..."

ANTIGUO TESTAMENTO

NUEVO TESTAMENTO

Is 7,14 – Pues bien, el Señor mismo va a daros una señal:

He aquí que una doncella está encinta y va a dar a luz un hijo, y le pondrá por nombre Emmanuel.

Lc 1,31-36 – "Vas a concebir en el seno y vas a dar a luz un hijo, a quien pondrás por nombre Jesús." ...María respondió al ángel:"¿Cómo será esto, puesto que no conozco varón?" El ángel le respondió: "El Espíritu Santo vendrá sobre ti y el poder del Altísimo te cubrirá con su sombra; por eso el que ha de nacer será santo y será llamado Hijo de Dios."

Herodes trató de matar al Mesías

Jer 31,15 – Así dice YAHVÉ: / En Ramá se escuchan ayes, / lloro amarguísimo. / Raquel que llora por sus hijos, / que rehúsa consolarse - por sus hijos - / porque no

existen.

Mt 2,16-17 – Herodes... envió a matar a todos los niños de Belén y de toda su comarca, de dos años para abajo... Entonces se cumplió el oráculo del profeta Jeremías...

El Retorno de Egipto

Os 11,1 - Cuando Israel era niño, yo le amé, / y de Egipto llamé a mi hijo.

Mt 2,14-15 - El se levantó, tomó de noche al niño y a su madre, y se retiró a Egipto; y estuvo allí hasta la muerte de Herodes; para que se cumpliera el oráculo del Señor por medio del profeta:"De Egipto llamé a mi hijo".

ANTIGUO TESTAMENTO	NUEVO TESTAMENTO

Juan Bautista, en el espíritu de Elías,
se prepararía para la llegada del Mesías

Is 40,3-4 – Una voz clama, / "En el desierto abrid camino a YAHVÉ, / trazad en la estepa una calzada recta a nuestro Dios. / Que todo valle sea elevado, / y todo monte y cerro rebajado...

Mt 3,1-3 – Por aquellos días aparece Juan el Bautista, proclamando en el desierto... diciendo... "Preparad el camino del Señor, / enderezad sus sendas."

Mal 3,1.23 – He aquí que yo envío a mi mensajero / a allanar el camino delante de mí... / He aquí que yo os envío / al profeta Elías / antes que llegue el Día de YAHVÉ...

Mt 11,13-15 – "Pues todos los profetas, lo mismo que la Ley, hasta Juan profetizaron. Y, si queréis admitirlo, él es Elías, el que iba a venir. El que tenga oídos, que oiga."

El Mesías, sentado sobre un asno,
ingresa triunfal a Jerusalén, en medio de regocijo

Zac 9,9 - ¡Grita de alegría, hija de Jerusalén! / He aquí que viene a ti tu rey: / justo él y victorioso, / humilde y montado en un asno, / en un pollino, cría de asna.

Mt 21,7-9 – Trajeron el asna y el pollino. Luego pusieron sobre ellos sus mantos, y él se sentó encima... Y la gente que iba delante y detrás de él gritaba: / "¡Hosanna al Hijo de David! / ¡Bendito el que viene en nombre del Señor! / ¡Hosanna en las alturas!"

ANTIGUO TESTAMENTO   NUEVO TESTAMENTO

El Silencio del Mesías ante sus acusadores

Is 53,7 – Fue oprimido, y él se humilló / y no abrió la boca. / Como un cordero al degüello era llevado, / y como oveja que ante los que la trasquilan está muda, / tampoco él abrió la boca.

Mt 27,12-14 – Y, mientras los sumos sacerdotes y los ancianos le acusaban, no respondió nada. Entonces le dice Pilato: "¿No oyes de cuántas cosas te acusan?" Pero él a nada respondió, de suerte que el procurador estaba muy sorprendido.

El Mesías es golpeado, recibe escupitajos y es objeto de burlas

Is 50,6 - Ofrecí mis espaldas a los que me golpeaban, / mis mejillas a los que mesaban mi barba. / Mi rostro no hurté a los insultos y salivazos.

Mt 26,67 – Entonces se pusieron a escupirle en la cara y a abofetearle; y otros a golpearle, diciendo: "Adivínanos, Cristo. ¿Quién es el que te ha pegado?"

Sab 2,12-18 - Tendamos lazos al justo, que nos fastidia, / él... se llama a sí mismo hijo del SEÑOR. / ... / Nos tiene por bastardos, / se aparta de nuestros caminos como de impurezas; / Él... se ufana de tener a Dios por padre. / Examinemos lo que pasará en su tránsito. / Pues si el justo es hijo de Dios, él le asistirá / y le librará de las manos de sus enemigos.

Mt 27,41-43 – Igualmente los sumos sacerdotes junto con los escribas y los ancianos se burlaban de él diciendo: "A otros salvó y a sí mismo no puede salvarse... Ha puesto su confianza en Dios; que le salve ahora, si es que de verdad le quiere; ya que dijo: 'Soy Hijo de Dios.'"

ANTIGUO TESTAMENTO   NUEVO TESTAMENTO

*El Mesías, crucificado con los rebeldes
reza por sus enemigos*

Sal 22,15-19 – Como el agua me derramo, / todos mis huesos se dislocan. / ... / Perros innumerables me rodean, / una banda de malvados me acorrala / como para prender mis manos y mis pies. / Puedo contar todos mis huesos; / ... / repártense entre sí mis vestiduras y se sortean mi túnica.

Sal 69,21-22 – Espero compasión, y no la hay, / consoladores, y no encuentro ninguno. /

Veneno me han dado por comida, / en mi sed me han abrevado con vinagre.

Is 53,12 – Indefenso se entregó a la muerte / y con los rebeldes fue contado, / cuando él llevó el pecado de muchos, / e intercedió por los rebeldes.

Mt 27,31.34-35 – Cuando se hubieron burlado de él, le quitaron el manto, le pusieron sus ropas y le llevaron a crucificarle... le dieron a beber vino mezclado con hiel; pero él, después de probarlo, no quiso beberlo. Una vez que le crucificaron, se repartieron sus vestidos, echando a suertes...

Lc 23,32-34 – Llevaban además otros dos malhechores para ejecutarlos con él... le crucificaron allí a él y a los malhechores... (Jesús decía: "Padre, perdónales, porque no saben lo que hacen.")

ANTIGUO TESTAMENTO	NUEVO TESTAMENTO

No se le parten las piernas al Mesías,
Cordero de Dios para la Pascua

Num 9,12 – No dejarán nada para la mañana, ni le quebrantarán ningún hueso. Según todo el ritual de la Pascua la celebrarán.	*Jn* 19,32-33 – Fueron, pues, los soldados y quebraron las piernas del primero y del otro crucificado con él. Pero al llegar a Jesús, como lo vieron ya muerto, no le quebraron las piernas.

El Mesías muere, en sacrificio por nuestros pecados

Is 53,5-11 – Él ha sido herido por nuestras rebeldías, / molido por nuestras culpas. / Él soportó el castigo que nos trae la paz, / y con sus cardenales hemos sido curados. / Todos nosotros como ovejas erramos, / cada uno marchamos por su camino, / y YAHVÉ descargó sobre él / la culpa de todos nosotros. / ... / Si se da a sí mismo en expiación, / verá descendencia, alargará sus días, / y lo que plazca a YAHVÉ se cumplirá por su mano. / Por las fatigas de su alma, verá luz, se saciará. / Por su conocimiento justificará mi Siervo a muchos / y las culpas de ellos él soportará.	*Jn* 1,29 – Al día siguiente ve a Jesús venir hacia él y dice: "He ahí el Cordero de Dios, que quita el pecado del mundo." *Jn* 11,49-52 – Pero uno de ellos, Caifás, que era el Sumo Sacerdote de aquel año, les dijo: "Vosotros no sabéis nada, ni caéis en la cuenta que os conviene que muera uno solo por el pueblo y no perezca toda la nación." Esto no lo dijo por su propia cuenta, sino que, como era Sumo Sacerdote aquel año, profetizó que Jesús iba a morir por la nación "y no sólo por la nación, sino también para reunir en uno a los hijos de Dios que estaban dispersos."

ANTIGUO TESTAMENTO	NUEVO TESTAMENTO

El Mesías es resucitado de entre todos los muertos
y sentado a la derecha del Padre

Sal 16,10 – pues no has de abandonar mi alma al seol, / ni dejarás a tu amigo ver la fosa.

Mt 28,5-6 – "Vosotras no temáis, pues sé que buscáis a Jesús, el Crucificado; no está aquí, ha resucitado, como lo había dicho. Venid, ved el lugar donde estaba."

Sal 110,1 – Oráculo de YAHVÉ a mi Señor: "Siéntate a mi diestra, hasta que yo haga de tus enemigos el estrado de tus pies."

Mc 16,19 – Con esto, el Señor Jesús, después de hablarles, fue elevado al cielo y se sentó a la diestra de Dios.

Profecías sobre el Espíritu Santo y su papel en la formación de la Iglesia

ANTIGUO TESTAMENTO   NUEVO TESTAMENTO

El Espíritu unge una Nueva Creación en Cristo

Gen 1,1-2 – En el principio creó Dios los cielos y la tierra. La tierra era caos y confusión y oscuridad por encima del abismo, y un viento de Dios aleteaba por encima de las aguas.

Dijo Dios: "Haya luz", y hubo luz. Vio Dios que la luz estaba bien.

Lc 3,21-22 – Sucedió que cuando todo el pueblo estaba bautizándose, bautizado también Jesús y puesto en oración, se abrió el cielo, y bajó sobre él el Espíritu Santo en forma corporal, como una paloma; y vino una voz del cielo: "Tú eres mi hijo; yo hoy te he engendrado."

Jesús le da el Espíritu de vida a sus apóstoles

Gen 2,7 – Entonces YAHVÉ Dios formó al hombre con polvo del suelo, e insufló en sus narices aliento de vida, y resultó el hombre un ser viviente.

Jn 20,22 – Dicho esto, sopló sobre ellos y les dijo: "Recibid el Espíritu Santo."

Los discípulos de Jesús comparten en este espíritu y fortaleza

Num 11,16-17 – YAHVÉ respondió a Moisés: "Reúneme setenta ancianos de Israel, de los que sabes que son ancianos y escribas del pueblo. Llévalos a la Tienda del Encuentro y que estén allí contigo. Yo bajaré a hablar contigo; tomaré parte del espíritu que hay en ti y lo pondré en ellos, para que lleven contigo la carga del pueblo y no la tengas que llevar tú solo."

Lc 10, 1.17-19 – Después de esto, designó el Señor a otros 72, y los envió de dos en dos delante de sí, a todas las ciudades y sitios a donde él había de ir...

Regresaron los 72 alegres, diciendo: "Señor, hasta los demonios se nos someten en tu nombre." Él les dijo: "Yo veía a Satanás caer del cielo como un rayo. Mirad, os he dado el poder de pisar sobre serpientes y escorpiones, y sobre todo poder del enemigo, y nada os podrá hacer daño".

ANTIGUO TESTAMENTO   NUEVO TESTAMENTO

El Espíritu guiará a la Iglesia

Sab 9,17 – Y ¿quién habría conocido tu voluntad, si tú no le hubieses dado la Sabiduría / y no le hubieses enviado de lo alto tu espíritu santo?

Jn 14,26 – Pero el Paráclito, el Espíritu Santo, que el Padre enviará en mi nombre, os lo enseñará todo y os recordará todo lo que (yo) os he dicho.

Neh 9,20 – Tu Espíritu bueno les diste para instruirles...

Jn 16,13 – Cuando venga él, el Espíritu de la verdad, os guiará hasta la verdad completa.

Is 59,21 – Cuanto a mí, / esta es la alianza con ellos, dice YAHVÉ. / Mi espíritu que ha venido sobre ti / y mis palabras que he puesto en tus labios / no caerán de tu boca / ni de la boca de tu descendencia / ni de la boca de la descendencia de tu descendencia, / dice YAHVÉ, desde ahora y para siempre.

Jn 14,16-17 – y yo pediré al Padre y os dará otro Paráclito, para que esté con vosotros para siempre, el Espíritu de la verdad...

ANTIGUO TESTAMENTO	NUEVO TESTAMENTO

El Espíritu nos da Vida Nueva

Sal 104,30 – Envías tu soplo y son creados, / y renuevas la faz de la tierra.

Jn 3,5 – En verdad, en verdad te digo: el que no nazca de agua y de Espíritu no puede entrar en el Reino de Dios.

Jdt 16,14 – Sírvante a ti las criaturas todas, / pues hablaste tú y fueron hechas, / enviaste tu espíritu y las hizo, / y nadie puede resistir tu voz.

Hch 8,17 – Entonces les imponían las manos y recibían el Espíritu Santo.

Is 32,14-15 – Porque el alcázar habrá sido abandonado, el genio de la ciudad habrá desaparecido; / ... / Al fin será derramado desde arriba sobre nosotros espíritu.

Rom 8,11 –Y si el Espíritu de Aquel que resucitó a Jesús de entre los muertos habita en vosotros, Aquel que resucitó a Cristo de entre los muertos dará también la vida a vuestros cuerpos mortales por su Espíritu que habita en vosotros.

Ef 2,22 – En quien también vosotros estáis siendo juntamente edificados, hasta ser morada de Dios en el Espíritu.

ANTIGUO TESTAMENTO   NUEVO TESTAMENTO

El Espíritu forma y da vida a la Iglesia

Is 4,4-6 – Cuando haya lavado el Señor / ... / y las manchas de sangre de Jerusalén haya limpiado del interior de ella / con viento justiciero y viento abrasador, / creará YAHVÉ sobre todo lugar del monte de Sión / y sobre toda su reunión, / nube y humo de día, / y resplandor de fuego llameante de noche.

Hch 1,8-9 – "Sino que recibiréis la fuerza del Espíritu Santo, que vendrá sobre vosotros, y seréis mis testigos en Jerusalén, en toda Judea y Samaria, y hasta los confines de la tierra." Y dicho esto, fue levantado en presencia de ellos, y una nube le ocultó a sus ojos.

Is 42,1 – He aquí mi siervo a quien yo sostengo, / mi elegido en quien se complace mi alma. / He puesto mi espíritu sobre él: / dictará ley a las naciones.

Jl 3,1-2 – Después de esto yo derramaré / mi espíritu sobre todo mortal / y profetizarán vuestros hijos y vuestras hijas, / vuestros ancianos tendrán sueños, / vuestros jóvenes verán visiones. / Y hasta sobre siervos y siervas / derramaré mi espíritu en aquellos días.

Hch 2,2-5 – De repente vino del cielo un ruido como el de una ráfaga de viento impetuoso, que llenó toda la casa en la que se encontraban. Se les aparecieron unas lenguas como de fuego que se repartieron y se posaron sobre cada uno de ellos; quedaron todos llenos del Espíritu Santo y se pusieron a hablar en otras lenguas... Había en Jerusalén hombres piadosos, que allí residían, venidos de todas las naciones...

ANTIGUO TESTAMENTO   NUEVO TESTAMENTO

El Espíritu nos guiará a la madurez en el amor

Sab 8,19 – Era yo un muchacho de buen natural, me cupo en suerte un alma buena...

1Cor 13,11 – Cuando yo era niño, hablaba como niño, pensaba como niño, razonaba como niño. Al hacerme hombre, dejé todas las cosas de niño.

Sab 7,21-30 y 8,1[1] - La Sabiduría... / .../ un espíritu (que es) impasible, amante del bien, agudo, / incoercible, bienhechor, amigo del hombre, / firme, seguro, sereno, / que todo lo puede, todo lo observa, / penetra todos los espíritus... / ... / Es un reflejo de la luz eterna, / un espejo sin mancha de la actividad de Dios, / una imagen de su bondad. / Aun siendo sola, lo puede todo; / sin salir de sí misma, renueva el universo; / ... / Se despliega vigorosamente de un confín al otro

1Cor 13,4-13 – La caridad es paciente, es servicial; la caridad no es envidiosa, no es jactanciosa, no se engríe; es decorosa; no busca su interés; no se irrita; no toma en cuenta el mal; no se alegra de la injusticia; se alegra con la verdad. Todo lo excusa. Todo lo cree. Todo lo espera. Todo lo soporta... Ahora vemos en un espejo, en enigma. Entonces veremos cara a cara... Ahora subsisten la fe, la esperanza y la caridad, estas tres. Pero la mayor de todas ellas es la caridad.

Ez 36,26 – Y os daré un corazón nuevo, infundiré en vosotros un espíritu nuevo, quitaré de vuestra carne el corazón de piedra y os daré un corazón de carne.

2Cor 3,2-3 – Vosotros sois... una carta de Cristo, redactada por ministerio nuestro, escrita no con tinta, sino con el Espíritu de Dios vivo; no en tablas de piedra, sino en tablas de carne, en los corazones.

---

[1] Los paréntesis que aparecen en *Sab* 7,22ss. son nuestros.

APÉNDICE D

El Génesis y la Evolución

Este capítulo no se concentra en discutir si el libro del Génesis debería o no ser interpretado literalmente.* Este capítulo se concentra en el significado original del libro, el que se le dio cuando fue escrito. No fue hasta que se llevaron a cabo recientes descubrimientos arqueológicos, que la historia y los escritos de este período se pudieron entender claramente. En la actualidad, tenemos el privilegio de poder experimentar como debe haber sido la interpretación del libro del Génesis en la antigüedad.

Para muchas personas, la historia de la creación es confusa. Creemos en la Biblia porque es la palabra de Dios, pero no podemos dejar de respetar el poder y la verdad de la ciencia moderna, y los descubrimientos científicos parecen contradecir la historia bíblica sobre la creación. La gente lucha contra estas aparentes contradicciones y llega a todo tipo de conclusiones. Algunos dicen que el Génesis es mito puro. Otros rechazan las conclusiones científicas e insisten en que el Génesis es una descripción literal de los eventos. En otras palabras, si la creación hubiese sido grabada en video, veríamos exactamente lo que describe el Génesis. Por suerte, ambos enfoques y cualquier otro que se encuentre entre estos son el punto de partida equivocado. ¿Por qué? Porque fuerzan a una interpretación del Génesis basada en los intereses modernos en vez de los antiguos, para los cuales fue escrito. Conocer estos intereses antiguos nos permitirá despertar a las urgentes verdades del libro

---

* El mensaje de Juan Pablo sobre la evolución, a la Academia Pontificia de la Ciencia en 1996, explica aquellos aspectos que deben ser aceptados y/ o rechazados por los Católicos, con respecto a la teoría de la evolución. En este mensaje, el Santo Padre hizo referencia a la *Humanae generis* del Papa Pío XII.

del Génesis, que aún deben ser proclamadas, incluso con mayor insistencia, en el mundo actual.

Para entender el significado del Génesis y descubrir sus tesoros, debemos volver atrás al tiempo en el que fue escrito, ver como vivía la gente de esa época, y tomar en cuenta las religiones que se practicaban.[1] Imaginemos un mundo en el que no se conocía a Dios. No se hablaba, ni se oía hablar de Dios. Un mundo en el que los niños y las personas mayores hablaban de los "dioses" con temor. Era una época de mitología. Los templos paganos eran lugares de "prostitución sagrada," la profesión de las sacerdotisas paganas. El sacrificio humano era común. Niños pequeños eran quemados vivos para apaciguar a los dioses. Todos aspectos que, incluso personas no religiosas de la actualidad, considerarían desagradables e incluso demoníacos, eran considerados "sagrados" por las culturas del Cercano Oriente de ese entonces. La gente vivía temiendo espantosamente a estos dioses de su imaginación. Se crearon mitologías, las cuales fueron escritas de tal manera que perpetuaron y dieron pie a estas prácticas, durante cientos de años, antes de que el Génesis fuera creado. Hemos conocido estos escritos paganos, a raíz de recientes descubrimientos arqueológicos.

Unas de las mitologías, por ejemplo, explicaba como un dios hizo al primer hombre por accidente, durante una competencia con otros dioses, estando todos borrachos de cerveza, en una fiesta.[2] Cuando los dioses se dieron cuenta de lo rápido que estos seres humanos se multiplicaban, enviaron plagas, pestes, inundaciones, terremotos, etc., para aligerar la carga de la tierra..

El punto en cuestión, en estas mitologías, es que la creación y la vida humana no tenían sentido, ni valor y los dioses, por otro lado, eran grandes, importantes y poderosos. Los seres humanos

---

[1] Para un buen resumen de cómo fue escritoel libro del Génesis en contradicción a los mitos antiguos, véase Isaac Kikawada y Arthur Quinn, *Before Abraham Was: The Unity of Genesis I-II* (Nashville, Tenn.: Abingdon Press, 1985).

[2] Kikawada y Quinn, 39–45.

eran mantenidos en un estado degradante de esclavitud ante estos, y el único propósito era servirles para complacerles, por todos los medios.

El Génesis cambio todo esto. Fue una luz abrasadora que iluminó aquella la oscuridad; fue una visión del mundo, totalmente nueva. Sus ideas fueron una total contradicción a esa visión pagana del mundo, en cuanto al sacrificio humano, el aborto, la anticoncepción, la prostitución "sagrada", la baja autoestima, la preocupación por la superpoblación y el miedo a los dioses que controlaban el destino y la suerte.[3]

No había necesidad de decirle, a un lector de hace 3,200 años, que el libro del Génesis fue escrito en respuesta a los distintos mitos sobre la creación, existentes en ese entonces. Este sabía exactamente cual era el propósito del Génesis. Era un ataque revolucionario al paganismo, en el cual se hacía uso de muchas de las mismas imágenes, fraseologías y estilos de los escritos paganos, no por copiarlos, sino para mantener una oposición diametral contra estos.

Tomemos en cuenta los sensacionales contrastes que el libro del Génesis ofrecía, por primera vez en la historia. Las mitologías hablaban de varios dioses, mientras que el Génesis hablaba de un solo Dios. Este Dios único, lo creaba todo, ¡a partir de la *nada,*! a diferencia de los dioses paganos, que siempre habían utilizado material preexistente. Los mitos decían que el mundo físico era maligno. En el Génesis, Dios declaró "¡que estaba bien!" En contraste con los dioses paganos, Dios se presentaba respetable, sabio, cuidadoso y todopoderoso, mas no distante. Dios hizo al hombre y a la mujer a su imagen y semejanza. Su creación tenía un propósito y no fue un accidente. Él tenía un plan para ellos, y estos tendrían una relación con Él y entre ellos mismos. Había una dirección, un diseño, y un propósito para la

---

[3] Por ejemplo, se hizo una estatua de Baal (dios) Moloch, la cual tenía la boca abierta y dientes largos, encendiéndose una llama dentro de esta. Los niños eran arrojados vivos allí, como sacrificio. (*Jer* 19,5.)

historia y para la creación. Dios quería que Adán y Eva "¡llenen la tierra y la dominen!"

El Génesis cambió la forma en la que los humanos se relacionan con Dios y entre ellos y lo hizo porque no era un libro de texto sobre biología o geología. Más bien, su propósito era servir como introducción al Dios de Abraham, Isaac y Jacob. Si su objetivo era presentarnos a Dios, ¿qué tenía esto que ver con la evolución?, ¿y que tiene, la ciencia moderna de la evolución, que decir sobre el Génesis?

La teoría de la evolución afirma que todas las especies se desarrollaron a partir de especies previamente existentes.[4]

Esto incluye a los seres humanos. Según la teoría de la evolución, nuestros cuerpos físicos derivan de algún ancestro simiesco. La teoría de la evolución no explica porque se inició el universo o porqué las leyes físicas podían llevar al desarrollo de la vida, para empezar. Es por esto, que la teoría de la evolución no contradice la idea predicada en el Génesis: Que Dios es el Creador y autor de todo.

Sin embargo, la teoría de la evolución si contradice una interpretación estrictamente literal del Génesis. Las genealogías literales del Génesis explican que el mundo tiene aproximadamente seis mil años de edad, mientras que la teoría de la evolución afirma que el universo tiene, aproximadamente 13.7 billones de años de antigüedad. A raíz de aparentes contradicciones como esta, aquél que crea en la interpretación literal del Génesis deberá entonces

---

[4] En el siglo quinto, San Agustín habló de la posibilidad de que el cuerpo físico se desarrolle en el transcurso de un largo periodo de tiempo. Sin embargo, mucho antes que San Agustín, incluso antes de Cristo, lo filósofos griegos hablaron de un tipo de evolución, porque trataban de explicarse porque se encontraban conchas de mar en las montañas. Estos observaron que la diferencia de formas se acentuaba a medida que aumentaba la altura. Llegaron a la conclusión de que por un largo periodo de tiempo una especie cambia, pero sigue siendo la misma especie. No fue hasta la aparición de la teoría de Darwin, que se tuvo la noción de que una especie se convierte en otra.

rechazar la teoría de la evolución, totalmente.

Recordar la esencia de lo que el Génesis le enseño a la raza humana, nos permite evitar esta trampa del "uno u otro". El Génesis no nos fue revelado por Dios para darnos lecciones de ciencia; los estudios científicos los dejó para nosotros. Si aceptamos, tanto la esencia del relato del Génesis, como la posibilidad de que Dios haya creado los cuerpos físicos de Adán y Eva, mediante un proceso que llamamos evolución, llegamos a la conclusión de las siguientes verdades:

- Existe un solo Dios.

- Dios lo creó todo, incluyendo a la humanidad.

- Cuando Dios creó a Adán, lo formo del lodo e insufló el aliento de vida en sus fosas nasales. A partir de allí, cada espíritu humano es creado por un acto directo de Dios.

- La creación es buena, real, tiene un propósito, un orden, y está dirigida a Dios.

- La vida humana es sagrada y debe ser respetada porque estamos hechos a imagen y semejanza de Dios. Nuestra existencia tiene un propósito. Por eso debemos respetar la vida en todas sus etapas. No debemos sacrificar niños, nacidos o no.

- El uso de la anticoncepción es pagano e implica tener falta de fe en la bondad de la vida y no tener un propósito para la generación humana.

- A cada ser humano se le da "el aliento de vida". Esto quiere decir que cada ser humano tiene espíritu y voluntad propia, y que no estamos predestinados. Somos invitados a devolver libremente el amor a Dios.

- Ya que los seres humanos tienen almas únicas, que son creadas por Dios, no podemos decir que el primer ser humano tuvo por padre a un animal, incluso si este animal fue el contribuyente biológico. (Nadie puede ser llamado "hijo", a no ser que sea de la misma naturaleza que el padre).

• Todos tenemos unos padres comunes, en la persona de los que la Biblia presenta como Adán y Eva.

• A través de Adán y Eva, el pecado ingresó en la naturaleza humana, dejándonos en la necesidad de ser redimidos.

• Los seres humanos deben proteger y cuidar la creación y protegerse y cuidarse a sí mismos y entre ellos.

• Debemos celebrar el día de descanso como si fuese una forma de renovar nuestra alianza con Dios, como una expresión de la pacífica armonía que Dios desea tener con nosotros y con su creación.

Estas verdades básicas son parte de la esencia de lo que el Génesis nos enseña. Estas se necesitan urgentemente en nuestros días. La ciencia de la teoría de la evolución no contradice estas verdades religiosas. Existen personas que utilizan la ciencia para contradecir a Dios, así como existen personas que utilizan a Dios para contradecir a la ciencia. Pero el conocimiento no puede traicionar al que lo originó, y tampoco Dios puede negar su imagen.

Pretender reducir el libro del Génesis a un relato simplista de tipo científico, sobre como se hizo el mundo, empobrece y destruye una obra maestra monumental. Este libro ha tenido un efecto enorme sobre la mismísima manera en la que pensamos y vemos la realidad, a tal punto que ahora damos por sentadas algunas de sus enseñanzas básicas y no reconocemos fácilmente cual es su esencia. No debemos perder de vista estas verdades básicas. Son los bloques de la construcción de la justicia y de la humanidad. Deberíamos siempre recordar que hubo un tiempo en el que la gente vivía en la oscuridad total. El Génesis ayudó a cambiar eso. ¡y como cambió al mundo! Lo necesitamos ahora más que nunca, ya que estamos constantemente amenazados por un nuevo paganismo. Es un trabajo profundo. Leámoslo nuevamente.

APÉNDICE E

La ciencia y la Fe*

Se le ha dado generalmente a los griegos, el crédito de ser los primeros en iniciar un estudio sistemático del mundo físico. La ciencia moderna fue creada cuando la fe católica era aplicada a este estudio. Para los que actualmente se encuentran fuera de la fe, esta les podría parecer una afirmación falsa y arrogante. Pero probaremos que esta afirmación es verdadera, siguiendo la historia de la ciencia, empezando por su nacimiento entre los filósofos griegos y pasando por su adaptación al cristianismo, hasta llegar a la expresión moderna del "método científico." Demostraremos con esto, que la ciencia en sí, expresa las verdades de la religión católica.

En la antigüedad, existían tres visiones religiosas del mundo: El mundo de la astrología y la magia (las religiones basadas en mitos), el mundo de la ilusión (las religiones indo-budistas), y el mundo creado y real, de la religión judía. La filosofía griega (en contraste con la mitología Griega) era una cuarta visión del mundo, pero no era una religión.

La era dorada de la filosofía griega se dio entre 100 y 500 años antes de Cristo. Esta fue la época de Parménides, Sócrates, Platón, Aristóteles, y muchos otros, los cuales desarrollaban teorías para explicar el mundo material. Una de las teorías describía al mundo como una mezcla de tierra, aire, fuego y agua. Otra, proponía que la materia estaba conformada por unidades

---

* Para obtener más información sobre este tema, recomendamos ampliamente cualquier trabajo del P. Stanley Jaki, historiador y filósofo en física, ganador del Premio Templeton. Se puede encontrar breves resúmenes de sus pensamientos, en Stanley Jaki, *Catholic Essays* (Front Royal, Va.: Christendom Press, 1990.)

básicas llamadas "átomos", los cuales eran indivisibles.[1] Además se hicieron impresionantes descubrimientos sobre la naturaleza esférica de la tierra, su tamaño aproximado, y sobre la posibilidad de que las especies evolucionen, a través de un largo periodo de tiempo.[2]

Sin embargo, esta noble conducta científica cayó en una paralización incluso antes de que Cristo caminara sobre la tierra, debido a una errónea idea denominada "el eterno retorno", la cual se puso de moda y destruyó la curiosidad científica. Según esta teoría, el mundo material se encontraba enfrascado en un ciclo eterno. Después de cierto tiempo, todos los elementos básicos, por accidente, terminarían exactamente en la misma posición, y el mundo entero volvería a activarse a sí mismo, nuevamente.

Muchos creían que este ciclo continuaría repetidamente sin un final. Una vez que esta visión fue totalmente aceptada, el desarrollo de la ciencia griega se detuvo. ¿Que necesidad había de explorar aspecto alguno? Todo era simplemente un gran círculo. Los griegos dejaron de creer en la voluntad propia y aceptaron su destino con resignación estoica. De esta manera, si bien la ciencia nació de la estructura de la filosofía griega, parecía que moriría allí también.

¿Qué otra manera de ver el mundo podía continuar lo que los griegos dejaron? La de las religiones mitológicas no, porque estas estaban repletas de dioses imaginarios. Para estas religiones el mundo era real, pero no estaba gobernado por los dioses en forma unificada. En cambio era, tanto lugar de esparcimiento, como campo de batalla para los dioses. Con esta visión del mundo, los seres humanos no podían confiar

---

[1] Los "átomos," según los conocemos, difieren de la idea griega, porque son divisibles en partículas subatómicas.

[2] Desde la edad de oro de Grecia en adelante, solo los que no habían recibido educación consideraban que el mundo era plano. En cuanto al concepto de la evolución que los griegos tenían, estos aún no comprendían que una especie puede evolucionar y convertirse en otra especie.

en nada que los ayudase a comprenderlo, o comprender como funcionaban las cosas.

La ciencia tampoco pudo continuar a través del Hinduismo o el Budismo (o sus derivaciones), porque estas religiones predicaban que tanto el mundo físico, como el mundo de la imaginación, eran ilusiones. Todo lo que pudiese ser concebido, nombrado, o imaginado, solo podía ser una ilusión. ¿Porqué estudiar entonces una roca, un árbol, o un océano, si se creía que era una ilusión?[3] Ninguno que creyese, en alguna de estas visiones del mundo, podía siquiera levantar una piedra y explorarla en forma científica. El concepto de "explorar" implica tener el deseo de desarrollar, descubrir y buscar libertad. La creencia en una historia de movimiento circular y/o en un mundo de ilusión se opone totalmente a la exploración. Solo el judaísmo y el cristianismo (la fe culminada del judaísmo) tuvieron la oportunidad de continuar desarrollando la ciencia que se inició en Grecia.

El cristianismo trajo consigo una visión totalmente nueva y apasionante del mundo, para los pueblos de todas las naciones y lenguajes. Le tomó siglos a las sociedades absorberla. ¿Qué era lo original y refrescante de la visión judeocristiana del mundo? La revelación de Dios a los judíos le dio al mundo varios nuevos puntos de partida. Primero, los judíos creían que el mundo era real y que de alguna manera reflejaba la bondad de Dios. Segundo, creían que el mundo había sido creado a partir de nada. Finalmente, los judíos comprendieron que el mundo tiene un principio y un final, *y que todo tiene un propósito*. Todos estos conceptos del judaísmo fueron suficientes para permitir que los seres humanos se liberaran de la prisión del destino, la astrología y el eterno retorno. El espíritu humano fue liberado, para que explorara el mundo que lo rodea y le encuentre el sentido, la verdad, la bondad, la belleza y el propósito.

---

[3] Se hicieron contribuciones científicas de valor en las antiguas India y China, pero estas culturas no tuvieron éxito en cuanto a darle cabida al nacimiento de la ciencia.

Pero lo que es más importante aún: ¡el cristianismo trajo consigo la creencia en que Dios se hizo hombre! De repente, el mundo material se convirtió en un reflejo de lo divino. Se tornó natural buscar entenderlo y estudiarlo. ¡Se inicio una manera totalmente nueva de vivir y entender el mundo, que no había existido nunca, desde las sociedades humanas más primitivas, había sido introducida! La ciencia pudo reiniciar su desarrollo, porque el mundo se había tornado real e importante nuevamente. El mundo natural era real, porque reflejaba por todos lados la belleza de un único Dios que nos hablaba a través de ella. El mundo natural era racional y comprensible, porque Dios intentaba hablarnos a través la naturaleza, y sus leyes eran las mismas en todas partes, además de ser previsibles. El "método científico" simplemente expresa esta verdad del catolicismo y lo explicaremos desde esta perspectiva. Nuestra explicación se divide en dos partes: Por un lado tenemos "la observación y la explicación racional", y por otro lado tenemos "la experimentación y la conclusión provisional".

Parte Uno: La Observación y la Explicación Racional

Os hemos dado a conocer el poder y la Venida de nuestro Señor Jesucristo, no siguiendo fábulas ingeniosas, sino después de haber visto con nuestros propios ojos su majestad. (2Pe 1,16)

El método de la observación y la explicación racional implica que un científico, al llevar a cabo su trabajo, acepte como real solo lo que puede ver. Solo se le permite describir lo que ve. Si hay un terremoto, este no especula con que "dioses enfadados" lo podrían haber causado. Simplemente registra lo que ve y utiliza números para describir su severidad. Igualmente, si una manzana cae de un árbol, este no inventa, ni acepta una explicación que implique que algún "dios mítico" haya movido la manzana. Este simplemente describe lo que sucedió y asume que las manzanas caen de la misma manera en todos lados, una vez desprendidas de sus árboles.

Esta actitud, en el contexto de los estudios científicos, puede parecer una necesidad obvia en la actualidad, sin embargo, *no* era esta la actitud ni la manera en la que la humanidad solía pensar. La perspectiva científica requiere que se crea que el mundo físico es real y no una ilusión, para empezar. También requiere que se crea que los materiales y la energía funcionan de la misma manera en todo lugar. Para pensar de esta manera, uno debe asumir que existe un solo conjunto universal de reglas que gobierna la forma en la que se comportan los elementos físicos. Esta idea básica es Cristiana, por lo que, cuando un científico le pone esta fe a la observación natural y a las explicaciones racionales (como las teorías, por ejemplo), este está transmitiendo una verdad propagada por la Iglesia Católica.

Parte Dos: La Experimentación y la Conclusión Provisional

Examinadlo todo y quedaos con lo bueno. (*1 Tes* 5,21)

El creer en la experimentación implica que un científico crea en una teoría, sólo si esta puede ser comprobable. Además, las condiciones de la prueba de comprobación deben de poder ser comunicadas a otros científicos, de tal forma que estos puedan repetir los resultados. El concepto del desarrollo de las "conclusiones provisionales" implica que incluso aunque una teoría sea comprobada, esta debe siempre mantenerse abierta para su posterior desarrollo y para la inclusión de los nuevos descubrimientos. La comunidad científica crece a través de la reflexión basada en las investigaciones anteriores, la consulta de la investigación actual, y la lucha por llegar a teorías y conclusiones que presenten una visión unificada del mundo (una visión que sea "consistente").

La comunidad científica aprendió este procedimiento de la comunidad eclesiástica, representada en los Concilios. Los Concilios agrupaban a los teólogos, con el propósito de explicar la fe, a través de formulaciones cada vez más claras. Los miembros de los concilios reflexionaban sobre la fe del pasado, consultaban con los miembros actuales en la fe, de ese entonces, y luchaban por llegar a afirmaciones que fuesen consistentes, tanto con el pasado, como entre ellas.

Incluso una vez dividido el cristianismo en Europa, los científicos mantuvieron aún viva parte de la unidad cristiana, en su búsqueda por encontrar una lógica consistente. La comunidad científica mantuvo ese ideal de realizar un trabajo en común y de formar una comunidad que traspase las fronteras internacionales. En otras palabras, la comunidad científica mantuvo su catolicismo. Podríamos demostrar esta afirmación usando a casi todos los científicos como ejemplo, pero tomemos el trabajo de Isaac Newton y su idea respecto al concepto del ímpetu:

Si he visto más lejos que los otros hombres, es porque me he aupado a hombros de gigantes – Isaac Newton

La ley de la conservación del ímpetu de Newton, sostiene que un objeto se mantiene en la misma dirección y en la misma velocidad, salvo cuando, y hasta que, se ejerza sobre este una fuerza externa. De haber una colisión, la energía total que existe después de esta, es la misma que la que existía antes de esta. Esto parece ser lo suficientemente razonable y Newton tradujo esta ley a una formula matemática, para que pudiese ser utilizada en la construcción de motores, armas, cohetes, y muchas cosas más. Sin embargo, antes de que el genio de Newton pudiese traducir esta idea a una formula matemática, esta tuvo que ser concebida en forma filosófica.

Esta concepción la llevó a cabo el pensador católico Jean Buridan, 350 años antes que Isaac Newton. Buridan pudo concebir la idea sobre el ímpetu porque creía en un mundo físico gobernado por ciertas leyes y principios establecidos por Dios. La idea de que un cuerpo conformado por materia se mueva libremente y sin obstrucciones en una dirección, hasta que se encuentre con otro objeto, se convirtió en una idea generalmente aceptada en la época de Newton.

La historia no terminó aquí, sin embargo, (las más grandes historias nunca terminan). En el último siglo, Einstein modificó la modificación (valga la redundancia) que Newton le había hecho a la idea de Buridan. La ecuación de Newton era:

$$\vec{P} = \frac{m\,\vec{v}}{\sqrt{1}}$$

Einstein la modificó a:

$$\vec{P} = \frac{m\,\vec{v}}{\sqrt{1 - (\frac{v}{c})^2}}$$

En este ejemplo podemos ver que los científicos continúan desarrollando y aclarando las declaraciones que Dios hizo en el mundo físico. Al hacer esto, imitan la forma en la que la Iglesia Católica ha desarrollado y aclarado siempre la fe que le fue dada por Cristo. Algún día, la unidad total entre la ciencia natural y la teología será restaurada.

Algunas Objeciones Históricas

Galileo fue condenado por la Iglesia cuando afirmó que la tierra giraba alrededor del sol. ¿No es esto suficiente para mostrar que la fe Católica es hostil con la ciencia?

En algunos casos, esta condena a Galileo es lo único que las personas conocen sobre la Iglesia Católica y su relación con la ciencia. Esto es todo lo que siempre escuchamos sobre el tema, en la escuela, la universidad, la televisión, la radio, las revistas, etc. Esta es la venganza de la cultura "pop" contra la Iglesia Católica, por osar pronunciarse sobre temas morales. Si bien existe una pequeña cuota de verdad en esta historia, mucha gente la escucha con algunas partes importantes editadas. Entonces, ¿cual es la verdad de esta historia?

Ante todo, Galileo no fue el primero en descubrir que la tierra giraba alrededor del sol. Copérnico, un sacerdote católico, ya lo había hecho. Cuando se les habla sobre Copernico a los estudiantes en la escuela, muy rara vez se les dice que era sacerdote, y que su tío, un cardenal, le suministró los fondos para su trabajo dedicado a la astronomía. Mucha gente no creía en el sistema de Copérnico, pero este no fue perseguido, porque era un hombre humilde, que no buscaba la controversia. Galileo tuvo el infortunio de ser demasiado boquifresco y controversial. Era insultante con sus oponentes en debate, y lamentablemente, se hizo famoso en una época en la que las guerras religiosas se encontraban en su furor, en Europa.

En la época de Galileo, todos los países (incluyendo los gobernados por el Papa) buscaban evitar la proliferación de mas facciones religiosas a causa de las nuevas ideas. El tribunal que juzgó a Galileo temía que sus ideas pudiesen causar el desarrollo de una nueva facción. Sin embargo, Galileo fue tratado indulgentemente, especialmente si tomamos en cuenta los castigos utilizados en esos días: A él se le otorgó una villa, que pasó a ser de su propiedad, en donde fue confinado a un "arresto domiciliario", por demás cómodo, además de permitírsele continuar trabajando y recibiendo visitantes. De hecho, Galileo escribió su tratado más famoso y profundo, después de ser condenado.

Por sobre todas las cosas, cabe destacar que, si bien la corte cometió un error al condenar el trabajo de Galileo, la actitud y la perspectiva del catolicismo ayudaron a hacer que dicho trabajo sea posible, en principio. Algunos errores específicos no implican que la perspectiva general de la Iglesia para con la ciencia sea errónea. Una persona que piense que cualquier error invalida la perspectiva total, no podría confiar en un doctor que practica la medicina moderna, solamente porque los doctores alguna vez utilizaron sanguijuelas, erróneamente, para "curar" a la gente.

¿No fue la cultura islámica, durante la "edad del oscurantismo," la que preservó la ciencia iniciada por los antiguos griegos, y luego la presentó a Occidente?

Esta es una de las pocas ideas en la que los científicos ateos y los fundamentalistas cristianos concuerdan, por la misma razón, es decir, porque ninguno de los dos le da crédito a la Iglesia católica por haber hecho algo bueno. Por esta razón, hacen un gran esfuerzo por determinar el origen de la "época de las luces" partiendo de la antigua grecia, pasando por los musulmanes, y luego al mundo moderno. En el marco de esta visión de la historia, la época en la que toda Europa era católica es irónicamente llamada "la edad del oscurantismo."

Existe, sin embargo, en cuanto al papel del islamismo, cierta cuota de verdad detrás de esta versión, en general falsa, de la historia. Primero, el cristianismo tuvo que sobreponerse a las persecuciones de su etapa inicial, y luego tuvo que sobrevivir la caída del imperio Romano. Hubieron siglos de invasiones, saqueos y pillaje a manos de tribus bárbaras. La Iglesia preservó el Cristianismo a través de todo esto. Cuando las dificultades finalmente cesaron, hubo una estabilidad relativa en la que, tanto la civilización como la ciencia, necesitaban para seguir adelante. Además, el avance de la ciencia no se detuvo durante la llamada "edad del oscurantismo." La filosofía, la astronomía, la navegación, las matemáticas y la biología iban siendo lentamente desarrolladas y mejoradas.

No cabe duda que los musulmanes reinsertaron a los filósofos de la antigua Grecia en Occidente, sin embargo ellos obtuvieron estos conocimientos de los cristianos que habitaban las áreas que conquistaron. El islamismo desarrolló parcialmente este conocimiento pero no tenía un modelo religioso que permitiera el desarrollo continuado y la búsqueda internacional y compartida de la verdad.

El islamismo se congeló en el tiempo y se dividió en nacionalidades; los creyentes se adhirieron a la simple fe que Mahoma les había dado, y decidieron no desarrollarla más. La fe religiosa se redujo a unos cuantos fundamentos que no necesitaban ser "explorados." El Corán por sí mismo, resolvería todas las dificultades. La filosofía islámica también cayó en un error del cual nunca se recuperó: una fatal creencia en la predestinación. La creencia en que Dios es un monarca absoluto llevó a la falsa conclusión de que es el creador de todo lo bueno y de lo malo también. En otras palabras, no existe la voluntad propia. Dios en sí hace que una persona actúe, sea para bien o para mal. Esta forma de ver las cosas convierte al ser humano es un simple objeto y destruye cualquier interés en el orden material, por lo que acaba con todo avance científico.

Si bien los cristianos no fueron los únicos en hacer grandes descubrimientos, sin embargo, el concepto católico del mundo hizo las veces de incubadora de la ciencia, hasta que está fue lo suficientemente madura como para nacer, crecer y llevar su vida propia. La satisfacción de un científico ante un nuevo descubrimiento es simplemente parte del regocijo del católico, al explorar esa belleza y esa verdad que Dios es.

Conclusión: La Ciencia y la Universidad

La palabra *católico* (o católica) significa "universal." La universidad formaba parte de la Iglesia católica. En general, los estudios de la ciencia moderna se llevan a cabo en las universidades, pero esta palabra tiene ahora un significado distinto al que tenía antes. Se entendía que la universidad era el lugar donde todas las cosas eran estudiadas, pero no con el criterio de un "buffet," en el que cada elemento tiene que ser probado en sí.

El prefijo *uni* significa "uno." Si bien existían muchos temas a ser estudiados, todos se encontraban unidos bajo el concepto de que Dios era el autor esencial de cada uno de ellos. De esta manera, la teología, el estudio de Dios, era la reina de las ciencias y era el estudio que unificaba y dirigía a todos los demás. Por esta razón, las universidades en las que la teología no es el estudio principal, no pueden ser llamadas "universidades."

Los científicos que conocen su propia historia son conscientes de esto, pero algunos de ellos consideran que la Iglesia es únicamente el lugar donde la ciencia nació. No se ven a si mismos, como los testigos de la naturaleza única, universal y *católica* de la verdad, cuando llevan a cabo su trabajo. De cualquier modo, estos se equivocan, porque la fe católica brinda testimonio del universo *en su totalidad* (es decir, tanto el reino espiritual, como el reino terrenal), mientras que la ciencia expresa la fe católica en relación con el universo *físico* únicamente.

Imaginemos que la ciencia continua progresando. Los siglos pasan, y la humanidad se torna sumamente poderosa (en el sentido material). Imaginemos que podemos controlar el clima, colonizar otros planetas, y hacer de este mundo lo que queramos que sea. De todas formas queda la pregunta: "¿Qué queremos que el mundo sea?" ¿Debería ser un parque gigante? ¿Debería ser un centro comercial gigante? ¿Deberían haber diez billones de personas en el planeta, o deberían haber cien billones? Es obvio que la ciencia nunca podrá responder preguntas como estas, porque la ciencia es una herramienta. Esta nos puede decir como obtener lo que queremos (materialmente), pero nunca puede decirnos lo que deberíamos querer. Un sabio dijo alguna vez: "Las personas que saben *como,* terminan siempre trabajando para las personas que saben *por qué.*" La ciencia, practicada de forma apropiada, debe siempre estar dirigida por la fe de una persona.

Es por esta razón, que la humanidad deberá empezar a hacerse las preguntas que son más profundas, nuevamente. ¿Porqué estamos aquí? ¿Cuál es el punto hacia el cual nos dirigimos, trabajando en conjunto, como una sola raza? ¿Qué debemos hacer? Estas son preguntas esenciales, y estas nos llevan de regreso a los conceptos predicados por la Iglesia. Mucha gente creía que este tipo de preguntas (y las preguntas sobre "ética") se habían convertido en simples ejercicios teóricos. El progreso, en especial en el campo de la genética, está despertando a la realidad de cuan importantes son estos temas realmente.[4] Como católicos, podemos encontrar comodidad en el hecho que Dios nos haya dado una Iglesia que nos guiará, incluso en una época en la que los padres están tentados de hacer "pedidos especiales" de características genéticas para sus hijos venideros. San Pablo nos asegura que la Iglesia está capacitada para solucionar todos estos problemas:

> *¿No sabéis que los santos han de juzgar al mundo? Y si vosotros vais a juzgar al mundo, ¿no sois acaso dignos de juzgar esas naderías? ¿No sabéis que hemos de juzgar a los ángeles? Y ¡cómo no las cosas de esta vida!* (1Cor 6,2-3)

Mucha gente piensa erróneamente que debe escoger entre la fe y la ciencia. Otros mantienen la fe pero la relegan a algo sentimental. El gran secreto que ha sido escondido desde la "época de las luces" es que Dios es el autor supremo de ambas.[5] La ciencia verdadera y la fe verdadera no se pueden contradecir. Si pareciesen contradecirse, sería porque la persona tiene una idea falsa de la ciencia, o de lo que la Iglesia católica representa.

Hoy en día, cuando los científicos practican la ciencia, están practicando algo del cristianismo, sin saberlo. La ciencia debe asumir que el mundo es real y que no es una ilusión y debe asumir que las cosas tienen sentido y no carecen de él. Todo científico debe tener interés en el mundo material para poder ser científico. Todas estas son creencias cuyas raíces son cristianas. Es irónico que muchos científicos nieguen a Dios mientras

---

[4] Es interesante saber que fue un monje católico, Gregor Mendel, el primero en descubrir la ciencia moderna de la genética. Este fue pionero en el estudio de los rasgos dominantes y recesivos en las plantas, en el jardín de su monasterio.

[5] El término "época de las luces" se refiere a la época de la razón, en la que muchas elites educadas del siglo dieciocho, se consideraban emergentes de varios siglos de oscuridad e ignorancia, que la fe había perpetuado. Este tipo de actitud arrogante se prolongó hasta el siglo veinte y fue la base de gran parte de la educación laica.

que sostienen los dogmas cristianos más básicos. Los científicos hinduistas o budistas, no son conscientes de que contradicen los dogmas de su propia fe cuando analiza el mundo a través de las nociones cristianas de la realidad.

La ciencia tomó el concepto del mundo de la Iglesia católica, y ya no recuerda de donde vino, sin embargo actualmente, no utilizamos este argumento en su contra. Así mismo, los "Cristianos Bíblicos" tomaron la Biblia de la Iglesia Católica, y tampoco lo recuerdan. Es por esto, que los católicos suelen ver los debates entre los científicos ateos y los "Cristianos Bíblicos," como una distracción, hasta cierto punto triste. Por un lado, el científico ateo insiste en que no ve la mano de un Creador en el mundo físico que él estudia y por otro lado, el "Cristiano Bíblico" insiste en que el mundo solo tiene 6,000 años, porque eso es lo que las genealogías del Génesis afirman. Debemos dejar al criterio del lector el decidir quien está siendo más obtuso.

Santos, Imágenes y Reliquias

Santos

Vosotros sois la luz del mundo. No puede ocultarse una ciudad situada en la cima de un monte. Ni tampoco se enciende una lámpara y la ponen debajo del celemín, sino sobre el candelero, para que alumbre a todos los que están en la casa. (*Mt* 5,14-15)

Entender esta enseñanza es la clave para entender la devoción a los santos.[1] Al igual que Jesús, sus discípulos son también la "luz del mundo" (*Jn* 8,12; 9,15). Una vez que hayamos entendido que la luz de los discípulos no está separada de la luz de Cristo, sino que es, más bien, Cristo mismo, podremos tener la postura adecuada con respecto a la veneración de los santos.

Porqué los católicos le rezan a los santos? ¿No es mejor simplemente rezarle a Cristo directamente en vez de hacerlo a través de un santo?

Han habido casos en los que la gente mezcló las supersticiones paganas con el catolicismo, y los santos fueron erróneamente adorados junto con dioses paganos. Esto no representa la verdadera enseñanza o práctica católica. No debemos adorar a los santos o a la Virgen María, pero debemos honrarlos porque incluso el Padre

---

[1] La palabra *santo* es utilizada de varias maneras. Originalmente, ésta simplemente significaba «sagrado» o «separado». En cierta forma, todos los bautizados son «separados» y alguien puede referirse a ellos como santos. En este capítulo, sin embargo, hacemos referencia a los santos canonizados, principalmente. Un santo canonizado es una persona sobre la cual la Iglesia ha declarado encontrarse en el cielo, y cuya vida puede ser un ejemplo a seguir por nosotros.

los honra, y porque ellos nos aman (*Jn* 12,26).

La Iglesia católica considera que Cristo es el único mediador entre el cielo y la tierra.

Sin embargo, Cristo comparte este papel con todos los creyentes, hasta cierto punto. Es por esta razón que podemos rezar los unos por los otros. Todos los creyentes son miembros de un sacerdocio real (*1Pe* 2,9). Esto significa que todos pueden mediar e interceder, porque todos comparten en el sacerdocio de Cristo. Esta es la razón por la cual todos podemos dirigirnos a Dios diciendo "Padre Nuestro." No tenemos necesidad de acudir a Cristo y pedirle que se dirija al Padre. Sin embargo, cada vez que nos dirigimos al Padre "directamente" estamos de todas formas, dirigiéndonos a través de Cristo. De la misma forma, cuando le rezamos a los santos, le estamos rezando a Cristo y estamos rezando a través de Cristo. Nuestras plegarias por ellos (y sus plegarias en nuestro favor) tienen mérito ante Dios solo por estar ligadas a Cristo.

Le pedimos a los santos que oren por nosotros, pero también les pedimos que nos guíen y nos ayuden. En esta vida, podemos hacer algo más que rezar por otros. También podemos ayudar, y lo mismo sucede con los santos. Cristo no ha hecho del cielo, un lugar de reserva o de disminución de las capacidades que estos tienen. Por el contrario, el cielo los realza y los realiza plenamente.

¿Pero, porqué no dirigirse directamente a Dios?

Los santos que se encuentran en el cielo están "salvados," y la salvación implica que compartamos en la mismísima naturaleza de Dios (*2Pe* 1,4). El rezarle a un santo implica dirigirse directamente a Dios, porque Dios no puede estar separado de los santos. Nosotros somos testimonio de la inmensa gracia de la salvación, al dirigirnos a los santos. El hacerlo demuestra que reconocemos la presencia de Cristo en otros.

En algunos casos, un santo conduce a la gente hacia Cristo en forma más directa que la que el evangelio escrito puede. La Madre Teresa, al recoger a un hombre moribundo en las calles de Calcuta, predicó el evangelio sin decir palabra alguna. Para ese hombre, y posiblemente para sus descendientes, el rostro de ella, es el rostro de Cristo. Después, una vez fallecida ella, si este le rezara a Cristo a través de oraciones dirigidas a ella, ¿sería racional pretender reclamar que la está adorando como si ella fuese un Dios? No. Más bien, la vida de cada santo es como un evangelio entero, escrito en la mano de Dios. Ignorar a un santo es como ignorar la Biblia.

La Biblia condena el contacto con los muertos. ¿El rezar a los santos no va en contra de esta enseñanza? ¿No es acaso, una forma pagana de adoración a ídolos?

La adoración de ídolos, la práctica de la brujería, y la invocación a los espíritus, son todas formas de paganismo, por supuesto. Estos se basan en la idea de que los seres humanos pueden manipular o controlar el mundo de los espíritus mediante la práctica de algún tipo de arte o ritual. El rey Saúl fue condenado por tratar de hacer esto, al emplear a la bruja de Endor para evocar al profeta Samuel (*1Sam* 28,1-25).

En contraste con este suceso, Jesús, Pedro, Santiago y Juan se unieron con Moisés y Elías en el Monte Tabor (*Mt* 17,3; *Mc* 9,4). Jesús muestra, a través de sus actos, que ha abierto una nueva relación entre aquellos que han muerto y aquellos que siguen en la tierra. En esta nueva comunión, no adoramos a los muertos como dioses y no tratamos de hacer magia para manipularlos. Simplemente nos relacionamos a ellos como hermanos y hermanas que se encuentran vivos y en otro lugar. Por estar en el cielo, su ejemplo sirve para inspirarnos.

La Biblia dice que los Santos "ya duermen." ¿Significa esto que ellos no pueden oír nuestras plegarias?

No. La expresión "ya duerme" simplemente expresa que alguien ha fallecido. Esta expresión nos indica que aquellos que han fallecido en la gracia del Señor se encuentran en paz con Él y tienen la esperanza de ser resucitados en un nuevo cuerpo físico. Algunos pretenden hacer que esta expresión signifique que los muertos no están conscientes o que existe alguna otra razón por la cual estos no pueden oírnos. Cristo refutó esta idea cuando dijo a los Saduceos:

> Y en cuanto a la resurrección de los muertos, ¿no habéis leído aquellas palabras de Dios cuando os dice: Yo soy el Dios de Abraham, el Dios de Isaac y el Dios de Jacob? No es un Dios de muertos, sino de vivos (*Mt* 22,31-32).

> No es un Dios de muertos, sino de vivos. Estáis en un gran error (*Mc* 12,27).

> No es un Dios de muertos, sino de vivos, porque para él todos viven (*Lc* 20,38).

Como cristianos, no creemos que la muerte es el final, ni tampoco una separación. El cuerpo de Cristo se encuentra presente en la tierra y en el cielo, al mismo tiempo. Por tanto, nos encontramos unidos a los miembros que se encuentran en el cielo. No existe un "abismo" entre ellos y nosotros, como el que existe entre nosotros y las almas de los condenados.

¿Porqué el Nuevo Testamento no habla sobre rezarle a los santos?

La mayoría de personas que leían el Nuevo Testamento eran paganos que tenían suficientes problemas tratando de entender como podía haber un solo Dios, y que entendían aún menos, los profundos conceptos del cuerpo de Cristo. Habría sido absurdo crear mayor confusión sobre el tema. Los escritores del Nuevo Testamento eran sabios. Ellos sabían que incluso el llevar a cabo milagros entre los paganos, podía ser riesgoso (*Hch* 14,12-13). Por ende, el tema de la comunión de los santos era tocado con precaución.

Esto no quiere decir que no se haya mencionado nada al respecto. En las Escrituras se menciona nuestra comunión con los "espíritus de los justos" y la plegaria de intercesión de aquellos que se encuentran en el cielo:

Vosotros, en cambio, os habéis acercado al monte Sión, a la ciudad de Dios vivo, la Jerusalén celestial, y a miríadas de ángeles, reunión solemne y asamblea de los primogénitos inscritos en los cielos, y a Dios, juez universal, y a los espíritus de los justos llegados ya a su consumación... (*Heb* 12,22-23)

Cuando lo tomó, los cuatro Vivientes y los veinticuatro Ancianos se postraron delante del Cordero. Tenía cada uno una cítara y copas de oro llenas de perfumes, que son las oraciones de los santos (*Ap* 5,8).[2]

Otro Ángel vino y se puso junto al altar con un badil de oro. Se le dieron muchos perfumes para que, con las oraciones de todos los santos, los ofreciera sobre el altar de oro colocado delante del trono. Y por mano del Ángel subió delante de Dios la humareda de los perfumes con las oraciones de los santos (*Ap* 8,3-4).

Esta "nube de testigos" apoya a la Iglesia en la tierra y la fomenta (*Heb* 12,1). Los católicos la conocemos como la *comunión de los santos*. Los santos nos miran con amor, ofreciendo plegarias en nuestro nombre, para que, de esta manera, un día nos unamos a ellos en el cielo. Habiendo alcanzado tal grado de perfección, ¿Cómo podrían ellos de todos sus parientes y amigos, que aún se encuentran en la tierra, luchando alcanzar esa perfección? Los santos nos miran desde arriba porque *no se han olvidado de nosotros*. Las plegarias de los santos son un recurso valioso, a medida que luchamos por vivir una vida de bondad. Nadie debería tomar a la ligera el poder que ellos tienen, porque en virtud de esa santidad: "La oración ferviente del justo tiene mucho poder" (*Stg* 5,16).

---

[2] Los «bienaventurados» o «Santos» en ambas referencias del Apocalipsis se refieren a todo el Pueblo de Dios sobre la tierra.

Imágenes, Estatuas, etc.

¿Porqué los Católicos utilizan imágenes? ¿No está esto prohibido en los Diez Mandamientos (*Ex* 20,4)?

Dios prohibió el uso de estatuas y otras imágenes porque la gente cayó muy fácilmente en el pecado de adorarlas como si fuesen dioses. La raíz del problema no era una estatua en sí, sino que esta fuese adorada como un dios. Esto queda claro en los capítulos del Éxodo, en donde se nos relata que Dios ordenó la confección de dos estatuas de ángeles llamados querubines, para ser ubicadas sobre el Arca de la Alianza en el "Lugar Santísimo" (*Ex* 25,18-22). Dios también le ordenó a Moisés confeccionar una serpiente de bronce y montarla en un poste, como advertencia para todos, de alejarse del pecado (*Num* 21,9). Si bien esta estatua prefiguró que Cristo clavaría nuestros pecados en la Cruz, los hebreos anteriores a la era de Cristo no sabían que significaba. Cayeron en la adoración de la estatua de la serpiente, como si esta fuese un "dios", por lo que el Rey Ezequías hizo que la destruyeran (*2Re* 18,4).

Las interrogantes sobre el uso de imágenes aparecieron en el cristianismo después de la aparición del islamismo, que prohibía cualquier tipo de imagen. Entre gran controversia, el II Concilio de Nicea, en el año 787, condenó la iconoclasia, que ordenó la destrucción de estatuas e iconos. El Concilio llegó a la conclusión de que el objetivo apropiado de cualquier práctica religiosa era acercarnos a Cristo. Este es un principio muy amplio, que implica que toda forma de arte, incluyendo la música, las estatuas, la literatura, etc. pueda tener un papel valioso en fomentar una genuina devoción a Cristo. Sin embargo, si algún artículo o práctica lleva al alejamiento de Cristo, entonces se debe prohibir. Con este principio en mente, el Concilio decidió que la veneración y el uso de estatuas e iconos para adorar a Cristo, no son idolatría, y más bien podrían ser beneficiosos.

Reliquias

¿Porqué los Católicos guardan reliquias? ¿Porqué utilizan huesos?

Cuando los mártires eran arrojados a los leones, durante las persecuciones en Roma, los primeros cristianos guardaban sus huesos y los consideraban tesoros. Como los paganos supersticiosos temían acercarse a los cementerios de noche, los cristianos celebraban Misa allí. Las Misas se celebraban usualmente sobre la tumba de piedra de algún mártir, la que servía de altar (*Ap* 6,9-11). La Iglesia católica recuerda esto aún en nuestros días. Casi todos los altares del mundo tienen un resto del patrono de su Iglesia en particular, en algún lugar dentro de sí. De esta forma, la Iglesia recuerda sus inicios y muestra su continua creencia en la unión de Cristo con sus bienamados.

Al honrar los restos, la Iglesia recuerda cómo Jesús tuvo el cuidado de enseñarnos con cosas que podíamos tocar. Él hizo lodo con su saliva, para curar los ojos del ciego. Una vez resucitado, asó y comió pescado real con los apóstoles, para así mostrarles que no era un fantasma. Al honrar los restos de los santos, la Iglesia muestra una fe especial en el hecho de que Jesucristo haya caminado una vez entre nosotros y nos haya tocado, y en el hecho de que su tacto sea mantenido y continuado a través de la larga línea de sus seguidores.

Los cuerpos de los santos son sagrados porque han sido perfeccionados por sus heroicas virtudes y su heroico sufrimiento. Los santos son testimonio del cuerpo de Cristo, por lo que sus restos, cualquier cosa que hayan tocado, o cualquier parte de su cuerpo, son reverenciadas, no adoradas. De la misma manera en la que deseamos reverenciar los restos de nuestros seres queridos ya fallecidos, también deberíamos reverenciar los restos de los santos, pero en un mayor grado. Los restos nos brindan bendiciones especiales, porque simbolizan la nueva creación de Cristo, transformando a la antigua creación. He aquí dos ejemplos, extraídos de la Biblia, del uso de restos:

Eliseo murió y le sepultaron. Las bandas de Moab hacían incursiones todos los años. Estaban unos sepultando un hombre cuando vieron la banda y, arrojando al hombre en el sepulcro de Eliseo, se fueron. Tocó el hombre los huesos de Eliseo, cobró vida y se puso en pie (*2Re* 13,20-21).

Dios obraba por medio de Pablo milagros no comunes, de forma que bastaba aplicar a los enfermos los pañuelos o mandiles que había usado y se alejaban de ellos las enfermedades y salían los espíritus malos (*Hch* 19,11-12).

Dios lleva cabo milagros y nos brinda su gracia a través de los santos y sus restos. Él no hace esto para promoverlos como "dioses." Él hace esto para afirmar su unión a Cristo. Cuando Cristo tomó un cuerpo humano, fue para siempre. Aquellos, que como los santos, son miembros de su cuerpo, dan testimonio de la continua presencia de Cristo en la creación material. Cuando reverenciamos un santo o sus restos, estamos honrando a Cristo, por estar allí presente.

Referencias

Cassidy, Edward. "Press Conference Statement on the Joint Declaración." *Origins* 16 julio 1998, 128–130.

Chacon, Frank y Jim Burnham. *The Beginner's Guide to Apologetics*. Farmington, N.M., San Juan Catholic Seminars, 1994.

Egan, Jennifer. "Why a Priest?" *New York Times Magazine* 4 Apr. 1999, 30.

Hahn, Scott. *The Lamb's Supper*. New York, N.Y., Doubleday, 1999.

Feuillet, André. *Jesus and His Mother*. Trad. Leonard Maluf. Still River, Mass., St. Bede's, 1984.

Keating, Karl. *Catholicism and Fundamentalism*. San Francisco, Calif., Ignatius Press, 1988.

Kikawada, Isaac y Arthur Quinn. *Before Abraham Was, The Unity of Genesis 1–11*. Nashville, Tenn., Abingdon Press, 1985.

Farstad, Arthur, ed. *Holy Bible, The New King James Version, Containing the Old and New Testaments*. Nashville, Tenn., Thomas Nelson, 1982.

Flannery, Austin, ed. *Vatican Council II, The Conciliar and PoStg Conciliar Documents, New Revised Ed.* 1975. Northport, N.Y., Costello Publishing Co., 1984.

Gibbons, James, ed. *The Douay-Rheims Bible*. Trans. Richard Challoner. 1582 (New Testament), 1609 (Old Testament), 1752 (Challoner Translation) 1899 (Gibbons as ed).. Rockford, Ill., TAN Books, 1984.

Hartman, Louis F., Patrick Skehan, and Stephen Hartdegen, ed. *The New American Bible.* Washington, D.C., Confraternity of Christian Doctrine, 1970.

———. *The New American Bible, with Revised New Testament and Revised Psalms.* Washington, D.C., Confraternity of Christian Doctrine, 1986.

The Holy Bible, 1611 Edition. Nashville, Tenn., Thomas Nelson, 1993.

Jaki, Stanley. *Catholic Essays.* Front Royal, Va., Christendom Press, 1990.

Jones, Alexander, ed. *The Jerusalem Bible.* Garden City, N.Y., Doubleday, 1966.

Jurgens, William A. *Faith of the Early Fathers.* 3 vols. 1970 (vol. 1). Collegeville, Minn., The Liturgical Press, 1979.

Laurentin, René. *The Truth of Christmas Beyond the Myths.* Trans. Michael Wrenn, et al. Petersham, Mass., St. Bede's, 1986.

Luther, Martin. *Luther's Works, Weimar Edition.* Trans. J. Pelikan. St. Louis, Mo., Concordia, 1957. Vols. 4, 22.

Federación luterana mundial/Santa Sede. *Declaración conjunta sobre la doctrina de la justificación.* Grand Rapids, Mich., Eerdmans, 2000.

Mother Teresa. "Whatsoever You Do...." National Prayer Breakfast. Washington, D.C., 3 Feb. 1994 (http,//www.priestsforlife.org/brochures/mtspeech.html).

Consejo Nacional de Iglesias Cristianas, Departamento de Educación Cristiana. *The New Revised Standard Version of the Bible.* Ed. Bruce M. Metzger. New York, N.Y., Oxford U. Press, 1990.

Neuner, Joseph y Jacques Dupuis, ed. *The Christian Faith, Doc-*

trinal Documents of the Catholic Church, fifth ed. New York, N.Y., Alba House, 1992.

Noonan, Peggy. "Still Small Voice." *Crisis* 16, no. 2 (Feb. 1998), 12–17.

Comisión oficial de diálogo de la Federaciónluterana mundial y la Iglesia Católica *Origins* 16 July 1998, 130–132.

Ott, Ludwig. *Fundamentals of Catholic Dogma.* Ed. James Bastible. Trans. Patrick Lynch. 1955. Rockford, Ill., TAN Books, 1974.

Palmer, Edwin et al., ed. *The Holy Bible, New International Version, Containing the Old Testament and the New Testament.* Grand Rapids, Mich., Zondervan, 1973. Revised 1978 and 1984.

"Passover" y "Septuagint." *The International Standard Bible Encyclopaedia.* Ed. G. W. Bromily. Grand Rapids, Mich., Eerdman's, 1986. Vols. 3, 4.

"Overshadow" (*with the original entry in Greek*). *Theological Dictionary of the New Testament.* Ed. Gerhard Kittel and Gerhard Friedrich. Trans. Geoffrey Bromily. 1971. Grand Rapids, Mich., Eerdman's, 1988. Vol. 7.

Conferencia Católica de Obispos de los Estados Unidos. *Catecismod e la Iglesia Católica,* segunda edición. Washington, D.C., Libreria Editrice Vaticana, 1997.

Wansbrough, Henry, ed. *The New Jerusalem Bible.* Garden City, N.Y., Doubleday: Company, 1985.

Weigle, Luther, ed. *Revised Standard Version of the Bible, Catholic Edition.* Nashville, Tenn., Thomas Nelson Publishers, 1966.

Glosario

Aarón – Hermano de Moisés y el primer Sumo Sacerdote (*Ex* 29).

Abraham - Vivió alrededor del año 1850 a.C. Hombre de fe, llamado por Dios, de Ur de Caldea. Recibió la promesa de Dios de convertirse en padre de todas las naciones, una de las cuales recibiría la Tierra Prometida, y sería el pueblo elegido de Dios.

Adán – El primer hombre, esposo de Eva. Dios insufló el aliento de vida en él, dándole espíritu y voluntad propia. Su caída en el pecado causó que nuestra naturaleza sea manchada.

Aleluya – Expresión Aramea que significa "¡Alabad al Señor!" (Hallelujah, Halleluia).

Alfa y Omega – La primera y última letra del alfabeto griego. Cuando Cristo afirma que Él es el Alfa y el Omega, quiere decir que Él es el principio y el fin (*Ap* 22,13).

Alianza – Tipo especial de acuerdo, irrompible y permanente, que forma un lazo familiar.

Aliento – hebreo = *ruh*. griego = *pneuma*. Tanto el hebreo como el griego utilizan una sola palabra para describir "aliento," "viento," y "espíritu." Esto significa que existen profundas connotaciones cada vez que se la utiliza, como cuando Dios insufló "el aliento de vida" en Adán. El Espíritu Santo, es visto con frecuencia como el "Aliento" de Dios, así como Cristo es visto como el "Verbo" de Dios.

Alma – Con frecuencia se piensa que esta palabra y "Espíritu" tienen la misma connotación, sin embargo, los teólogos tienden a diferenciarlas. El alma es la suma total del pasado, las ideas, y las emociones de una persona; esta depende de la historia de uno, y de su lugar en el mundo; la familia, el país, la nacionalidad, el lenguaje, los hábitos personales, etc. todos son parte nuestra "alma." El "Espíritu," por otro lado, es la parte de uno que tiene voluntad propia y «decide.» Haciendo uso de estas definiciones específicas, los ángeles son espíritus, pero no tienen alma. Los animales pueden tener alma, pero no tienen voluntad propia, y por ende no tienen espíritu. Cada ser humano posee un alma, que a su vez, es un espíritu.

Amén - Palabra hebrea que significa «verdaderamente» o «que así sea.»

Amor – Presencia de Dios en nuestros corazones, la que nos permite darnos por el bien de otro. "Nadie tiene mayor amor que el que da su vida por sus amigos" – *Jn* 15,13. El amor es distinto al deseo porque busca dar, no recibir. Dios es Amor (*1Jn* 4,16).

Ángel – Espíritu puro creado por Dios. Los ángeles no tienen un cuerpo físico. Cuando muramos, no nos convertiremos en «ángeles,» ya que recibiremos cuerpos físicos resucitados. Los ángeles caídos son llamados «demonios» o «diablos.» Los ángeles nunca se convierten en humanos, pero pueden aparecerse en forma humana.

Animador – Otro nombre dado al Espíritu Santo, el cual anima a la Iglesia, de la misma manera en la que nuestros propios espíritus animan nuestros cuerpos.

Anticristo – En sentido general, cualquiera que cause un gran daño en el mundo. En sentido más específico, el que vendrá al mundo, al final de los tiempos, para enfrentarse al cristianismo (*Ap* 13).

Antiguo Testamento – Los cuarenta y seis libros de la Biblia que preceden a Cristo y esperan por Él con símbolos y profecías. *Ver también* Deutero-canónico.

Antioquia – Ciudad (de la Turquía moderna), en la que los seguidores de Cristo fueron llamados "cristianos." A Ignacio, obispo de Antioquia, se le atribuye ser el primero en utilizar el adjetivo "católico" (o católica) para describir la única y verdadera Iglesia, en el año 107. Fue también en Antoquia que la palabra "Trinidad" apareció por primera vez

Anulación – Cristo prohibió el divorcio. La única situación en la que un esposo y una esposa no se consideran casados, se da si se determina que nunca fue válido iniciar dicho matrimonio. Si la Iglesia investiga un matrimonio y encuentra que no es válido, este puede ser declarado "nulo." Esto significa que las partes nunca estuvieron válidamente casadas.

Anunciación – El anuncio que el ángel Gabriel da a la Virgen María, en Lucas 1. Es por este anuncio que María concibió, y el Verbo se hizo carne.

Apocalipsis – Término Griego que significa "revelante" o "revelación." Otro de los nombres con los que se conoce el último libro del Nuevo Testamento.

Apologista – La persona que argumenta la fe, y la explica.

Apóstol – "Enviado." En términos generales, un mensajero autorizado. En términos específicos, los doce testigos oculares de Jesús. Él les dio autoridad y los envió a predicar la buena nueva por todo el mundo, bautizar a todas las naciones, y guiar a su pueblo. Se separó a Judas Iscariote del grupo original y se incorporó a Matías. Se escogió que fuesen doce en número, para representar a las Tribus de Israel.

Apostólico – Relativo a los apóstoles o a la época de los apóstoles.

Arameo - Lengua hablada por Jesús y los apóstoles. Es un lenguaje semita, similar al hebreo.

Arca – En general, cualquier contenedor o caja. El término fue utilizado para describir el arca de Noé, el arca en la que Moisés fue colocado cuando era un bebé, y el Arca de la Alianza.

Arca de la Alianza – La caja que Dios ordenó hacer a Moisés. Estaba hecha de madera y cubierta con oro. En esta se guardaban las pertenencias de Aarón, parte del maná, y los Diez Mandamientos en tablas de piedra. Una vez terminada, fue cubierta por la presencia de Dios (*Ex* 25).

Arrianismo - Herejía que afirma que el Hijo fue creado por el Padre, como una suerte de super ángel . Se le da este nombre por Arrio, un sacerdote que dio origen a esta falsa enseñanza, a principios del siglo IV.

Asiria - Imperio que capturó el reino del norte de los Hebreos, llamado «Israel,» en el año 721 a.C. Estas diez tribus se convirtieron en las «Tribus Perdidas de Israel,» y el reino del Norte nunca se reestableció.

Asunción – Elevación de María al cielo, en cuerpo y alma.

Babilonia – Anteriormente llamada Caldea. Babilonia conquistó el reino del sur de los Hebreos, llamado "Judea," alrededor del año 587 a.C.; los judíos pasaron setenta años de exilio en Babilonia, antes que el conquistador Persa de Babilonia, Cyrus, les permitiera regresar (*2Re* 25).

Bautismo – Acto de sumergir a alguien en agua, para simbolizar y dar efecto al nuevo nacimiento. El bautismo nos convierte a todos en un solo cuerpo, en Cristo.

Bautismo de deseo - Algunos aceptan a Dios y tienen fe en Él sin haber tenido la oportunidad de participar en un bautismo con agua. Otros, podrían cierta fe en Dios y aceptarlo sin conocerlo clara o explícitamente. En ambos casos, estos pueden ser regenerados a través de un «bautismo» en el cuerpo de Cristo, en forma invisible.

Biblia – "El Libro." Esta es, en realidad, una colección de setenta y tres libros que el Espíritu Santo, a través de la Iglesia ha declarado ser inspirados («Insuflados por Dios.») Hay cuarenta y seis libros en el Antiguo Testamento, y veintisiete en el Nuevo Testamento. La Biblia es una de las partes del depósito de fe dado por Dios a la Iglesia; la otra parte es la Tradición sagrada. *Ver también* Inspirado.

Bíblico-a – Cuando una afirmación o doctrina concuerda con la Biblia, se dice que es "bíblica."

Blasfemia – Afirmación deliberada, que es insultante para Dios.

Buenas obras – Para los casos de debates sobre la salvación, el Nuevo Testamento distingue, entre tres tipos de obras, dos que no juegan papel alguno en nuestra justificación. Pablo deja claro que las obras obligatorias de la Ley, es decir los rituales del Antiguo Testamento, no nos justifican. Pablo también explica que las obras realizadas con el propósito de ganarse el ingreso al cielo (obras "para alardear") tampoco nos justifican. Tanto Pablo y Santiago, sin embargo, dejan claro que las obras inspiradas por la gracia de Dios, y llevadas a cabo en el espíritu del amor divino, si juegan un papel en nuestra justificación ante Dios.

Caída – Pecado original de Adán y Eva. También llamada la caída del Hombre. El pecado original causó un defecto en la naturaleza humana, el cual es transmitido a todo ser humano, lo que implica que todos tengamos cierta tendencia a pecar. Finalmente, también experimentamos sufrimiento y muerte, e ingresamos a una existencia apartada de la amistad de Dios.

Caldea – Tierra original de Abraham (*Gen* 12). Se ubicaba en donde se encuentra actualmente Irak. Posteriormente, esta región se denominó Babilonia. *Ver* Babilonia.

Canaán – Hijo de Ham, objeto de una maldición, relatada en Génesis 9,25. Las tierras de Canaán fueron entregadas por Dios a Abraham y sus descendientes. Más adelante, estas se convirtieron en la tierra de Israel, y las tribus Cananitas fueron exterminadas o esclavizadas, en cumplimiento de la maldición pronunciada por Noé.

Canon – Lista oficial de los libros de la Biblia. El canon Católico tiene siete libros más en el Antiguo Testamento, en comparación con el canon Judío y el canon Protestante.

Caridad – Amor divino. La gracia de Dios expresada mediante obras de amor divino es uno de los dos medios necesarios para la salvación. El otro es la fe.

Carne – Material del que todo animal viviente está hecho. Dios muestra que el hombre está relacionado a los animales y que tiene autoridad sobre estos, cuando incluye al hombre al hablar de "toda la carne." cf. *Jl* 2,28.

Catecismo – La enseñanza que se esperaba que los adultos aprendieran, antes de ser bautizados y convertidos a la fe.

Catecúmeno – Persona que estudia para convertirse en miembro de la Iglesia. En la época de los inicios de la Iglesia, los catecúmenos y todos los no bautizados, debían dejar la Misa, justo antes de la Liturgia de la Eucaristía.

Catequista – Persona que enseña la fe. *Ver Catecúmeno.*

Católico – Del griego, = *katholicos* = "universal." *Ver Universal.*

Cielo – Lugar espiritual en el que Dios es visible. Los ángeles y los santos lo ven como es, y residen allí en perfecta felicidad.

Comunión –Sacrificio instituido por Jesús en la Última Cena, del que nosotros formamos parte. Porque participando de un solo pan, somos un solo cuerpo unido a Dios (*1Cor* 10,17).

Comunión de los Santos – Conexión que tenemos entre unos y otros, y con los santos que han fallecido y han ido al cielo; lo que significa que podemos interceder los unos por los otros (*Heb* 12,1).

Conciencia –Testimonio de Dios en nuestros corazones, en cuanto a lo que está bien y lo que está mal. Dios ha inscrito su ley en el corazón humano. Esta es la razón por la cual nos sentimos culpables si hacemos algo equivocado (*Rom* 2,15).

Conciliador – Otro de los nombres dados por Cristo al Espíritu Santo.

Concilio de Jamnia – Concilio Judío que equívocamente retiró del canon siete de los libros del Antiguo Testamento. Más adelante, los reformistas Protestantes siguieron esta lista para determinar su versión del Antiguo Testamento.

Confesión – En sentido general, testificar ante Cristo, como si estuviésemos ante una corte. Confesamos nuestra culpa y confiamos en su piedad, al mismo tiempo. En un sentido más específico, es el sacramento a través del cual hacemos esto, oficialmente, ante un sacerdote que representa a Cristo para nosotros.

Confirmación – Sacramento mediante el cual una persona recibe las bondades del Espíritu Santo, al ser ungida con aceite. Es el sacramento que sigue al Bautismo. *Ver* Cristo, Unción

Consagrar – Separar algo con un propósito especial; dedicándolo a ese propósito.

Contra cultura – Tendencia que va en contra de la forma actual de hacer las cosas, o que presenta una nueva manera de pensar que va en contra de las normas aceptadas. La Iglesia con frecuencia ha sido contra-cultural, en el sentido de que frecuentemente tiene que enfrentarse a la mundanalidad.

Creación – Todo lo que Dios ha hecho a partir de la nada, visible e invisible. Esto incluye el cielo, y todo lo que está en el universo físico.

Creado-a – Algo que ha sido hecho a partir de la nada; Dios es el único ser no creado. Ya que Jesús es el Dios Hijo, El Hijo es no creado.

Credo – De la voz latina *credo* = "Yo creo." Afirmación sobre lo que se debe creer para ser llamado "Cristiano." El credo cristiano de mayor reconocimiento, es el Credo Niceno.

Cristiano – En sentido general, todo aquél que profesa la fe Cristiana.

Cristo - Del griego *Christos* = hebreo *Mesías* = español «Ungido.» Jesús es el «ungido.» El Padre es el que lo unge, y el Espíritu Santo es el aceite. *Ver* Ungimiento, Confirmación.

Cubierto-a – Palabra utilizada en el Antiguo Testamento para describir la presencia del Espíritu de Dios, llenando el santuario del Arca de la Alianza, en forma de nube (*Ex* 40,35). Esta misma palabra se usa en Lucas 1, para describir al Espíritu Santo llenando a María, y concibiendo a Cristo en ella.

Cuerpo – Hogar o casa física del espíritu. Herramienta mediante la cual el espíritu humano actúa en el mundo. Un cuerpo físico está conformado por distintas partes.

Cuerpo de Cristo – La Iglesia, la esposa de Cristo (*Rom* 12,3-8).

David – Fue rey después de Saúl. Ancestro de Cristo. La profecía declaraba que un descendiente de David sería el Mesías y el rey final.

Descenso a los Infiernos – Expresión que se refiere al descenso de Cristo al "infierno," para predicar a las almas que se encontraban en "prisión." *Ver* Purgatorio (*1Pe* 3,18-20).

Deutero-canónico – Del griego: "otro canon." Un Concilio de eruditos judíos, llevado a cabo en Jamnia, en el año 90 d.C. retiró siete libros del Antiguo Testamento, argumentando que no fueron escritos en Hebreo, por lo que eran inválidos. La Iglesia Católica mantuvo estos libros en el Antiguo Testamento. Los

Protestantes adoptaron el Canon Hebreo revisado, y llaman "Libros Apócrifos" a estos libros Deutero-canónicos.

Día de la Expiación – *Yom Kippur.* Una vez al año, el Sumo Sacerdote entraba en el Sancta Sanctorum para ofrecer la expiación de los pecados de Israel y la de los suyos propios (*ver* sacerdocio Aarónico). Los cristianos creemos que Cristo completó y culminó esto, haciendo una ofrenda para todos los tiempos, el día de su crucifixión (*Ex* 16 y *Heb* 9-10).

Diácono – Del griego *diakonos* = "ministro" o "servidor."

Diez Mandamientos – Un resumen de la Ley que Dios entregó a Moisés. Dios mismo la escribió sobre tablas de piedra (*Ex* 20). Dios las reemplazó cuando se quebraron, y estas fueron guardadas dentro del Arca de la Alianza. Como tales, son un símbolo de Cristo, el Verbo, dentro de María, que es la Nueva Arca.

Divinidad – Otro de los nombres dados a la Trinidad, el cual pone énfasis en su condición de "uno solo."

Divino-a – "De Dios," "que tiene la naturaleza de Dios," o "como si fuese Dios."

Divorcio – Jesucristo prohibió el divorcio (*Mt* 5,32). *Ver* Anulación. Se entiende como el intento de disolver un matrimonio válido.

Doce Apóstoles – Los doce testigos elegidos por Cristo. Escogió doce, para simbolizar el inicio de una Nueva Alianza, la cual cumpliría y reemplazaría la Antigua Alianza con las doce tribus de Israel. *Ver* apóstol.

Doce Tribus de Israel – Los descendientes de los doce hijos de Israel (Jacob) (*Gen* 49).

Doctrina – Cualquier verdad definida, sea por revelación, razón, o conciencia, que la Iglesia enseña que debe ser creída.

Dogma – La totalidad de la fe de la Iglesia, sea definida como doctrina o no. Los creyentes deben aferrarse a la totalidad de la fe de la Iglesia y no solo a la doctrina.

Elías – Profeta del Antiguo Testamento que ascendió al cielo en una carroza de fuego. La profecía del libro de Malaquías decía que este regresaría para preparar a todos para la venida del Mesías. Jesús dijo que Juan Bautista fue el cumplimiento de esta profecía (*2Re* 2,11, *Mal* 4,5, y *Mt* 11,14).

Emmanuel – Del hebreo = "Dios con nosotros." Nombre dado al Mesías venidero, por el profeta Isaías (*Is* 7,14).

Emaus – Pueblo ubicado a siete millas de Jerusalén. Los discípulos reconocieron al Cristo resucitado allí, cuando compartió pan con ellos (*Lc* 24,13).

En la Persona de Cristo, *In Persona Christi* - Un sacerdote Católico, cuando ofrece el sacrificio de Cristo en Misa, toma el lugar de la persona de Cristo, como esposo de su Iglesia. Es en este momento, que representa la pasión de Cristo en la cruz, por el bien de su esposa. Esta es una de las razones por las cuales el sacerdocio de sacrificio se encuentra limitado al sexo masculino exclusivamente.

Época de las Luces - La creencia, que se hizo popular en el siglo dieciocho, en que la única forma de saber algo con seguridad, es a través de la razón sola, y no la fe.

Escritura – *Ver* Canon, Biblia, Inspirado-a.

Espíritu – *Ver* Alma.

Espíritu Santo – La tercera persona de la Trinidad, que proviene del Padre y del Hijo en forma de Amor. Él es el Santificador, el Paráclito, el Conciliario y el Confortador prometido por Cristo. Él es el Inspirador de los profetas y el Animador de la Iglesia.

Esposa de Cristo – Uno de los títulos dados a la Iglesia, ya que es la novia de Cristo.

Eternamente engendrado – Esta frase fue añadida al Credo Niceno para delinear dos verdades: primero, que el Hijo siempre estuvo con el Padre. Segundo, que el Hijo fue de la misma naturaleza que el Padre y no fue un ser creado.

Eucaristía – Del griego "acción de gracias." Es otro de los nombres dados a la Santa Comunión.

Eva – Esposa de Adán y primera madre de la humanidad. Fue engañada por la serpiente y cometió el pecado de la soberbia. Comió del fruto cuando la serpiente le prometió que ella podía ser Dios.

Evangelio – La "Buena Nueva."

Evangelista – El que proclama la Buena Nueva. Uno de los cuatro autores de los Evangelios.

Éxodo – La "salida" de los israelitas de Egipto. También, el segundo libro de la

Biblia.

Expiación – Acto de reparar una separación a través del arrepentimiento, el sacrificio, y el compromiso. Cristo expió los pecados de la humanidad en la cruz. *Ver* Día de la Expiación.

Fariseos – Facción religiosa judía del tiempo de Cristo, que creía en el estricto cumplimiento de la Ley Mosaica. Estos creían en la resurrección de los muertos. Los Saduceos eran otra facción de la época, que negaba la resurrección de los muertos. Ambas facciones siempre se contradecían, y ambas criticaban a Jesús y al cristianismo.

Fe – Virtud dada por la gracia de Dios, que permite creer que lo que Dios ha revelado es la verdad.

Festival de las Semanas – Fiesta judía de los primeros frutos, llamada "Pentecostés" en Griego, o "quincuagésimo día," porque se da a lugar en el quincuagésimo día de la Pascua (*Ex* 23). En esta celebración, los judíos recuerdan el día en el que les fue dada la Ley en el Monte Sinaí, lo que los convirtió, mediante la Alianza con Dios, en su pueblo elegido. Fue en esta fecha que el Espíritu Santo descendió sobre los apóstoles y animó a la Iglesia (*Hch* 2). Los judíos continúan celebrando esta fiesta cincuenta días después de La Pascua judía; los cristianos la celebran cincuenta días después de la Pascua de Resurrección.

Fiesta de la Dedicación – Llamada "Hanukkah." Celebración judía que rememora la limpieza del Templo a manos de Judas Macabeo (*2Mac* 1,9). Actualmente se celebra entre los meses de Noviembre y Diciembre.

Fiesta del Tabernáculo – Festividad judía de la cosecha, que empieza a mediados de Octubre, cinco días después del Día de la Expiación, y dura una semana. Durante este tiempo, los judíos viven en "tiendas" o "casillas", para recordar los cuarenta años a la deriva en la desolación del Sinaí (*Ex* 23).

Fundamentalismo – Creencia que reduce de la fe a unas cuantas frases capciosas, y afirma que estas son todo lo que se necesita para la salvación.

Gentiles – Término judío utilizado para referirse a las personas que no son Judías.

Gnósticos – Primeras sectas cristianas herejes, que predicaban que Jesús solo "había parecido" venir en estado material (en la carne;) estos creían que la materia era mala, por lo que consideraban que Dios no se haría materialmente presente. También predicaban que la gente se "salvaba" por el conocimiento de secretos (en griego, gnosis = "conocimiento"). A medida que una persona subía de rango, esta obtenía acceso a secretos más profundos. Algunas sectas modernas como la cienciología y la masonería, imitan este sistema.

Gracia – Cualquier don de Dios. Cuando se habla de salvación, debemos poner énfasis en el hecho de que es un regalo de Dios, dado a nosotros con el sacrificio de Cristo. Los sacramentos son los signos visibles de la gracia de Dios, y nos hacen sagrados y nos hacen complacerle, porque nos unen más estrechamente a Cristo.

Griego – En la época de Cristo, se hablaban cuatro lenguas en Judea. El hebreo era la lengua de las ceremonias del Templo y de las Escrituras. El arameo era la lengua de cada día, hablada por la gente en sus casas. El latín era la lengua del Imperio Romano ocupante, y el griego era la lengua de la educación y el comercio. El Nuevo Testamento nos fue finalmente transmitido en griego, si bien Cristo y los apóstoles hablaban arameo.

Hades – Palabra griega utilizada para referirse al mundo subterráneo, la tierra de los muertos. No se le describía como se describe el infierno cristiano; era un mundo seco y gris, al que se dirigían los seres humanos cuando morían. Los griegos no pudieron imaginarse a los mortales yendo al cielo. En este sentido, el *hades* griego era similar al *Sheol* hebreo. *Ver también* Purgatorio, Sheol, Paraíso de los Infantes, Seno de Abraham.

Haggadah – La "historia." Durante el ritual de la Pascua judía, la historia del Éxodo es relatada a través de preguntas que un niño hace sobre el padre.

Hallelujah – *Ver* Aleluya

Hanukkah – *Ver* Fiesta de la Dedicación.

Hebreos – Raza descendiente de Eber que fue continuada por Abraham, Isaac y Jacob (*Gen* 10,21). El hebreo es un lenguaje semita, al igual que el arameo y el árabe. *Ver* Semita.

Herejía – Doctrina que contradice la fe dada por el Espíritu Santo a través de la Iglesia.

Hermano – En Arameo, el lenguaje hablado por Cristo, no existía una palabra para referirse a los "primos," por lo cual, la palabra "hermano" puede significar primo, sobrino o cualquier otro pariente. El lector debe hacer uso del contexto para determinar a cual se refiere. El Cristianismo continuó el uso Semita de la palabra y lo aplicó a todos los miembros de la Iglesia. Esto se sigue haciendo hasta ahora incluso.

Hijo – Ser descendiente, que es de la misma naturaleza que los padres. Jesús era el Hijo de Dios porque era Hijo del Padre celestial. Era también el Hijo del Hombre, porque era Hijo de María.

Hijo de David – Titulo dado a Jesús, que mostraba su reconocimiento como descendiente de David y por ende, heredero del Reinado.

Hijo de Dios – *Ver* Hijo.

Hijo del Hombre – *Ver* Hijo.

Hisopo – Planta erizada que puede servir como pincel o esparcidor. Los Israelitas la utilizaban para esparcir la sangre del cordero sobre sus puertas, la noche de Pascua. El Evangelio muestra que Cristo es el cordero de Pascua, al describir como el hisopo fue remojado en vino agrio y dado a Cristo, cuando colgaba de los maderos de la cruz (*Ex* 12,22 y *Jn* 19,29).

Iglesia – La asamblea de cristianos, el pueblo de Dios, el cuerpo de Cristo, la Esposa de Cristo, la esposa del Cordero, la Nueva Creación, la Nueva Jerusalén, el Templo Nuevo.

Indulgencia – Regalo que se nos brinda, (después de arrepentirnos y ser perdonados) mediante el cual Cristo y/ o sus santos toman el sufrimiento causado por el castigo que recibimos por nuestros pecados, y a cambio, recibimos gracia purificadora de Dios, por llevar a cabo buenas obras. En otras palabras, se nos hace más puros por un regalo que por la vía normal, es decir el sufrimiento. No se debe confundir el sufrimiento eterno causado por la falta de arrepentimiento con el sufrimiento de la purificación posterior al arrepentimiento (como el de un criminal que aún se encuentra en la cárcel). Algunas veces la Iglesia recomienda llevar a cabo un acto determinado para ganar una indulgencia, como por ejemplo una oración, ayuno, dar limosna, leer la Biblia, etc. La efectividad dependerá de la naturaleza de la gracia otorgada por Dios, y de la pureza de la intención de la persona. Se puede ganar indulgencia para uno mismo, para otras persona vivas, o para almas que se encuentran en el purgatorio. (*Ver* CIC 1471-72)

Infalibilidad – Jesús afirmó que ningún poder del infierno prevalecería frente a la Iglesia (*Mt* 16,18) y que el Espíritu Santo guiaría a los pastores de la Iglesia a la verdad absoluta (*Jn* 16,13). Una enseñanza es considerada infalible cuando, a) Un obispo predica lo que la Iglesia predica. b) Todos los obispos en conjunto: unidos al Papa, hablan de temas relacionados con la fe y la moral. c) Solo el Papa habla en forma autoritaria, con la intención de dirigirse infaliblemente a la totalidad de la Iglesia, tocando un tema relacionado con la fe y la moral que forme parte del depósito de fe.

Infierno – El lugar y la elección de separación deliberada de Dios. Ya que nuestra verdadera identidad y nuestra libertad dependen de nuestra relación con Dios, el infierno es tanto pérdida del ser, como esclavitud.

Inmaculada Concepción – El dogma de la concepción de María, sin pecado original. Si bien María fue concebida por sus padres de forma normal, ella no compartió el pecado original con Adán y Eva. Ella se mantuvo completamente pura y libre de pecado, desde el mismísimo principio de su existencia. Esto fue posible porque Dios antevió la redención de Cristo y la aplicó en ella. Ya que ella sería la morada de Dios, Él no permitió que Satanás la tocara de forma alguna.

Inspirado – "Soplado por Dios." El islamismo predica que el ángel le dio a Mahoma el Corán, dictándoselo *palabra por palabra*. Esto *no* es lo que los cristianos creemos de las Escrituras. Las Escrituras son "inspiradas por el divino, no dictadas por el divino." Esto significa que la gracia de Dios animó a los escritores de las Escrituras a expresar la verdad, pero Dios no pasó por encima de la propia humanidad de estos, al hacerlo. Dios dio libertad a los escritores, para expresar las cosas de manera consistente con sus respectivas culturas e historias. Por ende, si bien la Biblia está libre de error teológico alguno, fue producida por Dios y por el hombre. Es por esto, que debe ser interpretada correctamente, para que pueda ser entendida correctamente, y es por esto que pueden haber «errores,» en el sentido de algunos detalles erróneos.

Isaac – El segundo hijo de Abraham (el prometido por Dios). Es el ancestro de los Israelitas.

Islam– Religión iniciada por Mahoma alrededor del año 621 d.C., en Meca, Arabia. Esta predica que el ángel Gabriel le dio el Corán a Mahoma, siendo este la revelación final de Dios, con el propósito de corregir los errores del judaísmo y del cristianismo. El islam niega la divinidad de Cristo y su crucifixión, y rechaza la Trinidad.

Ismael – El primer hijo de Abraham. Ancestro de los árabes (*Gen* 16, 25).

Israel – Término hebreo, significa «sostenido por Dios.» El ángel le cambió el nombre a Jacob y le puso Israel, después de forcejear con él, en Génesis 32,29. Este término es también utilizado para referirse al pueblo que desciende de Israel, a través de sus doce hijos (las doce tribus de Israel). También es aplicado a la tierra que Dios prometió darle a sus descendientes; es por esta razón que la nación moderna lleva ese nombre.

Jacob – *Ver* Israel.

Jamnia – *Ver* canon.

Jerarquía – Liderazgo visible de la Iglesia que reside en los obispos, en su condición de sucesores de los apóstoles, estando unidos al Papa, que es sucesor de San Pedro. La jerarquía hace posible que la Iglesia ame, enseñe, y de testimonio en forma unificada y visible.

Jerusalén – Ciudad capturada por David en 2 Samuel 5,6. Dios determinó que el Templo debía perdurar para siempre, y Salomón, el hijo de David, lo construyó. La Iglesia, en su papel de Nueva Jerusalén, incluye al cielo, que es "La Jerusalén de arriba" (*Gal* 4,26).

Jerusalén de arriba – La Iglesia en el cielo; *ver* Jerusalén

Jesús – Del hebreo = *Yeshu* = "Dios salva." El Hijo de Dios.

Juan Bautista – El que vino en el espíritu de Elías, a prepararnos para la venida del Mesías. (*Ver también* Elías).

Judas – El cuarto de los doce hijos de Israel. El descendiente de Judas fue David, que estableció el linaje real en Israel. *Ver también* judíos.

Judaísmo – La fe judía. Actualmente no acepta a Jesús como el Mesías, pero mantiene la adoración al Dios de Abraham, acatando la Torá (los primeros cinco libros de la Biblia).

Judíos – Descendientes de Judas, el cuarto de los hijos de Israel. Después que las tribus del norte fueron conquistadas por Asiria (*ver* Asiria), solo quedaron las tribus de Judas y Levi. Como los Levitas, por ser una clase sacerdotal, no tenían una porción de tierra que fuese específicamente suya, al resto del pueblo de Israel se le denominó judíos. (*Ver también* hebreos, Israel).

Justificación – Aquello que nos permite ser aceptables a los ojos de Dios, y por ende nos permite entrar al cielo. Para los protestantes, esta se da con la sola gracia, a través de la sola fe. Para los católicos, esta se da con la sola gracia, a través de la fe y las obras. *Ver* Sola fe

Kaddish – Del hebreo = "sagrado." También se refiere a la tradición judía de rezar por los muertos.

Kephas – Del arameo = «piedra.» Cuando Jesús llamó a Pedro «Piedra,» lo hizo en arameo. «Pedro» proviene del griego *petros* = piedra (*Jn* 1,42).

Levitas – Levi fue el tercer hijo de Israel (Jacob) y por ende patriarca de una de las doce tribus. Moisés era Levita y su hermano Aarón era el Sumo Sacerdote.

Los Levitas no recibieron una porción específica de la tierra de Israel. Más bien, sirvieron como una clase sacerdotal, y eran los responsables del Templo. (*Num* 1,47-54).

Libros Apócrifos – Libros que no se consideran inspirados, por lo que no se les considera parte de la Biblia. Los protestantes erróneamente consideran que los libros de Tobías, Judit, Macabeos I y II, Sabiduría, Sirácida, y Baruc, son apócrifos.

Limbo – *Ver* Paraíso de los Infantes.

Liturgia – Del griego = "El trabajo del pueblo." Se refiere al ministerio de la Eucaristía.

Llaves – Darle las llaves de un reino o una ciudad a alguien significa hacerlo primer ministro. Cuando Jesús entregó las llaves del reino a Pedro, determinó que la Iglesia en la tierra tendría siempre una cabeza visible, un "primer ministro." Este fue el establecimiento del Papado, ya que Pedro fue el primer Papa (*Is* 22,22 y *Mt* 16,19).

Lugar Sagrado – *Ver* Lugar Santísimo.

Lugar Santísimo – El Templo se hizo de acuerdo al plan que Dios había entregado a Moisés, según se describe en los capítulos 25 y 27 del Éxodo. Había allí, una gran tienda del encuentro externa, y en ella se encontraba el Lugar Sagrado, al cual solo ingresaban los sacerdotes. En este se encontraba el "Lugar Santísimo" y solo el Sumo Sacerdote podía ingresar, y podía hacerlo, únicamente el Día de Expiación. El Arca de la Alianza se encontraba dentro del Lugar Santísimo (Sancta Sanctorum).

Madre – "Portadora." Una madre es el templo de su esposo y el hogar de sus hijos. La Iglesia imita a María Madre en portar y traer a Cristo al mundo.

Magisterio – El oficio supremo en la enseñanza de la Iglesia. *Ver* Infalibilidad

Magnificat - La oración rezada por María durante su visita a Elizabet, en Lucas 1. Empieza con «Mi alma glorifica al Señor...»

Maná – El pan que Dios envió del cielo para alimentar a los Israelitas que se encontraban a la intemperie, en Éxodo 16. Este presagió la venida de Cristo, que es verdadero "pan del cielo" (*Jn* 6,31-35).

María – Del hebreo *Mariam*. La Madre de Jesús.

Mártir – Del griego: "testigo." Alguien que es testimonio de Cristo, con su vida.

Máscaras – *ver* Modalismo.

Mediador- Representante o ministro, que cumple su papel mediando entre dos partes. Existe un solo mediador entre Dios y el hombre: Jesucristo. En el sentido en que nosotros somos mediadores de Cristo, entre unos y otros, todos los cristianos comparten en la mediación de Cristo.

Melquisedec – Antiguo Sacerdote que realizaba ofrendas en nombre de Abraham. Su origen misterioso y su supremo sacerdocio, anunciaron la venida de Cristo. Los sacerdotes Católicos son ordenados según la "Orden de Melquisedec" (*Gen* 14,18, *Sal* 110,4, y *Heb* 7).

Mesías – Del hebreo: "El Ungido." *Ver* Cristo, Ungido.

Misa – La Liturgia de la Palabra y la Liturgia de la Eucaristía.

Misterio - Verdad que se revela a sí misma y se descubre constantemente, pero nunca puede ser totalmente entendida. Un ejemplo es el hecho de que cada vez que leemos la Biblia o rezamos, siempre obtenemos algo nuevo de esa experiencia. Dios es Misterio. También se utiliza el término para referirse a un sacramento, en las iglesias católicas orientales.

Modalismo – Herejía que afirma que el Padre, el Hijo y el Espíritu Santo, son la misma persona, que hace uso de diferentes "máscaras" o "modalidades," en distintos momentos. La creencia correcta es, que son tres personas distintas, pero un mismo Dios.

Modos - *Ver* Modalismo.

Moisés - Profeta que lideró a los hebreos liberándolos de la esclavitud de Egipto, convirtiéndolos luego, en la nación elegida.

Monte Horeb – Otro de los nombres dados al Monte Sinaí.

Monte Moriah – Una de las colinas sobre las cuales Jerusalén está construida.

Monte Sinaí – La montaña en la que Dios apareció ante Moisés. Es aquí en donde Dios estableció una Alianza con los israelitas (*Ex* 19).

Monte Sión – Una de las colinas sobre las cuales Jerusalén está construida. El Templo fue construido en esta colina, que era una antigua fortaleza.

Moral - Conjunto de reglas aplicables a nuestra conducta, que nos enseñan la diferencia entre lo que está bien y lo que está mal.

Musulmán - El que se «somete» a la voluntad de Dios. Persona que se suscribe a la religión Islámica.

Naturaleza – Lo que una persona es. Jesús tiene dos naturalezas. Él es humano y es divino, pero es una sola persona.

Nicea – Pueblo que se ubicaba en lo que es la actual Turquía, en el que se reunieron todos los obispos del mundo en el año 325 d.C. Este concilio de obispos condenó el Arrianismo y empezó a formular el Credo Niceno.

Ninevé – Capital de Imperio Asirio. Ver Asiria.

Nirvana – Estado del perfecto "no-ser" al que los Hindúes finalmente buscan llegar. Una vez alcanzado, el concepto del yo desaparece completamente. Esta versión del "cielo" no es consistente con la del Cristianismo.

Nueva Arca – La Virgen María.

Nueva Creación – La Iglesia.

Nueva Eva – La Virgen María.

Nueva Jerusalén – *Ver* Jerusalén.

Nuevo Testamento - Los veintisiete libros de la Biblia que explican que Jesucristo es la culminación de las leyes, símbolos y profecías.

Obispo – "Veedor." Del griego = *episkopos*. Los apóstoles designaron obispos para que tomaran sus cargos en el ministerio, una vez fallecidos. Dios estableció estos cargos, para que sean transmitidos generación tras generación, hasta el final de los tiempos (*1 Tim* 3).

Obras – Con respecto a la salvación, existen tres tipos de obras, a las que se hace referencia en el Nuevo Testamento. Dos de ellas no juegan papel alguno en nuestra salvación. Estas son: Las Obras de Ley, y las obras llevadas a cabo para "alardear." Las obras de Ley son los rituales del Antiguo Testamento, como la circuncisión. Ya que Jesucristo cubrió toda la pureza y la santificación, todas aquellas leyes sobre la pureza ritual ya no están vigentes (*Rom* 3,21-30). El segundo tipo de obras inefectivas es el de "las buenas obras," llevadas a cabo con el propósito de "alardear" (*Rom* 4,1-6). Estas implican tener la idea de que uno puede "ganarse" su propio ingreso al cielo, por hacer el bien. El error aquí se encuentra en pensar que uno puede obtener una verdadera santidad, separado de Cristo, a través de los esfuerzos propios. El último tipo de "obras" si contribuye a nuestra salvación. Estas son las obras inspiradas por la gracia de Dios, que opera a través de la fe. Estas son obras de Amor Divino, o caridad. Como tales, estas revelan una comunión con el Espíritu santo. Estas se mencionan en (*Rom* 2,10, *Gal* 5,6, y *Stg* 2,14-16, entre otros).

Omega – *Ver* Alfa y Omega.

Oración – Respuesta a Dios. Esta puede darse en forma de plegaria, meditación, contemplación, agradecimiento, petición (pedirle algo a Dios), ofrenda, arrepentimiento, o afecto (amor).

Organización – La forma en la que varias partes pueden unirse, como los órganos del cuerpo. Aquellos que buscan la espiritualidad sin una organización están en realidad huyendo de la autoridad y el compromiso. Esta actitud contradice el auténtico Cristianismo.

Padre – Primera persona de la Trinidad. De Él, toda la paternidad de la tierra toma su nombre (*Ef* 3,15). Un padre debe ser la cabeza y origen de la familia. Este debe amar, proveer y proteger a su familia, bajo la guía de Dios.

Padres de la Iglesia - Los primeros obispos, sacerdotes o devotos, que aprendieron la fe de los apóstoles o de sus sucesores inmediatos. Nos dejaron un tesoro en escritos, los cuales nos ayudan a interpretar correctamente, tanto las Escrituras como la Tradición sagrada.

Pagano – Alguien que cree en muchos Dioses.

Papa – Del latín *Papa* = "padre." Los apóstoles transmitieron su autoridad para gobernar y predicar en general, a los obispos que les siguieron. Pedro, el primer Papa, fue martirizado en Roma, y este transmitió su cargo específico de cabeza visible de la Iglesia en la tierra, a los obispos de la Sede de Roma.

Paráclito – Cristo utilizaba este término para referirse al Espíritu Santo.

Paraíso de los Infantes – (También conocido como Limbo). Hubo una tradición en la Iglesia por la cual los niños que morían antes de la edad de la razón, pero sin estar bautizados, podían recibir de Dios una existencia de eterna felicidad natural, sin visión beatífica. La Iglesia no ha hecho pronunciamiento definitivo alguno sobre este aspecto. *Ver también* Purgatorio.

Pascua Judía – Comida ritual que Dios ordenó a los israelitas mantener para siempre. Esta recuerda su escape de Egipto, cuando el Ángel de la Muerte pasó sobre ellos (*Ex* 12). Se sacrificaba un cordero y su sangre era esparcida sobre los marcos de las puertas; la muerte pasaba por sobre todas las casas en donde esto se había llevado a cabo. Los cristianos ven en Jesucristo al «cordero de Dios que quita el pecado del mundo.» Como tal, este cubrió y culminó el rito de la Pascua, para siempre. *Ver también* Ultima Cena.

Patriarcas – Los hombres bíblicos de la antigüedad, con los que Dios hizo una Alianza.

Pecado - Maldad deliberada que nos separa de Dios. Al ser seres físicos moldeables, cada pecado altera nuestra identidad de manera negativa, porque los seres humanos tienden a convertirse en lo que hacen. La gracia de Dios obtenida por Cristo, nos permite deshacer el daño, a través de la cooperación. Este proceso se llama «santificación.»

Pecado Mortal – Pecado que nos lleva a la muerte. Ya que es una ruptura deliberada y total con Dios, una persona que no se ha arrepentido de sus pecados mortales no puede ingresar al cielo, lo que significa que si muere en dicho estado pasará la eternidad en la esa segunda muerte que el infierno es. Para ser mortal, un pecado debe ser: a. De gravedad, b. Cometido deliberadamente, y c. Realizado a pleno conocimiento y plena conciencia.

Pecado Original – Pecado de Adán y Eva que manchó nuestra naturaleza humana, dándonos a todos una tendencia al pecado, al sufrimiento y a la muerte.

Pecado Venial – Pecado que no es mortal, porque no rompe totalmente nuestra relación con Dios. De alguna manera todo pecado nos acerca a la muerte, ya que ni la más leve pecaminosidad puede ingresar al cielo. Un alma que muere en pecado venial, sin embargo, será limpiada en el purgatorio antes de ingresar al cielo, de tal manera que no experimente una "segunda muerte." *Ver* Pecado Mortal.

Pedro – Su nombre original era Simón. Cristo le cambió el nombre, por *Kephas*, de origen Arameo, cuyo significado es "Piedra." En griego ha sido traducida como *petros*. Este término puede significar "roca pequeña o piedra." El término griego para una roca grande (petra) no fue utilizado porque es femenino. Al darle este nombre, y las llaves del reino (entre muchas otras cosas), Cristo lo nombró primer Papa (*Mt* 16,13-20).

Penitencia - Obras asignadas por un cura a una persona, después de confesarse, como señal externa de un arrepentimiento interno.

Pentateuco – Los primeros cinco libros de la Biblia, llamados Torá en Hebreo.

Pentecostés – *Ver* Festival de las Semanas.

Pergaminos del Mar Muerto - Pergaminos encontrados entre 1946 y 1956, en cuevas cercanas al Mar Muerto. Muchos de ellos fueron escritos antes de la época de Cristo. Estos incluyen copias de algunos de los libros de la Biblia y otra literatura. También incluyen copias de los libros deutero-canónicos del Antiguo Testamento en hebreo, contenidos en la Biblia católica.

Persona – El "Yo." Intelecto que tiene posesión de su "Yo", tiene voluntad propia y capacidad de acción.

Petra – *Ver* Pedro.

Petros - *Ver* Pedro.

Presbítero – De origen griego, significa "mayor." *Ver* Sacerdote, Funcionario Eclesiástico.

Presencia Real - Dogma católico que afirma que la Eucaristía es realmente el cuerpo y la sangre de Cristo. Lo que queda después de la consagración es pan y vino, solo en apariencia. En realidad, se han convertido en el cuerpo y la sangre de Cristo.

Primogénito – Debido a que el ángel de la muerte había pasado sobre el primogénito de Israel, Dios ordenó que los israelitas se "rediman," ofreciendo un sacrificio por cada primogénito nacido en sus hogares. El título de primogénito se convirtió en un título honorario, dándole al hijo derechos y privilegios especiales. El uso del término primogénito (como en el caso de Jesús) no implica que existiesen otros hijos.

Profeta – Persona enviada por Dios con un mensaje. Este mensaje podría ser un mandamiento para el presente, una predicción del futuro, o ambos en conjunto.

Protestante – Persona que se adhiere a la rama del cristianismo iniciada por Martín Lutero en el siglo dieciséis. Esta rama "protesta" contra el catolicismo. Sus enseñanzas, en cuanto a las diferencias con el catolicismo, son: La creencia en la justificación a través de la sola fe, y en la revelación a través de la sola escritura. No existe el sacerdocio de sacrificio y no hay sucesión apostólica. El Papa no es la cabeza visible de la Iglesia cristiana. El hombre cayó en forma radical y es incapaz de bondad alguna. No existe el purgatorio y rezar por los muertos es inútil. Las plegarias dirigidas a la Virgen María y a los santos también son inútiles y podrían ser idolátricas. Las cuatro principales ramas del protestantismo son: Los luteranos, los calvinistas (los cuales se subdividen en distintos grupos evangélicos, tales como los bautistas, los presbiterianos y los metodistas, y últimamente los cristianos "no-sectarios"), los anglicanos (llamados "episcopalianos" en los EEUU) y los anabautistas (cuyas ideas son imitadas por los pentecostales modernos). En la actualidad, existen miles de sectas distintas.

Pueblo Elegido – Los Hebreos. Esta es la raza que Dios formó a partir de la semilla de Abraham, para bendecir a toda la humanidad.

Purgatorio – Palabra de origen latino, que significa "limpieza." Cuando morimos, muchos de nosotros aún llevamos manchas de pecado en nuestras almas. Cuando entremos al cielo, estaremos perfectos. El purgatorio se define como el cambio que se da a lugar entre la muerte y el ingreso al cielo. Este cambio se lleva a cabo por la gracia que Cristo obtuvo para nosotros. Este cambio es doloroso, porque es doloroso para nosotros dejar nuestros pecados (*1Cor* 3,15). El sufrimiento por el que pasamos en el purgatorio puede ser aligerado por la intercesión de nuestros hermanos y hermanas en Cristo. Además, las almas que se encuentran a punto de ver a Dios también experimentan un abrumador regocijo. El sufrimiento del purgatorio ha sido siempre presentado como un estado distinto al sufrimiento del infierno; El CIC hace referencia a este únicamente en términos de purificación (nos. 1030-32).

Querubín – Nombre con el que se conoce a los ángeles que se encuentran ante el trono de Dios. Estos fueron representados en esculturas ubicadas sobre el Arca de la Alianza (*Ex* 37,7-9 y *Ap* 4,6-9).

Rabí - De origen hebreo, significa «Maestro.» Literalmente, esta palabra significaba «Grande» o «Mi Señor.»

Reconciliación - El sacramento por el cual nuestra relación con Dios es restaurada después de haber pecado. *Ver también* Confesión, Penitencia.

Redimido-a - Algo que es reclamado después de haberse pagado un precio por él (la idea es similar a la utilizada por las casas de empeño). Jesús nos redimió, después que nosotros nos habíamos vendido a nosotros mismos al pecado.

Reencarnación – La idea que establece que las almas humanas existen antes de la concepción física, y que estas regresan a cuerpos nuevos al algún momento después de la muerte. Los hindúes y los budistas buscan librarse del ciclo de la muerte y el renacimiento. El cristianismo predica, en contradicción con esta idea, que Dios crea un espíritu nuevo en la persona, al momento de la concepción. La creencia en la reencarnación también contradice la doctrina cristiana de la resurrección del cuerpo.

Reforma – Esta palabra es específicamente aplicada, con frecuencia, al movimiento iniciado por Martín Lutero. En general, significa volver a dedicarse o reconstruir algo que se ha alejado de su belleza original. Ignacio de Loyola fue, en ese sentido, un reformista católico.

Relación - *Ver* relación personal.

Relación Personal – Interacción "cara a cara" con alguien. Jesús enseñó repetidas veces que podemos tener una relación personal con Él a través de nuestros actos y de las relaciones con nuestros prójimos. Enseñó parábolas mostrando que la gente que tiene "relaciones directas" con Él, a la vez que ignora la condición de su prójimo, de hecho no guarda relación alguna con Él.

Religión – Manera en la que nos relacionamos con Dios, tanto socialmente (como un cuerpo), como individualmente. La religión es nuestra relación con Dios. Para los cristianos, la religión es la manera en la que uno se une a Jesucristo. Esto incluye la acción del Espíritu Santo expresada a través de signos visibles en los sacramentos y las enseñanzas reguladoras, morales y teológicas de la Iglesia (*ver* CIC 2104, 2105 sobre la virtud de la religión).

Representado – En el sacrificio de la Misa, Cristo no es sacrificado nuevamente, una y otra vez. Más bien, se hace presente para nosotros el único sacrificio eterno que hizo una sola vez por todas. Es por esta razón que se le llama "sacrificio sin derramamiento de sangre."

Resurrección – Cuando un cuerpo físico humano es reconstruido, glorificado, y reunido con su propio espíritu, se dice que es un "resucitado." La Resurrección se refiere a Cristo resucitando de entre los muertos. En Él, todos seremos reunidos con nuestros cuerpos resucitados, cuando regrese en la gloria.

Revelación – En sentido amplio, la verdad revelada por Dios. La revelación general fue cumplida y culminada por Cristo. El Nuevo Testamento contiene el testimonio de los discípulos sobre la vida de Cristo, como revelación general final. Si bien algunas personas podrían recibir revelaciones personales de Dios, es absolutamente cierto que no habrá ninguna revelación general nueva que añada información nueva, que sea necesaria para la salvación del mundo. Esta es la razón por la cual el canon de las Escrituras se encuentra cerrado. En cuanto a la enseñanza de la doctrina por parte de la Iglesia: esta se entiende como la declaración de perenne profundización, del depósito de fe entregado por Jesucristo, de una sola vez por todas, a su Iglesia. La Iglesia no añade nuevas verdades. Más bien, continua comprendiendo cada vez mejor la verdad que ya se le ha dado.

Sábado judío – Dios estableció el último día de la semana como día de descanso, el día en el que la humanidad debía dedicarle la Creación al Creador (*Gen* 2,

Ex 16,28-30). En el Antiguo Testamento, este día es el Sábado. Cuando Jesús resucitó de entre los muertos el Domingo de Pascua, se dio el nacimiento de un Nuevo Día. Toda la creación esta hecha nuevamente en el cuerpo resucitado de Cristo. Como tal, La Iglesia respeta el Domingo, el primer día de la semana, como la culminación de lo que el Sábado representaba. Los judíos y algunas sectas semicristianas siguen respetando el Sábado como día del Sábado judío.

Sacerdocio Aarónico – Descendientes de Aarón. Solo los miembros de la familia de Aarón podían ingresar al Lugar Santísimo (*Ex* 29). Zacarías, padre de Juan Bautista, era descendiente de Aarón y por ende Sacerdote Aarónico. Estaba oficiando en el Lugar Santísimo cuando el ángel se le apareció (*Lc* 1).

Sacerdocio General – Llamado también "Sacerdocio Real." Todos los creyentes cristianos comparten el sacerdocio de Cristo; esto significa que todos compartimos como mediadores entre la gracia de Dios y el mundo. De la misma manera, toda la nación hebrea, compartía en el sacerdocio levítico (*Ex* 19,6 y *1Pe* 2,9).

Sacerdocio Levítico – *Ver* Levitas.

Sacerdote – El que hace de mediador entre Dios y el Hombre. En el Antiguo Testamento, esto estaba reservado para los Levitas y los hijos Aarón, aunque todos los israelitas compartían en su sacerdocio, de alguna manera. En el Nuevo Testamento, Jesús cubre, culmina, completa y reemplaza el sacerdocio del Antiguo Testamento. Los sacerdotes católicos comparten en el sacerdocio de Cristo, y solo los clérigos ordenados pueden estar "en la persona de Cristo" para ofrecer la Eucaristía. Si bien el sacerdocio de sacrificio está reservado para los clérigos, todos los creyentes participan en el sacerdocio de Cristo, hasta cierto punto (*1Pe* 2,9).

Sacramentos - Los siete signos visibles de la gracia de Dios dada a la gente a través del cuerpo de Cristo, la Iglesia. Jesús los estableció como los medios con los cuales nos uniríamos a Él, al convertirnos en uno con su cuerpo. Estos son: el Bautismo, la Comunión, la Confirmación, la Reconciliación, el Matrimonio, el Orden Sacerdotal y el Unción de los Enfermos. Se les conoce también como misterios, entre los cristianos de Oriente.

Sacrificio – Acción de dar algo bueno, por algo de mayor bondad. Jesús hizo el máximo sacrificio por nosotros. Cualquier otro sacrificio, para poder ser efectivo, debe estar unido al sacrificio de Cristo, de alguna forma.

Sacrificio sin derramamiento de sangre – *Ver* Representado.

Saduceos – *Ver* Fariseos.

Sagrado-a, Santo-a – Que tiene asignado un propósito especial por Dios y se dedica a este, estando separado de todos los otros propósitos. El término "profano" significa "para el uso diario normal." En este sentido: "sagrado" es lo opuesto a "profano" o a "normal." En algunos casos, la palabra "reservado" puede ser una buena traducción del término "sagrado."

Salomón – Hijo del Rey David. Tiene la reputación de ser el ser humano más sabio que alguna vez vivió. Construyó el primer Templo, basándose en el plano entregado a Moisés. Más adelante en su vida cayó en pecados e idolatría por tener muchas esposas extranjeras.

Salvación – Acto de ser retirado del mal. Para un cristiano, esto implica estar unido a Cristo para siempre, ya que Cristo nos separa de nuestros pecados y de las consecuencias de estos, permitiéndonos evitar el infierno y entrar al cielo.

Salvado-a - Jesús redimió al mundo, pero las personas deben mantenerse en la fe y continuar cooperando con la gracia de Dios para poder ser salvadas. Si bien no podemos estar seguros si "resistiremos hasta el final," es decir hasta el día que muramos, debemos tener confianza en la misericordia de Dios.

Samaritano-a – Integrante del pueblo de raza mixta, que vivió dentro y en los alrededores de Judea y Samaria, en la época de Cristo. Los judíos de ese tiempo los consideraban impuros y no se relacionaban con estos, porque mezclaban practicas paganas con judaísmo. Algunos centenares de descendientes de los samaritanos aún viven en Tierra Santa.

Sanedrín – Consejo gobernante, conformado por líderes religiosos judíos del tiempo de Cristo. Los Fariseos y los Saduceos eran dos de las facciones que formaban parte de este concejo. El Sumo Sacerdote gobernaba.

Santificación – Acto de ser hecho santo, y merecedor de ingresar al cielo. Para los Católicos, este es un proceso que lleva a la salvación y al ingreso al cielo. Para los Protestantes Calvinísticos, este es un proceso que se da después que alguien ya ha sido "salvado." Tanto Católicos como Protestantes creen que es a través de la aplicación de la gracia obtenida por Cristo que somos santificados o hechos santos; es decir, es a través del sacrificio de Cristo que se nos hace santos.

Santo – En general, algo "Sagrado." Cualquier cristiano. Se le aplica uno de los significados específicos de esta palabra a "aquellos que se encuentran ahora en el cielo." Un santo oficial, canonizado, es aquél sobre el cual la Iglesia ha declarado que llevó una vida de virtudes ejemplares, se encuentra actualmente en el cielo, y puede ser venerado.

Santo de Santos – El Templo estaba hecho de acuerdo al plan que Dios dio a Moisés como se ve en los capítulos 25 al 27 del Éxodo. Había una gran tienda exterior . Dentro de ella estaba el lugar santo, donde solo sacerdotes podían ingresar. Dentro de esta zona esta el "santo de santos" en donde solo el Sumo sacerdote podía ingresar, y solo podía entrar una vez al año en el día de la expiación. El Arca de la Alianza estaba dentro del santo de santos.

Santuario – *Ver* Lugar Santísimo.

Satanás – El ángel caído (Lucifer) que quiso ser Dios. Este fue el que engañó a Adán y a Eva. Fue echado del cielo por el arcángel Miguel (*Ap* 12).

Semitas – Conjunto de lenguas y/ o razas descendientes de Shem, hijo de Noé (*Gen* 5,32).

Seno de Abraham – Reino espiritual en el que, se supone, los Patriarcas esperaban la redención obtenida por Cristo (*Lc* 16,20-25). *Ver también* Sheol, Hades, Paraíso de los Infantes, Purgatorio.

Septuagint - «Los Setenta.» Traducción griega del Antiguo Testamento, llevada a cabo antes de la era de Cristo. Cristo y los apóstoles lo citaban, y este contiene los siete libros del Antiguo Testamento que se encuentran en la Biblia Católica, y que los protestantes erróneamente denominan «libros apócrifos.»

Sheol – *Ver* Hades.

Sión – Antigua fortaleza construida sobre una colina, que protegía Jerusalén. El Rey David la conquistó, invadiéndola a través del acueducto. Salomón, hijo del Rey David, construyó el Templo en este lugar, por lo que, Sión se convertiría en sinónimo del Templo, de Jerusalén, de Israel y del pueblo de Dios en general.

Sola escritura – Herejía que afirma que la revelación de Dios nos viene a través de las Escrituras por sí solas. La enseñanza correcta es que la revelación nos viene, tanto a través de las Escrituras, como de la Tradición Sagrada. Cristo no escribió nada y los apóstoles no escribieron todo lo que él les comunicó. La Tradición sagrada ha sido transmitida de sucesor a sucesor, dentro de la Iglesia. *Ver* Tradición.

Sola fe – Doctrina de Martín Lutero. Lutero predicó que somos justificados por la gracia, a través de la fe por sí sola, luego somos salvados, *y luego*, llevamos a cabo buenas obras. La enseñanza correcta es que la gracia de Dios nos da fe, y la gracia de Dios nos da la capacidad de llevar a cabo obras de amor divino. Estas dos expresiones de la gracia de Dios nos justifican; y entonces, somos "salvados" si cooperamos y perseveramos en ellas hasta el final (*ver* Obras).

Sola gracia – Todos los cristianos creemos que la salvación nos viene a través la gracia de Dios en sí. Esto quiere decir que se nos da la salvación por el sacrificio de Cristo, y no por lo que nosotros hayamos hecho. En ese sentido, creemos que la fe y las obras nos unen a Cristo; pero de ninguna manera "ganan" la salvación para nosotros.

Sumo Sacerdote – Antes de Cristo, el término se refería a ciertos descendientes de Aarón, que tenían a cargo hacer la ofrenda del Día de Expiación. Cristo cubrió, culminó y reemplazó el sacerdocio aarónico con su crucifixión, rompiendo la barrera entre Dios y el Hombre, convirtiéndose en el Sumo Sacerdote eterno (*Mt* 27,51).

Supremacía – La idea que establece que el Papa es la más alta autoridad visible de la Iglesia; como tal, se considera que todo obispo que se encuentra en comunión con el Papa, está conectado a la única, verdadera y original Iglesia, establecida por Cristo, a través de los apóstoles.

Tabernáculo – "Tienda." Dios le dio a Moisés un plan para la "Tienda del Encuentro." Salomón utilizó este plan cuando construyó el Templo. *Ver* Lugar Santísimo.

Templo – Morada de Dios, construida por Salomón, de acuerdo al plan que Dios le dio a Moisés. *Ver* Tabernáculo. Fue destruido y vuelto a construir varias veces. Jesús reveló que su cuerpo se convertiría en el Templo y morada final de Dios (*Jn* 2,19-22). Su cuerpo, a través de la Eucaristía, es expandido, para ser la Iglesia. La Iglesia es el Nuevo Templo.

Tienda del Encuentro – *Ver* Lugar Santísimo.

Torá – Término hebreo que significa «Ley.» Nombre hebreo dado a los primeros cinco libros de la Biblia.

Tradición – Si bien este término es comúnmente utilizado para describir las practicas de veneración que se han convertido en parte de la identidad de una sociedad o familia de sociedades, también tiene distintos significados teológicos. Uno de esos significados en particular, se refiere a la incambiable enseñanza apostólica que es infaliblemente transmitida por el Magisterio. *Ver* Infalibilidad, Magisterio

Tribus Perdidas de Israel – *Ver* Asiria, judíos, Judas.

Trinidad – Palabra utilizada por primera vez por Teófilo, Obispo de Antioquia, en el año 181 d.C. El Padre, el Hijo y el Espíritu Santo son tres personas divinas, pero un solo Dios.

Ultima Cena – Pascua judía final y simbólica que fue celebrada por Cristo y los apóstoles. Cristo cubrió y culminó para siempre el mandamiento de la Pascua; nosotros participamos de ella cada vez que celebramos la Eucaristía.

Unción - Acto de aplicar aceite para causar que alguien tome una identidad nueva, que será permanente. Algunos ejemplos podrían ser, la unción de un rey, un sacerdote, o un Cristiano, en el sacramento de la Confirmación. Cristo fue ungido con el Espíritu Santo. Algunas veces, la unción es medicinal, como por ejemplo el sacramento de la Extremaunción. Ungido = *Mesías* (origen hebreo) = *Cristo* (origen griego).

Universal – griego = *katholikos*. Palabra que se vio utilizada por primera vez, por Ignacio de Antioquia, alrededor del año 107, para describir la única y verdadera Iglesia que está presente en todas partes, incluye todas las nacionalidades, y desciende directamente de Cristo, a través de los apóstoles. El concepto fundamental implica que pueda haber muchas Iglesias «locales,» pero todas forman parte de la Iglesia *única*.

Universidad – Campo designado para imitar la naturaleza Católica de la verdad, es decir, varias disciplinas unidas y dedicadas a la adoración unificada de Dios, y a su comprensión, a través de su Creación. En una verdadera "universidad," la teología es la disciplina que unifica y dirige a todas las otras hacia este objetivo. Por ende, una universidad que no ofrece teología, no puede ser realmente llamada universidad.

Universo – Palabra que enfatiza la "condición de único" de todo lo creado. Cada elemento que ha sido creado esta incluido en él. Ya que la Iglesia es la Nueva Creación, esta es, en ese sentido, el Nuevo Universo.

Veedor – Del griego *episkopos*, español = Obispo. *Ver* Obispo.

Verbo, Palabra – Tanto el Antiguo Testamento (*Gen* 1, *Is* 55,11, entre muchos otros), como el Nuevo Testamento, presentan la palabra de Dios como Creativa y como una forma de enlazar la Ley (*Sal* 119). El Nuevo Testamento va más allá, revelando que la Palabra de Dios es la persona viviente del Hijo, y que no puede ser diferenciada de Dios.

Virgen – En sentido específico, este término se refiere a alguien que no ha tenido relaciones sexuales. En sentido más amplio, se refiere a algo que no esta corrupto y/ o ha sido separado para un propósito mayor. En este sentido, es sinónimo de "Santo-a." Es por ambas razones que la Virgen María es llamada Virgen. Cristo y los apóstoles presentaron siempre la virginidad, en el nombre del reino de Dios, como una gracia especial, una virtud para complacer a Dios (*Mt* 19,12, *1Cor* 7,32-38, y *Ap* 14,4).

Visión Beatífica – La visión directa de Dios. Esta es experimentada por los ángeles y los santos del cielo (*1Jn* 3,29).

Voluntad Propia – Doctrina que afirma que el hombre, hecho a la imagen de Dios, tiene cierto grado de libertad para lo que hace. Calvino predicó, falsamente, que la voluntad propia del hombre fue totalmente destruida (cayó radicalmente) por el pecado de Adán y Eva. La enseñanza correcta afirma que la voluntad propia del hombre fue dañada por la caída, pero no fue totalmente destruida. La sicología moderna intenta con frecuencia reducir la conducta del hombre a algo completamente determinado por la herencia (lo que recibimos de nuestros padres) y el entorno (lo que aprendemos). Si bien es verdad que estos aspectos influyen en nuestra conducta, debemos también creer, en la existencia del espíritu, para poder decir que un hombre puede hacer las cosas con libertad.

Yahvéh – Del Hebreo = "YO SOY". *Ver* YO SOY

YO SOY – Del hebreo = *Yahweh*. Dios le respondió esto a Moisés cuando este le pregunto su nombre, en Éxodo 3. Dios es la fuente y origen de la existencia misma.

Índice

★(Los números de páginas en negrita, hacen referencia al glosario.)